师者，传道授业解惑也。

十年樹木長風雲

萬卷詩書宜子弟

語文教育家口述實錄賀 柳斌

著名教育家、教育部原总督学、原国家教委副主任柳斌题词

大国名师
功在千秋

当代中国语文教育家口述实录 戊戌金秋月

郭振有恭贺

教育部原副总督学、中国教育学会原常务副会长郭振有题词

丛书编委会

总顾问：

柳斌（著名教育家，教育部原总督学，原国家教委副主任）

学术顾问：

郭振有（教育部原副总督学，中国教育学会原常务副会长）

技术顾问：

范海涛（哥伦比亚大学口述历史专业硕士，口述实录畅销书作家）

编委会主任：

顾之川（浙江师范大学教授，中国教育学会中学语文教学专业委员会原理事长）

编委会成员：

王晨（民进中央出版传媒委员会原副主任，中国语文报刊协会会长）

程翔（中国教育学会中学语文教学专业委员会学术委员会主任，著名语文特级教师）

陈军（中国教育学会中学语文教学专业委员会学术委员会副主任，上海市市北中学校长，著名语文特级教师）

刘远（中国教育学会中学语文教学专业委员会语文名师教研中心副主任，语文报社党总支书记、社长）

任彦钧（中国教育学会中学语文教学专业委员会语文名师教研中心主任，语文报社总编辑）

邓静（语文报社副社长）

贾文浒（语文报社总编辑助理，《语文教学通讯》小学刊主编）

王建锋（《语文教学通讯》高中刊主编）

彭笠（《语文教学通讯》初中刊主编）

李爱东（语文报社新媒体中心主任）

师国俊（《语文教学通讯》小学刊执行主编）

刘国正口述

教师·编辑·作家

刘国正 口述 顾之川 整理

当代中国语文教育家口述实录（第一辑）

主编 任彦钧 刘 远

广西教育出版社

中国·南宁

刘国正先生

总　序

　　数学大师华罗庚先生有一句名言:"语文天生重要。"关于语文这种天然的重要性,本丛书编委会主任顾之川教授曾从三个层面进行精准阐述。

　　1. 对个人来说,语文关乎个人全面发展。一个人的修养、气质、精神的形成,离不开语文,所谓"腹有诗书气自华";其学识、思维、思想,更要靠语言文字的应用能力、文学审美能力和深厚的文化积淀。

　　2. 对社会来说,语文直接影响到人与人之间的交流与沟通,是个人参与社会的重要手段。无论是与别人的沟通合作,还是参与社会活动、承担社会责任,都需要较强的表达交流能力。

　　3. 对国家来说,语文关乎国家安全与国家尊严,也往往代表着国家形象。……基础教育中的语文教育是国家语言战略的重要内容,体现着国家的文化软实力。语文固然是中小学阶段的一门学科,是中考、高考的必考科目,但语文更是我们的民族之魂、文化之根、精神之源,是实现国家认同、国际理解的基础。[①]

20 世纪 80 年代以来，随着真正具有现代意义的语文学科地位、性质、特点、功能、作用的日渐厘清，在我国，无论是在中小学语文教学第一线，还是在高等院校语文教育研究领域，抑或是在语文教材研制、语文报刊出版、语文考试改革等方面，都涌现了一批贡献非凡、令人敬仰的语文教育家。他们深悉语文教育之于个人发展、社会发展和国家发展的重要性，一直抱持着神圣的使命感、崇高的责任心、源源不断的爱和激情，并为之孜孜矻矻，上下求索，谱写教改新篇，播撒智慧火种，培育时代英才。

遗憾的是，迄今业界虽然从不同维度对这批语文教育家的业绩、学说等进行了多元研究，却几乎没有人系统地观照或发掘他们作为当代中国语文教育发展的见证者、观察者、思考者、探索者的心灵史、生活史和学术史，从而导致我们不但对他们丰富多彩的生命历程缺乏动态把握，而且对当代语文教育波澜壮阔的改革潮流缺乏深度体认。更遗憾的是近年来，他们中不少人已驾鹤西去，健在者也都进入古稀乃至耋耋之年。当此之际，以口述实录的形式，对这些生命之树常青的语文教育大家的所见所闻、所思所想进行盘点、梳理、总结，既可弥补当代中国语文教育史料的不足和缺憾，也可让当代中国语文教育研究变得更具现场感和厚重感。

基于以上认识，2018 年 9 月，根据广西教育出版社的提议和部署，我们正式启动"当代中国语文教育家口述实录"丛书的策划和编写工作，并在北京邀请部分专家、作者代表和国家级媒体记者，隆重举行了本丛书编写研讨会。

会上，我们初步确定了入选本丛书的首批语文教育家名单，遴选标准如下：

1. 入选者在语文教育界有着卓越建树和广泛影响力。

---

① 顾之川：《顾之川语文教育新论》，陕西师范大学出版总社，2016，第 4—5 页。

2. 入选者以中小学名师为主体，适当兼顾高校学者、出版家、考试命题专家等。

3. 入选者年龄为70周岁以上，且目前依然保持良好的记忆力、表达力和身体状态，能配合口述实录工作，能提供较为完备的相关资料。

4. 入选者可以物色到得力人士，承担口述实录任务。

与此同时，我们也对口述实录任务承担者的资质等提出具体要求：

1. 热爱语文教育事业，熟悉当代中国语文教育发展历程。

2. 能近距离接触入选本丛书的语文教育家，并能与其愉快交流和深度沟通。

3. 具备对笔录、录音、录影等所得史料进行整理、加工、核对、增补的能力。

为确保本丛书的权威性和专业性，我们郑重邀请著名教育家、教育部原总督学、原国家教委副主任柳斌先生担任总顾问，邀请教育部原副总督学、中国教育学会原常务副会长郭振有先生担任学术顾问。他们不仅亲临本丛书研讨会，而且欣然命笔为本丛书题词。此外，我们邀请哥伦比亚大学口述历史专业硕士、口述实录畅销书作家范海涛女士担任技术顾问，并在本丛书研讨会上对首批作者进行了专业培训。在此一并表示衷心的感谢！

我们还需要真诚感谢各位入选的语文教育家、口述实录任务承担者、编委会成员以及广西出版传媒集团、广西教育出版社有关领导和工作人员，正是大家齐心协力、精益求精，才有了本丛书的高品位、高质量和成功问世。

当今，语文教育已经大踏步跨入新时代。愿入选本丛书的语文教育家的心灵史、生活史和学术史，能在当代中国语文教育界继续发挥先导和鞭策作用，果如此，本丛书的出版便有了启迪智慧、激励人心的意义，也有了登高望远、继往开来的意义。

由于本丛书的编辑出版是一项具有抢救历史、填补空白特点的浩大工程，任务重、难度大，尤其是预先遴选的语文教育家年事已高，有的不得不中途延后，有的甚至溘然长逝，因此，我们只好一再调整计划，工作中也难免存在种种疏漏和失误，敬祈读者充分谅解并不吝指正。

"当代中国语文教育家口述实录"编委会
2019 年 9 月

序 一

❖
❖ ❖

曹明海

    那是一个春光明媚的日子，我们来到北京，同顾振彪、顾之川两位老友一起去拜访多年未见的刘国正先生。一进客厅，先生满面笑容，热情迎接我们，随即便热聊起语文教育，畅谈"名家论语文"丛书。先生高寿，虽已93岁，但思维敏捷，说起话来满溢着兴致，一聊就是近两个小时。多年后相见，先生开心，我也特别兴奋。从北京回来，我在朋友圈晒了我们交谈的场景。

    其实，早在二十多年前我和刘国正先生就开始语文交往。记得有一年夏天，我曾专程去方庄先生家拜访。后来去北京开会，也到先生刚搬的北太平庄新家聊天。每次见面就是畅谈语文教育问题，即使见面少了，也有许多文章和书稿的往来。当年刚出版的《刘征文集》《刘征传论》《论刘征》等著作，都带着浓郁书香寄来济南，让我先睹为快。所以，我读先生的书多，很了解他的语文教育思想，也写过多篇有关的述评文章。最近，顾之川兄撰写刘国正口述实录，要我写篇文章作为序言，我深感这是一个光荣任务。

二十年前，我就开始研究刘国正先生的语文教育思想。我在《中学语文教学》刊发的一篇文章中曾提出一个说法，即"纵横中国当代语文教育思想天地，刘国正先生无疑是重要的话题"。先生长期从事语文教材编写和语文教育研究，是我国当代著名语文教育家。同时，他还是作家、书画家，诗文造诣也很深厚。先生的语文著述，蕴藉深沉，淳朴素雅，叙写对语文教育的深层憬悟和对语文生活现实的诠释，总是以丰厚的内涵发人深省，具有独特的语文人气质和大家风范。

我国现当代有不少语文教育家，如叶圣陶、吕叔湘、张志公等，他们在语文教育的发展中各显风采。叶圣陶先生在语文教育天地不懈耕耘，留下传世的语文真义；吕叔湘先生、张志公先生作为语言学家，为语言教育开拓了广阔的语用文化境域。刘国正先生则是当今新一代语文教育家。长期以来，他立足于语文教育的现实，抱着求实爱真的热情、创新发展的意愿和开放吸收的态度，痴心地追问语文教育的问题，探索语文教育的规律和策略，倡导语文教学的"实"与"活"，标举语文教学的现代性与生活观，致力于语文教材的科学化建构和最优化追求，在理论和实践的结合上建构了自己的语文教育思想体系，以其特有的求实性、创新性和发展性的广阔视角，烛照语文教育的方方面面，诠释语文教学的种种现象与法则，透露出对语文教育与课程改革拳拳热切的关怀、警觉、凝视、解剖和哲思，既能拨开迷雾和解除疑惑，又能直问本相见真实，启迪语文教育的智慧和真义。先生无论是对语文教育的宏观审视，还是对语文教学的微观思考，都显现出功力深厚，实而不华。他对语文教育活动中人们很少发现和感觉到的潜流往往独具慧眼，对语文教材、阅读教学、写作教学又有着独到见解。他一贯主张"语文教学与生活相联系"的思想，看似朴实，平常如稻菽布帛，但却行之有效，表现出先生语文教育思想的特有品格和睿智深邃的大家风范。

通过对语文教育的深入研究和不懈探索，刘国正先生逐步形成了自己的语文教育思想体系，他建构的整化语文工具观、语文生活观、阅读教学观、写作教学观、文学教育观、语文教材观，都是我们需要深入探讨的重要课题。整化语文工具观是先生语文教育思想体系建构的基础，也是他长期从事语文教育研究与实践，广泛概括语文教育的先进经验，多方吸收中华民族优秀传统文化和现代教育科学理论的结晶。首先，整化语文工具观的实质，是工具性功能与人文性特质同构融注。所谓"整化"，就是指二者有如血肉相连的生命机体，是语文本体构成的基本要素，是相互渗透的整合体。先生曾明确指出，"语文是工具，也是一种文化"，语文这一工具本身就是文化的构成。其次，整化语文工具观的特征，是语文教学的"实"与"活"相济并举，相得益彰。所谓"实"，就是在语文教学中要对学生进行扎实的语用训练。字词句篇，听说读写，必须严格要求，反复磨炼。所谓"活"，就是要使"实"的东西在教学过程中活起来，引导学生进行生动活泼的语文训练。对课堂教学来说，就是要拨动学生的心弦，激发其学习积极性，让学生在学习过程中如沐春风、欲罢不能。显然，这就需要解放学生的主体性，开发学生的潜在能力和创造能力，培养学生的开拓精神，促进学生个性的发展。这无疑是先生倡导的语文教学要"活"的基本精神。

语文读写教学观，是刘国正先生语文教育思想体系重要的构成部分。先生的阅读教学观，其核心思想是强调阅读本体与阅读策略。阅读教学作为语文教学的一种基本形式，无论是对学生语文能力的训练、语文素质的培养，还是对学生人格的建构、个性的发展，都具有其他教学形式不可替代的作用。先生在语文教学探索实践中，以"阅读本位"为基点追问阅读教学的种种问题，探讨阅读教学的策略和规律，透视阅读功能与能力的多元构成，对阅读优化的动力源，阅读达成的途径，阅读教学的多层次、开放式等有其独到的创新思考和多维化构想，开拓了阅读本体的新视界，建立了阅读教学思维新秩序。它凝聚着当代语文阅读教学改革的创新智慧，对于目前阅读教学的创新实践和深化改革，具有切实的指导意义。同样，先生对语文教育中写作教学的规律与实践有独到的研究，建构了富有创新性和发展性的写作教学观。先生提出，"作文是一种综合性的训练""还是一种创造性的训练"。写作能力是多种因素的综合表现，包括语文能力、思想修养、生活体验、知识积累、文化素养、写作习惯等，而且这几种因素是相互影响、相辅相成的，这些清楚地说明了写作能力的多层次性和复合性。在写作教学不容乐观、一直处于尴尬境地的情形下，具体探讨先生早就提出的作文综合性训练教学思想，对于切实指导目前写作教学的实践具有重要意义。

刘国正先生的语文教育思想需要语文教育研究专家学者和中小学语文教师进行多层面的探讨。如先生的文学教育观，是对文学教育的一种求实性追寻，也是对文学教育的一种发展性定位。对于"语文"与"文学"的问题，先生曾明确指出：语文教育最基本的任务是帮助学生正确理解和运用祖国的语言文字，而文学教育是陶冶学生情感、建构学生精神世界的重要方面，但也必须把握语文教育这一基本前提。文学是语言的艺术，语言的表现力在文学作品中发挥到了极致。世界各国的母语教育几乎无一例外地选用优秀的文学作品，因为它们表现出的规范、优美的语言，是进行母语教育的理想范本。先生对此曾做过专门阐述，即让学生读文学作品，读的是文学，学的是语言。中学的文学教学是以"学语文"为基本立足点的。如果离开了"学语文"这个基本点，单纯追求"学文学"，那就不符合语文教学的实际，既学不好语文学，也学不好语文。因为"学文学"必须以语文为基础，没有好的语文基础是不可能学好文学的。

刘国正先生长期编写语文教材，深入研究语文教材，形成了语文教材观的创新性智慧，其思想核心是主张语文教材的科学化建构，包括序化组合、功能整合和动态建构，并尝试以"语文与生活相联系"为指导思想编写教材。这种教材科学化建构的要义表现在四个方面：一是明确教学要求，即强调"轻装上阵""删繁就简"，要求教材减少头绪，强化主干。二是协调教学内容，即调控语文教材系统，意在使学生获取知识和能力的内部机制，在非线性作用中，使教材在开放状态下走向有序。三是体现教学规律，教材的编排要"循序渐进""螺旋式上升"，以学生认知心理状态变化和知识的内在逻辑结构为依据。四是重视个性教育，强调教材应"给教学留有余地"，加大教材弹性。特别是序列化教材、单元组合，各教学单元要根据教学实际灵活使用。教材在体系、结构上应更具有灵活性、开放性，在弹性发挥上也更具有优越性，实现教材内容结构的优化组合，促进语文教学质量的提高。

以上所述，只是我的一种粗浅感受和简单描述。而刘国正先生的语文著述，穿越不同的时空境域，其语文教育思想研究也有不同的理论形态和构成方式，洋洋洒洒涉及许多语文课题。在这样一个有限的篇幅里，很难把握其理论与实践的丰厚意义。特别是先生的文集中有不少论述篇章，把语文生活与教育思想及其独到的教学体验融会在一起，蕴含深厚而富有启悟，往往给人以多层次的教学深思和寻味，使我无法望其项背，只能怀抱着一种语文感念，来略述刘国正先生的语文教育思想。

2019 年 3 月 6 日
于济南龙泉山庄师大新村

（曹明海，山东师范大学文学院教授、语文教育研究所所长，博士生导师，全国语文学习科学专业委员会副理事长、学术委员会主任，中国阅读学研究会副理事长）

序二

——

顾振彪

对刘国正（刘征）先生，社会上早有共识。如著名诗人贺敬之、柯岩夫妇说，刘征是"我们一向尊敬的人民的诗人、作家和社会主义的教育家"。原国家教委副主任柳斌说，刘国正"坚持社会主义教育方向，为我国中小学教材建设立下汗马功劳"。著名诗人臧克家说，刘征"多才多能，人称之为杂家，由杂家进而为大家"；"我敬重他的诗文，更敬重他的为人"。教育家韩作黎说，"刘国正是一位大好人"。

我从 1965 年大学毕业踏上工作岗位，除"文化大革命"中下放的几年外，一直在国正先生领导下从事中学语文教材的编写、研究工作。几十年来追随国正先生，对于国正先生其人其学，耳濡目染，不胜感佩，受惠良多。

在语文教育界，国正先生是继"三老"（叶圣陶、吕叔湘、张志公）之后，新一代的旗帜性人物。他的语文教育思想，在继承中求创新，有重大的理论价值和实践意义。其核心是：联系生活，扎实、活泼地进行语文教学。

国正先生的语文教育思想的核心，是建立在语文工具观的基础上的。语文教育界"三老"都倡导语文课程的工具性，其中张志公先生发表于 1963 年的《说工具》一文影响深远。

20 世纪末，有同志质疑语文的工具性，企图以人文性取而代之时，国正先生旗帜鲜明地呼吁，这个 20 世纪 60 年代形成的共识，是经过反复实践与讨论形成的，来之不易，必须继承。当然，随着时代的发展，对语文工具性的认识不能停留在 20 世纪 60 年代的水平上，而要有所深化。他深入探讨了语文作为工具的独特性及这种工具的本质特征，认为不能把语文教学的工具性仅仅理解为进行语文的技术训练，其还关涉到学生的思想和生活，关涉到向古今中外多方面吸收营养。只有完整地理解并据以指导教学，语文教学才能搞得既扎扎实实，又生动活泼，才能真正搞好语文的技术训练。

从语文工具观出发，国正先生倡导语文教学的"实"和"活"。他认为，语文工具是用来反映气象万千的客观世界和纷繁复杂的人的主观世界(所见、所闻、所思、所感)的。它既是一种科学，又是一种艺术。语文的基本训练既要"实"，又要"活"，"实"中求"活"，"活"中求"实"，"实""活"相济，相得益彰。只有"实"没有"活"，运用语言难免机械呆板；反之，只有"活"没有"实"，"活"也就丧失了基础。

所谓"实"，指语言训练要下苦功夫、下笨功夫。有的同志认为，在科学发达的今天，提倡下苦功夫、下笨功夫，是一种落后的观念，国正先生反驳说："在还不能以切实有效的新办法取而代之之前，这下苦功夫、下笨功夫是万万不可忽视的。只有扎扎实实地练好基本功，才能奠定语文的基础。"

在求"实"的同时，还要求"活"。训练要刻苦，但不要搞得呆板、机械，而要生动活泼地进行。国正先生在继承中求创新，不仅坚持"活"，而且把"活"与"实"结合起来，对"活"做理论上的分析，指明实施"活"的路径。那么，怎样才能做到"活"呢？

国正先生指出，有科学问题，也有艺术问题，至少要注意以下几个问题：

"第一，要把语文看成'活'的学习对象。语言的运用，有严格的规范，也有很大的灵活性。生活是动态的，波澜起伏的，反映并服务于生活的语文也是活泼的，不是凝固的。""持这种'活'的观念，可以避免刻板化，使思路活跃起来，对教和学都有好处。"

"第二，要把学生看成'活'的教学对象。""有些老师实际上把学生看成只能被动纳物的书橱，低估或无视他们的能动作用。要充分估计学生的理解力。""要充分估计兴趣在学习中的作用，增进了兴趣，学生就会主动地去钻研。"

"第三，要把语文教学跟生活密切地联系起来。语文训练，联系生活则生动活泼，脱离生活则死气沉沉。"

这三条不是并列关系，第三条是"实"和"活"相结合的重要契机。

那么，怎样联系生活，扎实、活泼地进行语文教学呢？国正先生提倡五个结合：

一是要把语文教学同学生的生活和思想结合起来；

二是要把语文教学同学生已获得的知识和求知欲结合起来；

三是要把语文教学同学生的爱好和特长结合起来；

四是要把语文教学同学生在一定条件下思考问题的兴奋点结合起来；

五是为了实现上述四个结合，还要把课堂教学同课外活动结合起来。

说到底，这五个结合就是结合学生的实际。"联系学生的眼耳鼻舌身意，联系学生的喜怒哀乐，乃至联系学生灵魂深处的密室，这样联系，不仅能叩响学生的心扉，而且能使学生学到'活'的语文，养成'活'的运用能力。"

早在20世纪50年代，国正先生参与编写汉语、文学分科教材，就提出了通过语文学习认识生活的要求。到20世纪90年代，他主编的人民教育出版社1990年版、1993年版九年义务教育初中语文教材，就全面体现了语文联系生活的思想。第一册，课文按照其反映的生活内容，分类组织单元，使学生认识语文的运用与生活的关系。第二、第三、第四册，联系生活，着重培养学生记叙、说明、议论的吸收和表达能力。第五、第六册，着重培养学生在生活中运用语文的能力。这套教材体现了语文与生活联系的思想，在教学中取得了较好的效果。21世纪初编写出版的各版本初中、高中语文课程标准实验教材，大都以生活为编排主线，与国正先生"英雄所见略同"。国正先生备感欣慰，说"吾道不孤"。

关于文言文教学问题，一向言人人殊，众说纷纭。语文教育界"三老"主张中学生少学甚至不学文言文。国正先生认为，文言文和白话文不是先死后生的对立关系，而是叠加演进的延续和继承关系。文言文并不是准外国语，只要教材编选得当，教师教学有方，学生学习得法，高中毕业生是能够具备"阅读浅易文言文能力"的。我有幸多次向国正先生请教文言文教学问题，国正先生每次都侃侃而谈，言无不尽，并指导我写成《文言文教学的问题与对策》。当下，中华优秀传统文化教育已在中小学教学中占重要地位，这证明了国正先生关于文言文教学问题论述的正确性和前瞻性。

本文开头引述了社会上对国正先生的共识，这些共识大都是在阅读国正先生八卷文集的过程中，以及与国正先生的一些交往中形成的。现如今，《刘国正口述——教师·编辑·作家》一书摆在读者面前，有助于进一步深化对国正先生的认识。本书是国正先生的口述实录，也是他与顾之川先生的对话录，蕴涵着他们的理论和思想，正如之川先生所说，是国正先生"心灵之书"。让我们抱着满腔热情和极大兴趣阅读这本书，从国正先生非凡的语文人生中，获得更多的启示和教益。

2019 年 3 月 5 日

（顾振彪，人民教育出版社中学语文编辑室原主任、编审，人教版义务教育课程标准实验教科书主编，中国教育学会中学语文教学专业委员会学术委员）

前言

顾之川

刘国正,笔名刘征,1926 年生,我国著名语文教育家、诗人、杂文家。曾任人民教育出版社(以下简称"人教社")副总编辑,兼任中国教育学会中学语文教学专业委员会(以下简称"全国中语会")理事长、《中华诗词》主编。先后出版著作近 40 种,主要论著收录在八卷本《刘征文集》里,在语文教育研究、教材编写及诗词、杂文界等均有较大影响。

国正先生之于我,既是在人教社和全国中语会工作中的领导和前辈,又是忘年交。无论是工作还是生活,我得以与先生相聚甚多,亲承謦欬,如沐春风。亲炙其人其学,耳濡目染,春风化雨,获益良多,其乐融融。每当我们去看望他,话题仍然离不开语文。他的语文教育思想是全面的、系统的、完整的,是语文教学理论与教学实际相结合的,是有着创造性贡献的。他对我国语文教育的贡献,主要表现在以下几个方面:一是编审中小学语文教材,二是形成语文教育思想,三是领导全国中语会。

一、编审语文教材

刘国正先生从 1949 年开始从事教育工作，1952 年由北京八中借调到教育部，参加起草中学文学教学大纲，后正式调入人教社，直到1990 年离休，先后在人教社工作近半个世纪，主要从事语文教材编写、语文教育研究，业余从事他热爱的文学创作。他先后担任人民教育出版社中学语文编辑室（以下简称"人教社中语室"）主任、副总编辑，担任教育部中小学语文教材审查委员，参加或指导编写的中学语文教材不下百册，发表了大量有关语文教育的研究论文。其中，最让他难以忘怀的是粉碎"四人帮"之后的那一套中学语文教材。这套教材吸收"文化大革命"前语文教材编写的基本经验，大胆革新，重视培养语文能力，强调训练，起到了拨乱反正、正本清源、统一教学思想的作用。

刘国正先生在语文教材建设上的另一大贡献，就是参与语文教材审查工作。1986 年，全国中小学教材审定委员会成立，他就是语文教材审查委员，并连任三届，直到世纪之交新的课程改革（以下简称"新课改"）时为止。其间他参与了中小学语文教学大纲、上海市《九年制义务教育语文课程标准》、浙江省《义务教育语文学科教学指导纲要》，以及这一时期中小学语文教材的审定工作。

二、形成语文教育思想

刘国正先生已出版的语文教育论著有《语文教学谈》《刘征十年集·卷四：剪侧文谈》《实和活——刘国正语文教育文选》《刘征文集》等。他的语文教育思想主要体现在以下几个方面。

第一，语文是基础工具。语文是人们在社会生活中最重要的交际工具，也是交流思想感情、传情达意的工具。这是我国语文教育界的传统看法，既是语文教学的基点，也是语文教学改革创新的根本点和出发点。他先后发表《阅读教学管窥——学习叶圣陶先生语文教育思想一得》《我的语文工具观》等系列文章，论述语文工具观的重要地位和作用。

第二，语文教学既要"实"，又要"活"。他认为，语文课的基本功训练，一是"实"，一是"活"。语言的训练既要"实"，又要"活"。只有"实"没有"活"，运用语言的能力会偏于呆板；反过来说，只有"活"而没有"实"，"活"就失掉了基础。[①]他在《说"活"》中认为，"这个'活'字很重要，也许可以说是搞好整个语文教学的一个关键"[②]。

第三，语文教育要联系生活。语文教学如何"活"起来？经过长期观察和思考，他提出，语文教学要"实"和"活"，就必须与生活结合起来。他在《我的语文工具观》中说："语文教学联系思想和生活，应成为全部语文教学的指导思想之一，要据以改革整个的教学结构。"在他的指导下，人教社九年义务教育初中语文教材就是以语文与生活的联系为线索设计的。这种编排方式一直影响到现行各版本中学语文教材的编写。

第四，语文能力培养要靠训练。新课改以来，"训练"一词声名狼藉，据说容易导致技术性操作，加重学生负担，因而课程标准淡化训练。对此，他不以为然，认为"训练"两个字一点也没有错，语言运用能力是一种技巧，技巧就是靠训练培养出来的。

第五，语文教育要在继承中求发展。他在全国中语会第七届年会暨庆祝成立 20 周年大会讲话中呼吁，一是正确处理继承和发展的关系，在继承中求发展。二是正确处理自立与引进的关系。首先是自立，神州儿心是我们的立足点。[③]

第六，语文课程改革的"变"与"不变"。针对新课改实施以来老师们的种种困惑，他提出语文教学的"变"与"不变"，认为语文教学的基本任务是相对稳定、很少改变的，语文教育的理论和理念、

---

① 刘征：《刘征文集·第一卷：语文教育论著》，人民教育出版社，2000，第184—185 页。
② 同上书，第 299 页。
③ 中国教育学会中学语文教学专业委员会编《21 世纪中学语文教学展望》，新蕾出版社，2003。

语文教学的设计和方法是常常需要"变"的。不变,形同一潭死水;变,才能发展和前进。①

三、领导全国中语会

刘国正先生在全国中语会第三届年会(1983年)上当选为副理事长,第四届年会(1987年)当选为理事长,到第七届年会(1999年)改任名誉理事长,为中语会事业做出了突出贡献。

第一,组织开展语文教育研究。刘国正先生积极实践首任会长吕叔湘先生提出的"研究会就是要搞研究"的办会思想,倾注了满腔热情,组织开展语文教育研究,留下了大量经典性成果——主编了《我和语文教学》《中国近现代名家作文论》《叶圣陶教育文集》《中国著名特级教师教学思想录·中学语文卷》,与顾黄初、章熊共同主编《中国语文教育丛书》。

第二,推广先进的教学经验。作为全国中语会理事长,刘国正先生善于发现一线教师先进的教学经验,其中尤以对钱梦龙、张孝纯、李培永、余蕾等人的推介最为不遗余力,逢人说项。20世纪80年代,他充分肯定、热情支持河北邢台八中张孝纯先生的"大语文教育"实验。20世纪90年代,他又带领全国中语会和人教社中语室同人前往宜昌实地调研,写了《语文教学与生活——谈宜昌语文教改实验报告手记》《展开双翼才能腾飞——宜昌市课内外衔接语文能力训练的状况和思考》予以推广。

第三,服务一线教师。作为全国中学语文教学研究的学术性、群众性组织,为一线教师服务是全国中语会的重要工作内容,包括为教师提供交流平台,发现优秀教师,推介优秀教学经验,扩大语文名师影响等。由于国正先生在语文教育界具有广泛而深远的影响,不少语文老师都愿意请他为自己的专著题词作序,仅《刘征文集》第一卷,就有他为其他老师写的近20篇序,既有于漪、钱梦龙、顾黄初这样

---

① 刘征:《刘征文集·续编二:文章卷》,人民教育出版社,2009,第412—413页。

的大家名师，也有青年教师，足见其奖掖后学之宅心仁厚，对语文教育事业之拳拳热忱。

　　刘国正先生50余年来在语文教育、语文教材和全国中语会的理论与实践，是新中国语文教育研究的重要组成部分，是我们今天从事语文教育研究的丰厚矿藏与宝贵资源，值得我们深入挖掘、认真领会，以推动我国语文教育在新时代进一步创新和发展。

　　2015年，人教社为刘国正先生出版了《刘征文集》八卷。中国民间有"米寿"与"茶寿"之说。冯友兰88岁那年曾给同龄好友金岳霖写过两句话："何止于米，相期以茶。"如今刘国正先生已93岁，早过了"米寿"，我愿借这本口述实录，与他"相期以茶"！

2019年1月20日

目录

刘国正先生离休后，为了生活更方便，辗转于京郊各养老院，颐养天年。不管他和夫人搬到哪里，总会在第一时间告诉我。每隔一段时间，我就会与朋友们一起去看望他们。因为是老朋友，相见无所羁绊，彼此心照不宣。往往清茶一杯，天上地下，无所不谈。每与之相见，宾主尽欢。记得他们住在阳台山养老院时，我和顾振彪先生去看他们。那是一个初秋的下午，阳光明媚，晴空万里。远望群山连绵，郁郁葱葱。院内花团锦簇，果实累累。正是那次我提出请他口述自己的语文人生，他欣然同意。于是，我得以走进这位当代中国语文教育家的心灵世界。

刘国正先生与顾之川（左）合影

第一章 青少年时代

出生于"武香世家"

刘国正先生

顾之川（以下简称"**顾**"）：国正先生，您好！您是全国中语会的老领导，在语文教育界有着很高的名望。语文界同人都很熟悉您的本名刘国正，但是在诗词、杂文界，您的笔名"刘征"似乎比本名影响更大。所以，您在人教社出版的文集就叫《刘征文集》。我们先从您的名字说起吧？

刘国正（以下简称"**刘**"）：好的。虽然我们是老朋友了，但我还是要感谢你。我本名叫刘国正，工作中历来是用"刘国正"这个名字。在与语文教育有关的场合，当然都是用"刘国正"，只是在我写诗文时才使用笔名"刘征"。另外，我写毛笔字或者画画，有个艺名，叫"梅苑"，有时也叫"老梅"。我今年实际年龄已经92岁了，再过两个月（2019年6月）就93岁了。我生于1926年。

顾：作为我国当代语文教育家，您能够取得今天这样的成就，除了个人天分和努力，成长环境肯定也是一个非常重要的因素。您能谈谈您的家世吗？您不会介意我一上来就刨根问底吧？

刘：非但不介意，我还很乐意。我的老家在河北省宛平县（今属北京市）榆垡镇附近的东良各庄村，就在天堂河边上。我们村子东边有一个村叫礼贤，还有一个镇叫南各庄。南各庄比较大，每到一定日子就会设大集。礼贤就没有了。我们村虽然非常闭塞，又很贫穷，但我们家却是个大户人家。我的祖父叫刘冠三，父亲叫刘月荣，母亲刘王氏。家里人口很多，我就只介绍与我关系最密切的几个。

据我所知，我们家老祖宗住在东北沈阳，随着"龙"（指清朝）进的关。我的大祖父，就是祖父的哥哥，在清末考中武进士，曾做过一任北京南城守备。这样说来，我们家是一个官宦人家，但是，是以武进士起家的，文的方面却很少。我还记得，在我家大门上有一块匾，上面是金字，写着"进士第"。进了大门的门道里，左右都挂着匾，一边写着"武侯"，另一边写着"公侯干城"。后来我才知道，这是出自《诗经》"公侯之干城"，实际上就是给公侯做护卫的。我们家里场院跟宅邸都是比较大的，但是文化气息不浓，并没有多少书。我生下来时大祖父就已经去世了，大祖母还在，还有一点做官时的痕迹：箱子里还有他的朝服之类，佛龛上还供着一卷圣旨，里边写的什么，我也不知道。

顾：您对自己的童年时代还有印象吗？有什么特别的地方？其中有哪些人和事给您留下过深刻记忆呢？

刘：我出生以后，直到 11 岁——卢沟桥事变以前，按照实际年龄是 11 岁，虚龄是 12 岁——这段时间算是我的童年时代。我的童年时代主要是玩耍。小孩子非常爱玩。当然，家里大人也有他们的玩法。在那个时代，家里富有的，都以不工作为舒服，也才算有派头。我祖父和父亲都没有工作，就在家里经营家务、农务，另外就是玩。父亲从中国大学法律系毕业，但是回到家里还是不干什么事情，只是帮助祖父料理些家务，再有就是搞各种玩物玩法。

徜徉于动物乐园

顾：一个人的性格禀赋往往是从小养成的。您的爱好那么广泛，除了语文、文学，还有书法、收藏、旅游等。您的作品中有许多描写动物的，我想肯定跟您小时候的经历有关。

刘：我小时候对那个时代的休闲生活知道得不少，我印象比较深的是养鸟。我们家养的鸟是红靛颏，有带彩的，也有不带彩的。光带彩的就有三种：分别是脯红、粉叉和连环叉。红靛颏如果下巴颏下一圈是红的，肚皮是白的，连着胸脯也有红色羽毛，就叫"脯红"；如果上下两道白眉毛也是红的，就叫"粉叉"；如果粉叉跟其他的红连在一起，就叫"连环叉"，那是最名贵的一种。我们家里养这种鸟很在行，也很讲究。

顾：您有一首诗《听禽》："雕笼高挂听嘤鸣，似怨如嗔若许情？忽忆河湾新芦绿，恛然到耳两三声。"诗前小序说："晓起步林荫，听笼禽乱鸣，想起儿时于村外河畔听禽，别是一番自由自在的滋味。"应该就是这一段生活的真实记录。

刘：我爷爷经常提着鸟笼子到各处遛，早晨起来把鸟笼挂在大槐树上，听它叫，叫得很好听。当然有时也有脏口，比如这个小靛颏能够学猫叫，这就是脏口。它什么都能学，就是不能学人说话，这是一类。

顾：您八九岁时，鹰猎给您留下深刻印象，以至于后来每当在公园看到铁笼子里的鹰在瞩目远望，您还在心里念叨："老朋友，还认识我吗？"感觉自己一下子回到了儿童时代。我读过您一篇文章《鹰猎》，从捕鹰、驯鹰、熬鹰到放鹰，讲究非常多，也很有意思。

刘：玩鹰是为捉兔子的，我们老家管兔子叫野猫。不知道我们家是不是旗人，但家里仍保留着旗人的骑马打猎的风俗，玩鹰就是其中一项。养鹰、玩鹰、捉鹰都是很有趣的，给我带来很多快乐，深刻影响了我的童年生活。夏天那只鹰是要放在一个荫庇的大笼子里头，养着它过夏天。小鹰崽子胸脯上有花纹，每片羽毛上有一条竖着的花纹，换一次毛，第二年就变成真正的成年鹰了，花纹也变成横的了，这是我亲眼见过的。

顾：放鹰一定很有趣，还有什么"熬鹰""麻帚"之类的术语。

刘：养鹰的目的就是为了到冬天的时候，把鹰放出去捉野兔子。为了让鹰捉兔子时保持精力充沛，就不能让它夜里睡好觉。要是睡好觉，一撒手它就飞了。把鹰搁在房间里，几个人就在那里喝茶、聊天，每当鹰刚要睡就捅一捅它；鹰睡的表现就是把头扎在翅膀下面，很容易看到的，这就叫"熬鹰"。我也常常到那个房子里去玩，看到大人在聊天，我听着也觉得挺有趣；再有就是放鹰前不能让它吃饱了，吃饱了它就跑了。为了让它有吃饱的感觉，就用麻卷成一个卷儿塞到它肚子里面去，叫"麻帚"。第二天早上它再把麻卷吐出来，这是我参加过的。我还参加过一两次放鹰。放鹰是很威武的，祖父、父亲还有些家里管事的、养鹰的骑着马或者在路上走，先看见兔子的是鹰，鹰一振奋，人就看见兔子了，一撒手喊一声"猫"，鹰"嚓"的一声，真是跟子弹的速度差不多，一下子就扑上去，一个爪子抓头，一个爪子抓尾，用嘴啄几下就把心肝掏出来了，这个时候人就得赶紧跑过去，把它取出来，让鹰吃几口，但不让它多吃。因为它一旦吃饱了，就不会再抓第二只兔子了，那是很有趣的。

这是养鸟。还有很多很多花样，比如怎么捉鸟等。

顾：您的作品常写到捉蛐蛐儿，逮蚂蚱和蝈蝈，粘知了，钓青蛙等情境，非常生动形象，给人留下深刻印象。

刘：我小时候最高兴的，就是跟父亲一起到天堂河边去捉蛐蛐和蝈蝈。捉了以后就养起来，还要放到葫芦里过冬，等到十冬腊月的时候，就把它们拿出来，晒晒太阳，听它们的叫声，也是很有趣的。我记得曾跟父亲到天堂河边去捉蛐蛐儿，带着一壶水、一个小笼子，到那儿在地上找蛐蛐儿洞。怎么知道里面有没有蛐蛐儿呢？看见洞就往里面灌水，一灌水蛐蛐儿就出来了，一出来就给捉住了，很容易的。天堂河只是一条小河，不宽，旁边是已经干了的芦苇，哗啦哗啦响，里边有一种鸟，叫"苇栅子"，叫的声音也很好听。蛐蛐儿声也有很多种，一种是真正的蟋蟀的声音。一种叫"花头"，脑袋是三角形的，这是很珍贵的，也不容易捉到。再一种就是"油葫芦"，个头比较大，浑身黑，眉毛却是白的，声音非常好听，好像吹箫弹琴的声音，可以连续叫很长时间，可以说是蛐蛐儿里的美声唱法，我就喜欢养蛐蛐儿里的"油葫芦"。还有一种跟"油葫芦"一样，只是没有两道白眉，也不会叫，我当时觉得是另一种蛐蛐儿。现在想来，应该不是，实际上就是雌性的"油葫芦"。我们有时候捉很多，选个头大的养起来，这是逍遥自在很舒服的时候。因为我父亲会捉，慢慢地我也学会捉了。还学会了夏天、秋天到草地里去捉蚂蚱，到青纱帐、庄稼地里去捉蝈蝈，到树上去粘知了，当时玩得都很熟练，还到河里去钓青蛙、叉青蛙，这些都玩过。

顾：看来您小时候的生活还是很有趣的。您自己也养过鸟吧？

刘：我曾经养过一只小鸟，很小，什么品种我不知道。这只小鸟很特别，它专吃苍蝇，见到苍蝇"突儿"就飞过去吃了，当然它脚上得拴一条绳子，搁在架子上，我觉得很有意思。它个头比鸡蛋还小，那么小个东西，后来不知道怎么就死了，为此我还伤心了好一阵子。

顾：您在一首《浣溪沙·儿时忆趣》的词中写道："树杪鸣蝉雨后蛙，平畴十里帐青纱，迷藏随处隐桑麻。 云恋故山犹在望，梦归何处已无家，如闻起晌唤吃瓜。"简直令人向往！看来，童年留给您的记忆都是那么美好与温馨。

刘：这首《浣溪沙》词，是我从电视上看到大兴黄村西瓜节，有感而发，是 1988 年写的。我们村离黄村仅十多里，看到电视上的西瓜节，就勾起了我对故乡的回忆，尤其是童年时代的趣事。比如，中午大人要求睡午觉。小孩子精力旺盛，睡不着。等大人都睡着了，我就偷偷跑出来，出了大门，就到野地里去捉知了、粘知了，拿一根棍子，前头抹上一点儿胶，看见树上的知了，就偷偷地用胶头捅一下它的翅膀，一粘就粘下来了，很好玩儿的。那时候树上有知了我还能看到，现在知了即使在眼前我也看不清了，这就是岁月沧桑。那会儿去粘知了，回来自己很高兴，哼哼唧唧就回来了，结果被大人打了一顿。虽然挨了打，但我心里仍然是很快活的。总之，我的童年就好像游走在动物乐园里，非常快乐。这也是我的作品中，描写动物特别多的一个原因。

家塾与村小

顾：您第一次上学读书大概是什么时候？还记得当时的情景吗？

刘：我虚岁 6 岁开始上学，当时算是很早的了。先上家塾，家里请来一位老秀才，在跨院的南房里读书。同学有我的姐姐、姑姑及表兄等五六个人。读书是大人叫去就去了，其实当时我对上学并不怎么感兴趣。

先学《三字经》《百家姓》《千字文》，然后学到《论语》就没再学下去。那时每人一本书，每天早上起来，把自己的书送到坐在方桌前的老师那里，老师用朱笔，就是研好的银朱朱砂，把你的书上标点那么两三行，所谓标点就是圈圈儿。每一句圈个圈儿，还有些字不能念本音的，在角上给你圈个圈儿。这里顺便说一句，古书里有不少多音字，一个字可以念不同的音，当然也就有不同的意思。比如穿衣服的"衣"，念"衣"（去声）的话，"乘肥马衣轻裘"，就是穿的意思，动词。比如妻子的妻，念"妻"（去声）的话，就是嫁出去的意思，又是动词了。"以其子妻之"，意思是孔子把自己的女儿嫁给了他。这都得标出来，"学而时习之，不亦说乎"中"说"字旁边就得画个圈儿，就这样画到哪儿我们就得念到哪儿，背到哪儿。通常一上午几个人就跟唱歌一样念这几句书，等到接近中午时，老师叫大家不要念了，让我们拿着书到老师那儿去背。一般是把书放在老师桌子上，自己对老师鞠个躬，背过脸来就背；背过了就算，背不过就会受到老师的申斥。天天如此，就觉得心里不大舒服，小孩儿的心总喜欢玩儿。但是家里大人和老师总是鼓励我，让我好好念，我也就相当勤奋地念书，但有时候也很淘气。

顾：具体怎么淘气的呢？

刘：其实淘气的不只是我，还有年龄比我大好几岁的姑姑们。比如，她们到冬天就要给老师烧炕。家里有三间南房，两间是念书的课堂，还有一间是老师的卧室，卧室里有一铺炕。冬天要烧炕，有灶门，往里烧柴禾，把老师的炕烧热了，好取暖。烧炕的事是我们做的。下午三四点钟就开始烧了。上头有个烟囱，烟顺着烟囱从房顶走了。有时候我们不太愿意上课了，就想办法，有人爬上房顶，把烟囱口用砖堵住，下面烧起火来，烟出不去，就往屋子里灌，整得三间房都呛人得很，老师也不知道怎么回事，得了，放学吧，于是我们就跑出去玩了。虽说是很淘气，但是整个说来，还是学到很多东西，又有乐趣。一年到头也没有假期，只有过春节，即过年时才有一个很长的假期，清明节也放一天假。有一次清明节，老师带着我们围着大院转了一圈，我们都觉得很舒服。可见，孩子的天性就是玩，你不叫他玩，老是摁着头让他在那儿念书，小孩子还是很不高兴的。冬天还要念夜学，点着灯，也到书房去念一个小时书，大概到九点就放学了。放学之后，最感兴趣的就是到爷爷的房间吃一碗杂面汤，煮得热乎乎的一锅杂面，大家分着一人一碗吃了。我对念夜学没什么感觉，吃杂面汤倒是很舒服的。大约念了两年，老师病了，好像是中风，就不来了，中间还换过一个老师。那时我们也大一点了，家里大人说上村小吧，就不在家里念书了。

顾：您后来上村小，有什么印象呢？还记得学过的课文吗？

刘：我们村有一所小学，只有一至四年级，算是初小。学校离我们家有一段路，在一座大庙里。庙里有大殿，大殿里有佛像，后院有西房和东房，北屋比较大，是教室。西房是老师住的地方；东房是做饭的地方，感觉很小。当时我觉得离家很远，其实并不远，同在一个小村子里。当时是复式教学，一年级到四年级都在一个班里，老师给这个年级讲完后再给那个年级讲，先给这个年级留作业，然后再给那个年级讲……这样循环上课。我到了这所村小后，才开始读新课本，读白话文。我一进去就上二年级，因为我有家塾的底子，读起"洋书"来一点儿也不费力。那时候读书，跟村里小伙伴们在一块，也很高兴。大家不能唱着读书了，老师读一遍，我们就默读，不用怕互相干扰了。我记得在课堂上，老师给一年级上课，我们听到了一段很有意思的故事。一年级的课本第一课就是《老鼠娶亲》，书上画了许多小老鼠，有个新娘子还坐在轿子里，后来一只猫过来了，老鼠就都跑了。就这么个故事，当时觉得很有趣。我在村小上到四年级快毕业。

顾：您对村小的老师还有印象吗？

刘：村小的老师姓杨，叫杨维义，非常好，对我们非常爱护。我们有时候就到他的卧室炕上坐着，大家说说笑笑。他既当老师，又当校工，上课时自己摇铃打铃。他好像上过师范学校，教学还是能胜任的。在村小，我们念的是国语、算术一类"洋书"。课外读《施公案》《包公案》《济公传》《十二寡妇征西》《十粒金丹》等。我的文学爱好，就是这时候播下的种子，就这么到十岁十一岁的样子。我们这个小村子尽管非常闭塞，北平（北京）闹"一二·九"运动那一年，我们村还是有一点反应的。有一天很多村民跑出来了，叔叔伯伯说是咱们村那头有洋学生路过呢！这些洋学生都往南跑，说是要上南京，就这么一点印象。

逃难到北平

顾：卢沟桥事变后，日本军队侵占北平，您是亲历者。在您的印象中，也有像老舍先生在《四世同堂》里描写的那种情景吗？

刘：老舍先生在《四世同堂》里写的是北平城里的情景，我们那里是农村。大约是 1937 年 7 月间，忽然听见我们村西北方向枪炮齐鸣，呼隆呼隆响，声音就跟打雷一样，我们村离宛平县城非常近。当时我们算河北省，现在归了北京，我也就算北京人了。我们那个村子离北平也就一百里地，当时我跟我爷爷还进北平听过一次戏呢，听的好像是《群英会》。我们村离卢沟桥也就三四十里地吧，所以炮声听得很清楚。当时整个村庄都骚动起来了，年轻人到处去打听消息。第一批跑回来的人说国民革命军第二十九军的大刀队跟日本人打起来了，全村人既惊慌又很兴奋，不知道怎么回事，可见消息非常闭塞。当时还知道我们县长叫王冷斋，听说他还支持宋哲元的二十九军呢。过了一天多，枪炮声忽然停止了，非常寂静，现在想来应该是很不安的那种寂静。再后来年轻人又跑来叫嚷，说咱们二十九军的大刀队败下来了。大家一听慌了神，有很多人就跑到庄稼地里避难去了。因为老百姓心里知道，败兵跟土匪差不多，所以都很害怕。我们家没有跑，因为跑也跑不了，家太大了，只好坐以待"变"。

顾：您曾在作品中写过有几个败兵到过您家要吃的。

刘：这件事我写过杂文，也写过词。卢沟桥事变以后，过了一段时间，有两三个军人路过我们家，他们已经不像样子，浑身是泥、雪，帽子和衣服都已经撕烂了，但是还有枪。到了我家门口，这几个军人还保持着军人的样子，绝不是土匪，坐在我家大门口的上马石上，跟我们说要吃点饭、喝点水。我父亲在北平上过大学，所以爱国心还是很强的，赶快给他们拿出吃的和热水，让他们饱饱地吃了一顿，问他们前线怎么样。他们就说上头不让打啊，说着哇哇大哭。父亲又问他们要到哪里去。他们说还要找部队去。这样给他们整理衣服，吃饱喝足，他们就又往南走了。可见一般士兵爱国心还是很强的，还是有决心打败侵略者的。他们给十一岁的我上了第一节爱国课，现在我还非常清楚地记得那些身影。

顾：在日本军队占领时期，老百姓的日子一定很不好过。

刘：过一阵子，日本军队来了。没住我们村，住在东边很近的礼贤村。我们怎么办？村里人白天钻青纱帐。当时正是高粱、玉米长得很旺的时候。在地里面搭一个窝棚，晚上天一黑再回来，回来准备第二天的吃的。然后天不亮就把吃的带上，躲到窝棚里去。日本兵晚上不敢出来，白天出来，到村里一看没有人，就到各家搜查，把能拿的东西都拿走，晚上还是回礼贤或是南各庄的据点去，我们又回来再准备。就这样过了一两个星期。我记得很清楚，夜里回到家的时候，家里被翻得一塌糊涂，我家在佛龛上供的圣旨不见了，再看才发现在地上呢，里面竟包着一包大便。后来日本人又往南走了，我们村成了"三不管"的空白点。我父亲曾经跟我说，他的一个朋友，是附近哪个村的忘记了，日本人把他朋友还有十来个壮丁捉到礼贤那个据点，检查他们是不是军人。后来不管是不是军人，在夜里都把他们枪毙了，他朋友倒地倒得比较早，没被子弹打到。他朋友就滚到死人堆中装死，后来日本兵在每个死尸上踢了一脚，以为都死了。他朋友偷偷爬了很长时间，浑身是血，回到家里，算是捡回一条命。

顾：您的杂文《屠牛说》写您十一岁的时候看到过杀牛，应该就在这个时候吧？

刘：是的。我们全家本来都躲到青纱帐里。后来日本兵发现青纱帐里藏着人，我们就躲不下去了，就想到更远的地方躲一躲。听说采育镇日本兵还没去，我们就跑到那儿去了。采育原来是个大镇，里边做买卖的人挺多。我一个小孩子没有见过那样大的场面。这一看，玩这个玩那个也闲不住，我最深刻的印象就是看杀牛。你说的那篇杂文就详细地记载了当时看到的杀牛的故事。我特别奇怪的是，牛被杀，它并不反抗，一点儿也不反抗。这些年我在电视里看非洲的狮子、豹子捕牛，才知道牛是反抗的；捉水牛、野牛，牛都要反抗。所以我看到杀牛它不反抗，可能是驯化的结果。牛虽然反抗，但始终是失败者，很难逃脱被屠杀的命运。

就在我们天天到青纱帐里躲避日本兵的过程中，有一次，忽然说是日本人来了，我们一家都跑，跑散了，跑到另外一个村里去，村名我忘了。这时我爷爷病了，现在看来应该是心脏的问题，当时不懂，吃了些药，都是草药、土方。后来又从采育到另外的村子流浪了一段时间，听说日本兵已经离开我们那一带，我们才回到家里。

顾：您祖父去世后，你们家就逃难到了北平。

刘：我们家就是因为逃难才搬到北平的。当时祖父去世了，这么大一个家，就由我父亲来主事。这个时候还常常有人冒充国民党、日本人的翻译到我们家去，其实是土匪，讹诈我们，向我们要钱。我印象中，来的人和我家里人就在账房里面对面坐着谈判，当时我们家也有枪，很好的枪，双方手里头都拿着枪，谈好了就要给钱，谈不好就要出人命，这样不仅危险，每一次还都要给他们很多钱，这样家里实在不能住下去了。家里人就盘算着跑，逃难到北平。北平虽然也是日本人占着，但治安比农村稍微好一点。我记得有一天夜里，大人说咱们走，就套了 13 辆大车，把该带的东西都装到车上。几个护院骑着马带着枪在周围来回地护卫着大车。家里就托付给我们账房一位管账的亲戚，我们就全到北平来了。

顾：当时是怎么进的城呢？一大家子进了城又是怎么安顿下来的？

刘：我记不清是坐火车还是大车赶进来的了。总之，从那个时候起，1937 年的冬天，快过春节前全家就进了北平，最早是住在宣武门外的后坑。从此以后，我们家就再没有离开过北平。这就是我在农村的童年时光，到了城市里就是另外一个样子了。

顾：您进北平后接着读小学，这时候随着阅读量的增加，就开始写作文了吧？

刘：我在私塾里，主要是念《三字经》《百家姓》《千字文》《千家诗》，算是识字阶段。然后念《论语》《孟子》。我念《论语》，是先背诵到一定阶段才由老师开讲，从第一句讲起，用的是先背后讲这个办法。我没赶上开讲，私塾学习就结束了。还有开笔，学习到一定时候就开始写短文，不是一开始就写作文，作文是以后的事。我也没赶上，但是在作文之前，老师搞过一些对对子的练习，老师给出几个字，教你作对。我记得老师讲了张之洞的故事。说张之洞的那个老师给出了一个"大鱼缸"，要求作对，他马上对了一个"老虎洞"，周围人都觉得很惊讶，觉得这孩子将来一定大有前途。我在"七七事变"前这一段童年时代，还有一个学习活动，姑且称之为"学习活动"，其实当时不是这么认为的，就是读通俗小说和唱本，而且读了很多。还有五四运动以来反映新思想、新文化、新文学的"新书"和"洋书"，如《爱的教育》《寄小读者》及法国小说《两渔夫》等。通过这一时期的书林漫游，我知道了许多事，仿佛忽然长大了许多，也萌生了自己写些东西的念头。我读书差不多都是夜里读的，但是当时的条件很不好，灯光很暗。我的眼睛后来近视可能跟这个大有关系，我的母亲父亲跟祖父祖母都不近视。读唱本很有意思，我的姑姑、姐姐有时候会唱，我也跟着哼哼，这也是一种学习吧！

顾： 您与同学自办了小小图书室，还被推作图书管理员，得以读了大量文学作品。

刘： 我的学习经历可能是自学的成分多，我从小就喜欢自学，不喜欢按部就班地学。我自学纯凭兴趣，并没有一个明确的目的。比如，看完《西游记》，就自己找个木棍，说自己是孙悟空，到处跑到处闹；看完《济公传》，就拿把扇子，说自己是济公，口里喊着"啊……乞力嘿"。这样玩，觉得很有意思。这中间自己认得的字大概比同龄人要多得多，事情也懂得多得多。还记得父亲当时从中国大学法律系毕业后带了一箱书回家，我就在里面找，偷偷地看。我还记得看了一本《拿破仑传》，当时看不太懂，也不太知道拿破仑是谁，就觉得很稀奇。

顾： "七七事变"这样的大事，给您留下了深刻印象，甚至影响到您的一生，这可以从您的作品中看得出来。

刘： 我家离宛平县很近，离卢沟桥当然也很近，虽然小时候没去过。十几年前我才去过一次，一看，原来宛平县城很小很小，县衙也很小。卢沟桥已经风化得很厉害了，路面凹凸不平，好像波浪一样，现在连旧式的马车都很难走了。清朝时，那可是外地官员进京的一条必经之路，很有沧桑感。后来又看了"七七事变"的影片，更是令人义愤填膺，但那时中国贫弱落后，落后总要挨打呀！我就想到，经过几十年的奋斗、牺牲、抗击外来侵略，解放全中国，牺牲了几千万人的生命，我们的安宁生活是多少人拿生命和鲜血换来的，一定要非常非常珍惜它。我们能有今天，非常不容易，一定要珍惜，加快发展，向着更高水平迈进。

顾：从京郊农村到城市，对十来岁的孩子来说，一定会觉得处处都很新鲜。

刘：我们一家逃难进北平后，大约十年的时间，是我上小学、中学和大学求学时期。当时的北平，大家如果看过老舍先生的《四世同堂》，大体就是书中描写的那个样子。我们感觉像处于一个密封的地下室，外边空气很少进来，自己有很多东西闷在心里。

我慢慢长大了，第一个懂得的就是爱国。在敌人的铁蹄下，好多同胞在受难，自己不出一把力，就觉得很愧疚。北平就是那个情况，跟农村不一样，公开的烧杀劫掠是没有的，但暗中就多了：正像老舍先生写的那样子，特务横行，文化方面的控制也很严。

我们家最初住在宣武门外的后坑，一座小四合院，我们这一支住一头，我奶奶和叔叔一支住另一头，中间有个小门隔开，当时我们还没有分家，后来分家了就各走各的了。进城以后，家里就我一个小孩子，我感到什么都新鲜。在这里，吃水都是水车送来的，天天来，倒上几桶水，我们就把买的水牌子交给送水人。大街上有路灯，胡同里没有路灯，街不远的墙上有个窑洞，晚上有人点一盏马灯搁在里头。夜里有很多卖小吃的，卖芸豆、半空儿的，半空儿就是没有熟透的花生炒一下，这种小花生很瘦，但也很香。白天就更热闹了，特别有打小鼓的、收破烂的。

我刚进北平，觉得新鲜事太多了，比如城里的路是平的，乡下的路不是平的。其实那时候，城里的路有的也不是那么平，也有砂石路，有的柏油路也是千疮百孔。我进城以前没有见过汽车，最初见到汽车觉得很新鲜，甚至觉得尾气的味道都很新奇。这是一种从闭塞的乡间走到大城市的感觉。

顾：您有一首《浣溪沙·过母校旧址》写的就是对这一时期学校的回忆。

刘：那首词就是写我们住在后坑时，我上的那个小学。学校位于广安门大街，叫立华小学，我插入四年级。那首词是1977年11月写的。粉碎"四人帮"后，我从安徽回到北京，各方面工作开始走向正轨。有一次，我路过广安门大街，想起我曾就读过的立华小学。昔日校园已是高楼林立，改为其他单位，但老树仍在，物是人非，有感而发，就写下这首词："小院重门旧校园，高楼今日望相连，疑非疑是满心甜。　老树倚墙寻尚在，新枝苍翠卷龙髯，风吹鳞甲欲腾天。"

自从住到后坑以后，我们家的经济状况一天不如一天，家道败落了，就搬到广安门里紧靠城根的一个地方，叫老君地。离此不远有个寺庙，叫崇孝寺。

顾：您还写过一首七绝："白纸坊边崇孝寺，年年为看牡丹来。名花偏是空僧忏，僧不怜花花自开。"写的就是这个寺庙吧？

刘：是的。最初我们租的房子还是不错的，东房三间，门外院里有一口井，是压水井，就是一摁把就能往外流水的那种井。再后来住下去也不行了，经济支撑不住，就在大院里自己盖了三间土房，征得房东同意，我们不交房租，住几年房子就给他。这个大院是很大的，房主原来是山东省政府主席韩复榘的秘书的老丈人。这位秘书那时已经死了，他老丈人就跟女儿住在一起。所以有一大片地，很荒僻，当然也比较安静。

这个大院是在一片丛葬中间，我们家周围特别是西边和北边有很多坟头。那种坟头不是埋死人的，而是把棺材放在地上，四面砌上砖，变成一个小房子，然后拿砖垒一个围墙，也就半人高，前面有碑，写上某年某月埋的、是什么地方的什么人。这是准备迁走的，外地到北京做买卖的人搞的，很多很多，一片一片的，给我的童年留下了很恐怖的印象。

四存中学遇恩师

顾： 您对自己的中学时代还有印象吗？那一段也正是您家庭生活困难时期，想必您也吃过不少苦。

刘： 后来，我上四存中学了。学校离家很远，在府右街。每天骑自行车，早晨上学，晚上回家。如果晚上回家晚一点，就要通过丛葬之间，觉得头发根直发麻。我碰见过这么两件事。有一天路过坟头外边，听见围墙里边有人呻吟，走近一看，是个讨饭的，已经饿得快要死了。我们赶紧给他拿出食物和水，他很感激我们救了他一命。但是我觉得他的命未必能救，只是暂时活过来了。

还有一次早晨上学，是冬天，看见一个死人横卧在我自行车前面，就在路中间，衣服完全被扒光了，身上还带着白霜。我就绕过去走了，印象非常深刻。其实在那年头，在街上碰见倒卧的人不是什么奇怪的事情，常常有人死在路旁，但是像这个被人把衣服都扒光，实在是让人觉得又可怜又恐怖。

顾： 您在组诗《在记忆的小道上》的小序中说："我少年时候，家在北京广安门里的老君地，住在丛葬间的一个孤零零的大杂院里。如今连老君地这个地名也在首都地图上消失了，这一带早已建成了一条楼舍层叠、居民熙攘的大路，叫白广路。我还没有到喜欢忆旧的年纪，但我走在白广路上，想起许多许多……"

刘：这组诗的第一首叫《眼睛》，有这么几句："那眼睛，像冻了一万年又老又瘦的冰；那眼睛，像炽热的地火迸出坚硬的岩层；那眼睛，像锐亮的钻钻透凝固的海，希望从中透出微光，像鬼火一样青荧。""可是，因为有那眼睛在看着我，眼前的一切却染上了不寻常的颜色：这路面上的石子都像珍珠一样放光，数不清的足迹变成层层叠叠的花朵。"

顾：虽然是家道中落的时候，但同时也是您做文学梦的时候。您还为老君地的家起了"静碧山庄"这个富有诗意的名字。

刘：因为我家住房的周围有很多榆树，榆树夏天很绿，我给我的房子起了个那样的名字，其实是完全不合时宜的。我上中学时，家里经济很不景气，逐渐走下坡路。本来在农村我家是个大户人家，比较富有，搬到城里来以后，家里的经济来源越来越少，整个家里的财政大权交给一个管账先生，这就不免有很多漏洞。父亲经常回到老家去卖些田地，也想了许多办法来维持生活，比如到天坛租几亩地来种，还有就是套一辆大车来拉脚，可惜都没能拯救家庭的衰败命运，而且越来越差。我上中学时，每天上学带两个枣窝头作为中午饭；早饭时带一点钱，吃一碗豆腐脑再就半个枣窝头，这样过日子，并不觉得苦。当年学校门口有一个小贩卖的豆腐脑，我觉得非常好吃。后来我就非常喜欢吃豆腐脑。直到现在，我还爱吃豆腐脑，只是再也没有吃过那么好吃的了。

顾：前几年我曾写过一篇文章《试述罗常培先生的语文教育思想》。罗先生是著名语言学家，跟老舍先生是发小，是中国科学院哲学社会科学部（1977 年改为"中国社会科学院"）语言研究所第一任所长。他也在四存中学当过国文教员。

刘：四存中学创办的意图就是为了跟新文化运动相对抗，所以是一所很保守的学校，崇尚读古书，学生都要穿长袍。学生一进学校，老师就要向学生宣读当年徐世昌大总统的手谕，其中有一条："学生不许参加校外活动，否则一律开除。"说起穿长袍的问题，我们进校那一年有高中生闹风潮，反对穿长袍，都穿短服，校长的孙子也站队反对穿长袍一派，但是后来被校长申斥一顿给镇压下去了。校长的办法就是在礼堂里开全校大会，把他孙子叫到台上来，打一个大耳刮子，叫他跪在台上，然后就宣布，谁要不穿长袍就立刻开除。就这样，反对穿长袍的活动就给镇压下去了，我们就都穿长袍。学校提倡读古书，正课里有《孟子》《左传》，国文课里没有白话文，写文章必须用文言文。如果古文底子好的话，理科差一点也没有关系，就是不及格也给 60 分。教师中也多有饱学之士。我们的校长是齐振林，他是个老举人。

抗战胜利后，1946 年左右，张荫梧成了北京四存中学的校长。从此，北京四存中学校风大变。不过这时候我刚毕业。北平和平解放后张荫梧被逮捕了，我后来回到四存中学教书，第一眼看到的，就是逮捕张荫梧的消息贴在公告栏里，真是大快人心。这是后话。

顾：您在《我的老师》一文中，曾深情地回忆说："回想我学习语文，总忘不了四十年前的一位老师陈小溪先生，他是我学习语文的真正的领路人。"并说"中学六年，我在课外跟陈老师学到的，比课内要多得多"。这位陈小溪老师，当时就在四存中学吧？

刘：对，我进四存中学上学时是十四五岁，进来以后念古书很投我的脾气。特别是遇到我的启蒙老师，也是我的恩师陈汝翼先生，对我影响很大。陈先生，号小溪，河北定县人。陈老师本来是教美术课的，但他的文学艺术造诣很深，文采蕴藉，淹贯博通。绘画，陈老师工山水，兼善花卉，是齐白石的弟子，王雪涛、吴镜汀、王森然等名画家都是他的画友。文学，陈老师工诗词曲，兼善古文，是桐城派古文家吴北江先生的弟子。还有书法篆刻，陈老师皆臻妙境。

顾： 可见，一个人如果能从小遇见一位好老师，那真是人生一大幸事，尤其是语文老师，对学生的成长太重要了。

刘： 当时四存中学有个课外社团组织，叫书画会，指导老师就是陈小溪先生。凡是喜欢书画的学生都可以自由报名。我因为爱好美术，喜欢画画和写字，就报了名。有一次，我聚精会神地画了一张画，画完才发现陈老师站在我面前。他看了我的字和画后，就笑着对我说："还像个画儿，嗯？你到我的房间来，我来教你吧！"陈老师很有特点，他是一个以教为乐的人。他的房间是一排西房里边的三间，一间是外间屋，两间是他的卧室跟画室，他取名叫作"希声草堂"，取《老子》里"大音希声"的意思。陈老师以课余授徒为乐，所以经常有很多爱好书画的学生到他的房间里写字、画画。他分文不取，完全是义务的。我就是这些学生中的一个。下课后到他房间去，就用他的笔墨和纸学画画，学得当然也还可以了，但是我进步不大，因为我眼睛近视。陈老师的授课方法就是叫你画，然后他来看，指点你哪方面画得不好，然后替你添上几笔做样子。学习氛围非常平等，也非常自由。画画之余，就谈论画画或者其他的事情，甚至有时也谈论国家大事。这种书院式的授课方法，对我帮助很大。后来我跟从他写诗，有几位同学后来走上了美术的道路，都有所成就，都是从他这里出去的。我对绘画和文学的酷爱，也深受他的感染和启发。我有一本《梅苑诗稿》，收录我中学时代的四十余首诗作。"梅苑"就是他给我取的艺名。

顾： 您当时这些同学里面，后来有没有出过比较知名的艺术家？

刘： 有啊！比如曾任中央美术学院副院长的侯一民同志，就是我当时的同学。他很有成就，油画、国画都是卓然有成的，现在我们还常有来往。他住在西山"逸园"，本来他叫侯逸民，安逸的逸，后来他改名为"一民"。他很早就参加了革命，是地下党员，后来到朝鲜参加抗美援朝等。还有四川省美术家协会负责人之一的宋广训同志，也是我的老同学。总之这种教课方法出了些人才。

顾：您有两首《减字木兰花》，就写到您这两位同学和陈小溪先生。

刘：那一次是我们三个老同学在侯一民家里聚会，重温在陈老师门下共同学画的情景，不胜感慨。酒酣耳热之际，合作了两幅画。我就在上面题了两首词，一首是写我们同窗情："灯窗如昨，三十八年弹指过。紫蟹黄鸡，休禁重逢醉似泥。　　生涯莫问，回首故交星散尽。一笑华颠，犹是拿云三少年。"另一首就是怀念陈小溪老师的："佯狂遁世，丹青不知老将至。有恨谁知？天地难容一画师。　　年年草树，不绿先生坟上土。若见阳春，千尺奇葩定拂云。"

顾：在一所思想那么保守的四存中学，这位陈老师的思想居然那么超前。

刘：陈老师家在解放区，所以他的思想是趋向进步的。后来谈到解放战争时，他的态度就越来越明朗了。除了画画、写字、谈诗论文，我们就谈论国家大事，这对我们有很多好处，让我们知道了解放区的一些情况。有一次，他儿子从解放区来，带来两罐子蜂蜜，把蜂蜜倒出来以后，底下却是报纸，全是解放区的报纸——1946年的还是1947年的报纸，我记不清了。在希声草堂里，从这些报纸上，我们第一次看到周恩来、王若飞等同志的照片。特别是读了毛主席的《沁园春·雪》，觉得境界是那样开阔，那样宏大，那样美，眼前大亮。同时也看到了在蒋介石的指使下发的一些"围剿"毛主席这首词的词，就觉得很不像样了。

顾：看来当时四存中学的教师也分成几派，有思想进步的，肯定也有思想保守的，甚至是反动的。

刘：在希声草堂外间屋那边，就住着一位老师，姓王，叫王子纯，教历史的，那就是一个纯粹的"老古董"。我们到陈老师屋子，要穿过王老师的房间，在我的印象中，他房间里到处是书，满屋子的书。他不但不赞成共产党，也不赞成孙中山，他赞成的竟是乾隆皇帝！一说到乾隆皇帝，他就眉飞色舞。当时正是抗战时期，蒋介石把政府由南京迁到重庆，他断定蒋介石抗战必败，因为每次国家遭到战乱的时候，凡是政府跑到四川的，他认为没有一个能够平安回来。有时候我们正兴高采烈地谈着天，王老师一来串门儿，我们就不敢说了。

顾：您跟陈小溪老师本来是学画的，后来却又转向写诗。

刘：刚跟陈老师学习绘画不久，我画了一个扇面，就在扇面上题了一首小诗，是写给张湛同学的。张湛是我四存中学的一个同学，跟我还有点儿亲戚关系，我姑姑嫁给了他，是我姑父。张湛这位先生实在是太酷了，那时候我常到他家去玩儿，算是很近很近的朋友，后来他上了中国大学古文学系。毕业以后他就当教师，新中国成立以后还是当教师，但因为家庭出身是地主，"文化大革命"期间被赶回老家去，不能当教师了。被赶回老家，他还是满怀革命热情，把毛主席的每一首诗词都次韵和了一首，用龙飞凤舞的毛笔字写给我看，可惜这些东西早就散佚了。后来"文化大革命"结束，他又回到北京，又教书，这不很好嘛。但是回北京不久，他有一次煤气中毒，成了植物人，后来就死了。我实在为他感到悲痛。我题的一首诗就是写我这位老同学的，其中有"晚起步竹箩，清阴筛素月"的诗句。

就那一次，陈老师看见我题在扇面上的这首小诗以后，非常高兴，很兴奋地跟我说："你可以学写诗啊，嗯？"他向来是不多说话的，有点儿定县口音。他赠给我一部他的老师吴北江先生选编的《古今诗范》，我自己买了一部《杜诗镜铨》。《古今诗范》这本书现在还在我的书房里，对我影响太大了，是极佳的选本。

顾：您后来的文学创作，充满着家国情怀，具有非常浓郁的现实主义色彩，应该就与您跟陈小溪先生学杜诗有关。

刘：一点儿不假，杜诗是陈老师有意给我讲的。有时候他拿出一首杜诗给我讲，《古今诗范》却很少讲。他是要我学杜诗，同时开阔眼界来读点《古今诗范》。《古今诗范》所选作品是从汉到元这个历史阶段，大家名作差不多都在里面。这本书由我后来的老师贺培新先生写序，其中有这么一句："学诗之道无他，取法乎大家，熟读多作而已。"这话我觉得相当经典，就是四个字"熟读多作"，但是有个前提，要"取法乎大家"，不向大家学习，就很容易小气或走歪了路。

现在想来，陈老师让我学杜诗，是很有深意的。因为这也和当时的形势很有关系。有时候给我讲书，他就拿起书来说"今天咱们读这个《自京赴奉先县咏怀五百字》"，连《北征》一块儿讲，他就念，念，念。他就说"这妙啊，你看多妙"，然后就不讲了。再接着念，我从他的语气和神情就可以领会这诗到底是什么意思。比如，他讲到《北征》，说山里的果子"或红如丹砂，或黑如点漆"，下面杜甫发议论"雨露之所濡，甘苦齐结实"。这是上天的一种感恩思想，他就说这写得好，真好。

顾：可见古诗文教学，朗诵非常重要。有小溪先生的耳提面命，您在诗歌创作上就逐渐上了正道，开始写诗，但主要还是从模仿杜诗开始，这甚至影响了您后来的诗风。

刘：就这样我开始学写诗了。一些格律什么都不是他讲的，是我随便看一些书知道的。后来我的阅读范围从这两本书延伸开去，像《十八家诗钞》《经史百家杂钞》等，还有些诗歌专集和其他诗人的集子。我要讲的是文学对人的影响。陈老师给我介绍了杜甫的诗，又给我读了很多首，从我的性格和当时的客观环境来说，都跟杜诗一拍即合，从此我就喜欢上杜诗了。我把全部的杜诗连他的赋跟文章等，都读过了，其中大部分都是会背的，杜诗对我的影响是很深的，而且是一辈子的影响。这跟当时的形势有关系，国破家亡，跟杜甫的所处时代也很相似，我心里很苦闷，所以杜甫的情绪就感染了我，当时我的诗里学杜诗的地方也多。那一段时间我的诗作没有离开仿作的影响，比如我那首诗《题蛇雀图》，就是受杜甫《义鹘行》思想的影响，希望出来一个英雄澄清天下，赶走侵略者。总之，杜甫影响了我一生，但是很奇怪，我作诗，曾经有些诗像杜诗，这好像与我的性格秉性有关，但总体而言，想像杜甫而不得，倒是天上地下这种浪漫主义色彩多一点。杜甫的诗，总的来看是现实主义的，但是也有浪漫主义的，像《洗兵马》，浪漫气质很浓;《茅屋为秋风所破歌》的结尾也是一种浪漫色彩。他的理想很大、很远。就这样学，差不多一个星期我总要到陈老师那里去几次。

顾：您对古书、字画、字帖、碑帖的爱好大概也是从那个阶段逐渐培养起来的吧?

刘：是的。我爱买书，特别爱买画册、书册和碑帖，都是影印的，当时是永正书局和神州书画社出的。我还到琉璃厂旧书店里买些书，当时买的有朱祖谋的《沤尹词》、吴文英的《梦窗词》和陆游全集。我买书没有计划，碰到什么买什么，买什么就看什么，就这样很没有秩序地，也没有序列地读书。

买画册、字帖是我一大爱好，可惜钱很少，怎么办呢? 只好把早点钱攒下来，攒一两个星期够买一本字帖了，就去买一本。我现在还记得，就买过黄公望的《富春山居图》，影印本，是烧过的。还买过一本《兰亭序》，宋仲温藏的"定武兰亭"，新中国成立后我才知道是褚遂良的临本。

明代书法家宋仲温很爱惜这部帖，有很多题跋，我感觉比《兰亭序》还好，有草、有楷，他的章草写得实在秀美。

比如"唐拓十七帖"，我现在还保存着，当然是不是唐拓不好说，但拓得非常好，也是影印本；还有孙过庭的书谱、墨迹。这些就是我现在还有的，始终保存下来的，散失的就不知道有多少了。这是我当时的一大嗜好，从口里省出这么点钱来买书，当时实在不好意思再跟家里要钱了。但是有一年过年，我父亲忽然到厂甸庙会上给我买回来百衲本的"前四史"，我高兴得不得了，又迷上了读《史记》。读了一阵，我揣想父亲的心理，可是到现在还猜不透，本来家里很穷，应该叫儿子将来做点实际的事情来赚钱，但是他不，我喜欢文学，他就在文学方面培养我。可见父亲是很通达、很民主的，我非常感谢他。

顾：我记得您上高三时曾写过一篇《悲秋花赋》，也是您唯一的赋。

刘：我平生也就写过这么一篇赋，作文稿居然保留下来了。因为我平时上课，成绩一直还不错，有时即使往下滑，也没有滑得很厉害，所以到毕业的时候成绩还是一等。在文学方面，可以说远远超出一般中学生的水平了。高三时候我写了一篇赋——《悲秋花赋》，秋天我看见有的树开花了，我觉得这很是悲剧，因为它不能结果实，到冬天就会死去。那篇赋是仿照六朝抒情小赋写的，当时我正迷恋于《六朝文絜》，也很符合我那时的心境，处于还没有完全走向革命的彷徨中，我这样自命还有些才干的人不免要枯萎吧，就以这种心情写了出来。

顾：后来陈小溪老师又介绍您拜另一位老师贺孔才为师。

刘：快毕业的时候，陈老师跟我说，将来你毕业了，我们见面的机会也不会太多，我还是要教你的。我再给你介绍一位老师，就是贺孔才先生。他名叫贺培新，字孔才，是当时中国大学的教授，贺先生才华横溢，性情高古，是诗文大家，兼工书法、篆刻，才高望重。他的书法、篆刻、文章、诗在当时都是第一流的。他们二位都是桐城派传人吴北江的学生。

顾： 吴北江，原名吴闿生，字辟疆，号北江，人称"北江先生"，是中国近现代著名诗人和教育家，也是京师大学堂总教习吴汝纶之子。

刘： 当时沦陷的北平在日本统治下，有很多造诣很深的文学家、艺术家，他们不愿意出去给日本人办事，不愿意当亡国奴，就隐身到教育界。教育界毕竟宽松一些，当一名教师，苟全性命于乱世，我给这类人取了个名字叫"教隐"，就是在教育界隐居起来，千万不要觉得这些人没什么名气就小看他们，他们有气节在。后来我就拜孔才先生为师了，他是小溪先生很要好的朋友。记得当时小溪先生带着我，我还提了一包点心，也就七八块吧，包起来，到后海的旁边，那里有贺先生买的一所房子，名为"海西草堂"，去拜见贺先生。贺先生设一桌饭，我就在那儿拜他为师。一同吃饭的还有一位，我忘记是谁了，只记得他穿着西装，嘴里说着英文。从那时开始，我就有了两位老师，一位是陈老师，一位是贺老师。

顾： 贺老师的诗词教学也很有特点。

刘： 其实贺老师并不讲书，就是念或者唱。他给我看过许多诗稿，每首诗他都要写下一些批语，很可惜这些诗稿散失了。后来我才知道，贺老师是桐城派，很豪放。有一次他给我讲《离骚》，拿起本子来，在书房里走来走去，高声吟唱，声音很大，唱了一遍，说："你回去慢慢学吧！"就这样，很有意思。

我那时是个穷学生，一年也不见得能看一次电影，而且从没有打过电话。有一次，贺先生电话响了，他就叫我替他接。可我到了高三也没接触过电话，居然拿倒了，他才赶快过来接了。我当时就是这样一个既穷又苦读书的学生。我给他的海西草堂写过三首五律，他很赞赏，但是稿子没有存下来，只记得前两句是"淡烟城北路，高柳海西堂"，其他的就忘了。

顾：当年您跟陈小溪、贺孔才两位先生学诗词，曾经留下一本《梅苑诗稿》。

刘：过去上中学，跟小溪先生和孔才先生学习的时候，我就开始写诗词，不过留下来的并不多，大概有百余首吧！大部分都散失了，只有半本《梅苑诗稿》。"梅苑"是小溪先生给起的，书皮上"梅苑诗稿"这四个字就是小溪先生写的。

顾：陈小溪先生、贺孔才先生，他们两位既是您进入文学领域的引路人，也是您生命中的贵人。可以说，他们两位的人品、学识影响了您的一生，您也在作品中多次写到他们。这两位先生后来的境遇怎样？您与他们还联系过吗？

刘：张荫梧进四存中学当校长后就把陈小溪先生给辞退了，陈老师就到天津教书，后来由于我的关系，他又回到四存中学来当美术老师；后来又离开了，可惜很早就病死了。

贺先生遭遇也很不好。新中国成立后，他把家里收藏的所有珍贵的印石、古玩、书籍都捐给国家了，我记得在故宫的午门一带曾经举行过展览，我也去看过。后来他投身革命，参加南下工作团，到了武汉。有次回来，我见到他，一见面就聊他跟董必武唱和的诗，其中有两句我还记得，"工农今作邦家主，马列真成世界师"，我觉得非常好。他又称赞我当时写的一首民歌《红灯颂》，他也能背两句，"金线缠来银线扎，大红的灯罩贴金花"。

那时候，我们师生相处非常畅快，情绪也很好，想不到没过几年，在"肃反"运动中，贺先生竟跳北海自尽了。因为有人说，国民党河北省党部委员名单里有他的名字。粉碎"四人帮"以后，给他平反，才知道这个名字是别人给他填上去的。他在老家时还曾经掩护过我们党的某位领导，为这个我也写过诗。

北京大学先修班与西语系

顾：中学毕业后，您曾上过北京大学先修班。

刘：抗日战争胜利后，北京处于权力真空状态。日本已经投降，国民党还没来，共产党虽还没到，但已有些力量进入北平城，开办了书店等，因为当时我还不是共产党员，不知道他们究竟具体做了些什么。这一段时间，就是我上高三这一年，四存中学的学生实际上处于一种没人管的状态。我们有一个不很负责的耿老师，摇身一变，成为教育局的什么科长，我们才知道他是国民党员。这时候我们几名学生受到了一些进步思想的影响，就合出了一份《曙光壁报》，里边主要是反内战的内容，还有对学校的很多不满，这样就被国民党的特务发现了。学校里也有特务，有一天听说他们要来捉我们这些学生，学校通知我们赶快走，我们几个就跳墙逃走了。《曙光壁报》当然也就办不下去了。这时我面临着上大学的问题，当时已经是抗日战争胜利后的1946年，我考上了北京大学（以下简称"北大"）先修班，当时说国民党当局不信任北京的学生，要先上一年先修班再转到本科。我还考上辅仁大学，还考上什么学校我忘记了。总之最后我就上北大先修班了。

顾：上北大先修班，对您无疑具有重要意义。这对您以后在文学上的发展也有非常重要的影响。

刘： 没想到一上先修班，我的命运和生活道路都发生了很大变化。长久以来，我就向往着新的世界，但是不知道新世界是什么样，也不知道通过什么途径去。我跟陈老师早有这种思想，常常交流。到了先修班，那完全是另外一个世界。我听过一些知名教授的课，但回想起来，对我的影响并不大。倒是一些中外大诗人的著作对我起了启蒙和培育作用。这一时期，我不再读古书了，转而读新书。外国的，如马雅可夫斯基、涅克拉索夫、勃洛克、拜伦、彭斯，特别是惠特曼。本国的，如艾青、田间、李季、胡风、马凡陀，特别是臧克家，他们的诗作都是我最好的老师。记得我读了赵树理的小说《李有才板话》，特别是读了毛主席的《在延安文艺座谈会上的讲话》，感到眼前一片光明，原来搞文艺是要这样搞法，是为人民大众服务，为工农兵服务，对我来说，这是一种完全新鲜的理论，真使我着迷。最初看《在延安文艺座谈会上的讲话》还是蒙在被子里，用手电筒照着看的。这样我的思想也就发生了变化。

顾： 您在《答中国校园文学编辑部问》的访谈中，曾提到在北大参加"新诗社"，这对您后来从事文学创作影响很大。

刘： 我学习新文学，参加文学活动并发表诗作，就是1946年进入大学以后开始的。我上的是北大西语系，课外参加了"新诗社"。这个文学社团是在西南联大时，在闻一多先生指导下创办的。抗战胜利后随着北大一起迁回北平。"新诗社"的主要活动是读诗、论诗、写诗、办诗壁报。参加"新诗社"的进步同学很多，大家一起唱歌跳舞，当时就唱《在那遥远的地方》，王洛宾先生的歌。还有很多歌曲，青年人都喜欢唱，比如《跌倒算什么》《薪水是个大活宝》《茶馆小调》等。可以说，"新诗社"吹响了真正的战斗号角。我走上革命道路，接受革命的文艺理论，对文艺发生浓厚兴趣，我的处女作，都受到这个社团的决定性的影响。

顾：这一时期正是社会急剧动荡的时候。作为北大的学生，活动频繁，思想活跃，想必对您的精神乃至心灵，都产生了重大影响。

刘：进了北大，我在风起云涌的学生运动中逐步走向革命。自己思想越趋于进步，看到国民党腐败，心里就越是痛恨。我亲眼看到那些接收大员进北平后，趾高气扬，走到街上，别人跟他说话，提到蒋委员长，如果对方没有立正，上去就是"啪"的一个大嘴巴，骂道："怎么不立正？"他们进北平后就抢房子、抢票子、抢女人，净干这些去了。抗战刚胜利时，老百姓以为日子会好一些，会往好的方向走，但一看到那些国民党接收大员进来，又十分失望。加上我到北大后，看到的是一片新气象，自己的思想越来越趋向于革命，便立志要做一名文艺工作者、文学工作者，为工农兵服务，这是我当时立下的志向，当然认识很浅薄，也不知道后来这么多事情。

顾：北大先修班有一位女生叫沈崇，曾被美军士兵强奸。我小时候在《毛泽东选集》里曾看到过这个名字，应该就是你们先修班的同学吧？好像您为此还曾专门写过文章。

刘：沈崇是我们班女生。有一天晚上，她去看电影，走到东单时，被美国兵拖到东单操场强奸。正好有人路过，听到呼救声，就报了案。警员闻讯赶到，歹徒被当场擒获。北大女生被强奸的消息在全国激起强烈反响。北京、天津、上海乃至全国各地爆发了抗暴活动，有几十万学生参加，并得到社会舆论的广泛支持。为此我写了《中国人记着记着》，发表在《诗号角》上。

顾：您在北大，跟在四存中学读书的氛围肯定大不一样。当时您一定读了很多书吧？

刘：谈起读书，到北大先修班以后我就不再读旧书了，而是读了很多中外的新文学作品。国内的读得最多的就是鲁迅先生的作品，都是我从小摊上买的，一边看一边笑，觉得文笔的确好。国外的也读了一大批，其中俄国的小说占了很大分量，有一段时间好啃大部头，比如《罪与罚》《战争与和平》，都啃下来，觉得很有意思。短篇的如屠格涅夫的《猎人日记》，契诃夫的短篇小说，读了以后，都觉得有·种美的享受，而且有音乐的感觉，有如诗似画的美感。诗歌方面就是读俄国的，如普希金、马雅可夫斯基；西欧的，如《唐璜》等。我最感兴趣的诗作，是美国惠特曼的，后来知道他只有一部诗集叫《草叶集》，但是他的诗集是逐渐丰富的，出了诗集后，逐渐往里补充，这样就成了一本《草叶集》。我读的翻译本另外有个名字，叫《大陆之歌》。读了这本诗集以后，觉得诗还可以这样写啊，简直跟写散文差不多。后来我接触了一位研究惠特曼的专家——李野光先生，他是我在北大时的同学。据他说，惠特曼的原著也是有韵律的，那样开放、放浪。在美国西部大开发的时候，惠特曼是那个蒸蒸日上时代产生的大诗人。

顾：在北大听那么多知名教授的课，看自己喜欢的书，无疑打开了视野，培养了您对文学的热爱。您原本就喜欢诗歌，这时就开始写新诗了。

刘：因为读书多了，慢慢地，我也开始写新诗了，作品当然也是除旧布新。在当时的墙报上或是地下刊物《诗号角》上发表，现在看来都不怎么成熟，是一腔青年的热血。在北大，我真正走上革命道路，那时候越来越觉得国民党腐败透顶，又向洋人屈服；共产党就不这样，有民族正气，反内战、反饥饿。我在这场斗争中意志更加坚定了，走进革命行列，之后参加了党的外围组织，叫"中国民主青年同盟"，自己已经把旧的都放弃了，认为过去做的都是旧时代文人的事情，诗读古诗，书读古书，好像都是应该抛弃的东西，现在要参加革命了，就得弃旧布新，连我的文学也要讲新的东西，于是我不再写旧诗，这是我写新诗的开始。

顾： 你们作为北大学生，热血青年，向往革命，参加社团活动，有没有遇到过什么危险？

刘： 到了北平和平解放前夕，组织上通知我们，国民党很可能在撤退前来一次大屠杀，要我们都隐蔽起来。有一次确实很危险，我们在开展社团活动时，忽然有同学跑来说，特务把学校包围了，要搜查共产党员，于是我们立即散会，把会上、社团里的进步书籍都打包，可是往哪儿放呢？他们都知道我家当时住在窑台，在陶然亭附近，很偏僻，就雇了一辆人力车，把书都放在车上，我坐在上头，匆匆忙忙就走了，奔我家去。书都搁到我家里，那里非常隐蔽，像贫民窟一样。我在那儿眯了一阵子，就开始看书。当时没有恐惧感，根本不知道恐惧。后来想起来，还是很危险的。因为当时北大有国民党特务，也有进步学生，双方斗争很激烈，每次出了墙报以后，我们就拿棒子站在旁边，怕特务们搞破坏，等着迎接解放军进城。

顾： 解放军进城，意味着新时代来临了。作为热血青年，你们亲自参加了迎接解放军的活动，一定很兴奋。

刘： 后来，组织上传达，解放军已经进驻清华大学，大家兴奋得不得了。迎接解放军，我也非常高兴，写了一个相声和街头剧《王小二过年》。准备等解放军进城后，我们就到街上去演、去宣传；还买了很多纸，写了很多标语，准备贴出去。我们去买纸的时候，那个老板心领神会，不要钱了，都送给我们了。但北大学生在以前是很受欺负的，出校门都要把校徽摘掉，不然会被殴打的。迎接解放军时非常激动，我是到西直门看军队进来的，场面威武雄壮。我有个感觉，解放军没来的时候，我看到傅作义军队枪上的刺刀就觉得这是敌对的、冷冰冰的，很危险。解放军带着大炮、刺刀进城，我就觉得非常温暖，好像是自家人。

顾：您有一首词写道："大学生，宣传队。苦斗严寒乍见春光媚。十里秧歌锣鼓沸，舞上街头，真个心如醉！　老矣乎？应犹未。不乞天公还我三十岁。百战醇香醅世味。老若来时，开个欢迎会。"就是回忆演街头剧时的情景。

刘：我们在学校开始做街头宣传，我说过相声，跟我一起说的同学是谁忘记了。演街头剧的是另外两名同学，一名就是李天绶，后来是北京政协负责人之一；还有一名女同学，外号叫"青蛙"，名字叫什么倒忘记了。李天绶还曾把他当时做街头宣传时的剧照寄给我。这个照片中，我在那儿站着，他们正在演我编写的街头剧《王小二过年》，收到剧照的我很激动，就写了这首《苏幕遮·题照》。

顾：您在北大先修班结业后，因数学不及格，没考上北大，上了辅仁大学。一年后才又考取北大西语系的插班生。

刘：我上了两年北大，一年辅仁大学，上辅仁大学那一年夹在两年北大中间。我把两次上北大连在一起讲，可以看出我的思想变化和行动的发展，因为这两年对我太重要了。我从一个向往革命的知识分子到坚定地走上革命道路，从一个旧文人转变为革命者，这种转变就发生在这两年。

顾：您在辅仁大学上了一年学，为什么后来又去考北大的插班生呢？

刘：这有两个原因：一是辅仁大学是教会学校，学费太贵，我家里负担不起。那时我家从老君地又下降一等，搬到窑台了，生活每况愈下。二是辅仁大学跟北大民主自由的氛围迥然不同，比如这一年我都没有住宿，而是寄住在高庙的一个小房子里。为什么呢？因为要住宿就必须信教，信教以后才能得到住宿的机会，我不信教，所以就没住进去。我就感到有些压抑，我太向往北大那种民主自由的氛围了，所以才又考北大西语系的插班生。

短暂的军营生活

顾：**第二次进北大并没有读完，您就与同学一道参加了解放军。**

刘：我们先是在街头搞宣传，欢迎解放军。第四野战军一师第三战车团来北大演剧，引起青年学子的强烈反响。这个时候，第四野战军下属的一个什么部队我忘记了，大概是第三战车团吧，到北大四院去招收新兵。我本来就想走出学校去当兵或做点什么，因为我坚信文艺要为工农兵服务，老在学校怎么行呢。所以我就很兴奋，要报名，组织上跟我谈了一次，说你不能走，现在学校是最需要人的时候，你不要离开学校。我坚持自己的理由，不是说文艺要为工农兵服务吗？我参军有什么错啊。结果我没有接受组织的意见，就同二十多个同学参加了中国人民解放军第四野战军。

顾：**你有一首《减字木兰花·进丰台》："戎装年少，坦克隆隆风雪道。歌笑连声，腰鼓秧歌夹道迎。"就是写您1949年参加解放军后驻军丰台时的情景吧？**

刘：当时部队驻扎在丰台，我们属于第三战车团，我们团有若干辆坦克。坦克都是放在老百姓的猪羊圈或者马棚里，有辆坦克叫"功臣坦克"，上面有红字，是在打天津时立过功的。我们进去后，填个表就算参军了，那时候好像手续很简单，我们每人领到一支枪，穿上新军装，感觉神气得很，天天要上操。我们刚拿到枪很新鲜，不知道哪个同学走了火儿了，"嗵"的一枪，子弹从屋顶打出去，结果受到领导的严厉批评。饭后我和同学在一块儿走，还像上学时那个样子，男女同学在一起，说说笑笑，又唱歌，也受到领导的批评，说军人不能这样子。后来我被分配到团报，在团里编的《矛头报》当编辑。

顾：这是您最早的编辑经历，当时也没想到会调到人教社当一辈子编辑。只是不久您就因患肺结核，不得不离开部队休养，这才到了四存中学。

刘：我本来有肺结核病，参军时，肺结核初愈。艰苦的部队生活使我旧病复发，这个时候比较劳累，我的肺病本来就没有完全好，这时又加重了，还吐血，我就向领导申请，提出回市里休息一段时间。领导批准了，给我写了证明，说现在部队没有条件休养，等将来病好了，再回来找部队。我拿着这个休养证明还大哭了一场，就回来了。然而部队不久就开赴朝鲜战场参加抗美援朝，我就与部队失去了联系。其实我在部队只有很短的一段时间，也就一两个月，根本算不上参军，相当于体验了一下部队生活。

第二章　从语文教师到教材编辑

回母校当语文教师

顾：您因病从部队复员后，就让您到海淀当小学校长。

刘：刚回到市里，一方面还没有到暑假，我不能到北大复学，另一方面也没有别的事情可做。这时，有些北大同学已经参加了军管会的接收工作，他们就介绍我也参加。我想着反正放假后还要到北大复学呢，先参加一段实际工作也好。于是我就参加了接收工作，临时客串了一把"接收大员"。

同学给我介绍的第一份工作，是到海淀区一所小学当校长，叫我去接收。一进学校，我发现孩子们都很小，教师们把我围起来，问长问短。我一看那架势，感觉我当不了这个校长，就主动请辞了。

顾：这个时候，您就回到母校四存中学当了教师。

刘：后来有人说，你干脆回四存中学得了，四存中学那儿也需要人。我就回到四存中学，见到军管会的几位同志。组长是朱学，还有董继野、冯子明、赵彦、于维德等。他们都表示欢迎，说你就在我们这儿吧！现在这边也正缺人。暑假期间，四存中学召开教师思想改造大会，我还当了组长。

顾：在四存中学，您具体做什么工作呢？

刘：刚开始，分配我教美术。这时还不到暑假，我就接受了。教美术，当然我也不怎么会教。我只是学过几天画画，可以给学生画一画。我还搞过美化校园的工作，把毛主席写的"为人民服务"翻到墙上去，等等。工作倒是非常愉快，学生也很欢迎，这些同志也很热情。后来又让我改教我最熟悉的语文。

顾：这样说来，您与上海的于漪、钱梦龙两位老师还有些相似之处呢！于漪老师从复旦大学教育系毕业后，先教了8年历史，然后才改教语文。钱梦龙老师也是先教美术，后来才改教语文。

刘：这恐怕纯属巧合！

顾：您在四存中学任教时，申请加入中国共产党。您入党时还曾遇到过一些麻烦。

刘：1949年，我提出入党。有人就给我提意见，说我有自由主义的思想。我大概确实有些自由主义。我在北大的时候，好几次有人动员我参加组织，有外围组织，也有党组织。我当时都没有完全答应，就是觉得参加了组织可能会不自由。后来我才想通了，就参加了党的外围组织，但是根子上并没有改过来，还是犯自由主义的错误，说走就走了。党支部调查我在北大的一个单线联系人，他说我犯了自由主义的错误，自己跑到部队去了。这样终于把事情弄清楚，我才加入了党组织。这件事情对我影响很大，从那以后，我就再也不敢犯自由主义的错误了。

参加开国大典

顾：您在《红灯颂》里说，您参加了开国大典。

刘：1949年10月1日，在天安门广场举行开国大典。我作为班主任，同其他的班主任，带领学生，在天安门西南角，排着队参加了开国大典，亲耳听到毛主席宣布："中华人民共和国中央人民政府今天成立了……"还有些话，我忘记了。直到会散了，我们还不舍得走，仍在那里徘徊，我和另一位同事赵彦老师就一直在那儿坐着。当时还放起烟火，我从来没有见过烟火，所以很兴奋。能参加我们中华人民共和国成立的第一次庆祝大会，我感觉很幸运。晚上提灯游行，扭秧歌，我那时候扭得大概也不错，就闹了大半夜，兴奋得不得了，就像歌词中唱的："解放区的天是明朗的天。"觉得眼前一片光明。这个经历到今天也忘不了。当时我非常激动，回来就写了一首歌谣体的诗歌《红灯颂》，共四段："金线缠来银线扎，大红的灯罩贴金花。红灯做好为什么？天安门上高高挂。/ 红灯红来红满天，四面八方齐来看。又照近来又照远，照耀咱人民四万万。/ 红灯红来放光明，好像天上的北斗星。不怕雨来不怕风，新中国挂上了翻身灯。/ 红灯最属哪个亮？一盏红灯挂中央。照亮了咱们的领袖像，毛主席你比那红灯亮。"写的确实是我当时的真实感情。

顾：这首诗感觉有点儿像陕北民歌的风格，确实反映了人们对新中国成立的那种激动心情，所以这首诗流传较广，影响也比较大。

刘：这首诗以"牛小白"的笔名发表在《人民日报》上，很快得到艾青同志的赞扬。后来又被谱成几种歌曲，到处传唱。有一次，我在火车上还听到过，感到很兴奋。30年后，我才知道，原来当时的北京出版社社长田耕同志是谱曲者之一。我还写了一首《赠田耕同志》的诗："红灯一曲少年心，五线凭谁传好音？三十年来未相识，白头才谢谱歌人。"《红灯颂》是我那一段写民歌体的诗中比较成功的一首。

顾：四存中学为什么叫"四存"？四存中学与北京八中又是什么关系？

刘：北京四存中学成立于 1921 年，原来是一所私立学校。为什么叫四存？因为这所学校的校训是"存学、存性、存人、存治"，总的办学思想偏向保守。但四存中学当年的确聚集了一批水平很高的老师，尤其重视国文教学。1936 年举行全市国文会考，四存中学的学生包揽了前 6 名，为此张学良将军赠银盾一尊。北平市立八中是 1947 年成立的，1949 年，与四存中学合并为"北京市第八中学"（以下简称"北京八中"）。我们也迁到新校址。为什么要迁呢？原来的四存中学校址在中南海墙外，中南海需要扩大宿舍，就给我们又盖了新校址，在按院胡同，盖得很漂亮，我们就迁进去了。

顾：从四存中学到北京八中，不仅学校是新学校，时代也不一样了，肯定有不少新变化、新气象。您作为青年教师，一定有很深的感受吧？

刘：我们的老校长朱学同志是从延安来的，老革命，江苏人，作风很值得佩服。比如，当时国家经济比较困难，学校要改善伙食，他就带领一些老师自己磨豆腐，我也参加了。我们一大早就起来，到学校豆腐坊去磨豆腐。我们迁校的时候，也没有都用车子，就叫学生排成大队，每人拿一样东西，老师也每人拿一样东西，把学校的一部分东西运到新学校，当然后面大件还是用车子运走的。这种艰苦朴素的教育思想，还保留着延安作风。当年我才二十多岁，朱校长对我们要求很严格，批评起来也很严厉，但是能让你感觉到，他是很爱护我们的。他后来当过首都师范大学的教务长。这位老同志非常好，现在快 100 岁了，还健在。

顾：您在北京八中当教师时，曾写过一个剧本，叫《青年游击队员》。可见您当时也是个活跃分子。

刘：1950 年，抗美援朝战争开始，当时的口号是"抗美援朝，保家卫国"。美帝国主义已经打到我们家门口了，全国人民同仇敌忾，学生参军的热情非常高，没有参军的就搞宣传。我是个青年，而且对美帝国主义的行径非常气愤，就写了《青年游击队员》这个剧本。我们在学校里组织了戏剧队，有几名学生很积极。我们学校的学生全是男生，联合了北京女一中的学生，男女演员都有了，后来就演起了戏。这个戏在北京演出了很多场，还得了团市委的奖励，给我们颁发了一面锦旗。我们八中在抗美援朝时期就声名鹊起，还搞了很多别的活动。我当时是个语文老师嘛，搞宣传工作这件事也是责无旁贷的。当时我们八中向群众宣传抗美援朝活动，搞得很红火。

"恰当月上故人来"

顾：前几年我陪我大哥到新疆旅游，在吐鲁番葡萄沟参观王洛宾音乐艺术馆，见到王洛宾的儿子王海成。我跟他说起您和王洛宾先生在北京八中的往事，并请他在我买的《歌者王洛宾》上签名。你们做同事应该就是在这一时期吧？

刘：王洛宾那时也在八中，我教语文，他教音乐，就住在我隔壁。他毕业于国立北平师范大学（北京师范大学）音乐系，为人非常和善，乐呵呵的，整天抱着一个什么吉他，随时随地都要弹上一曲。比如我们开会时，他就上来弹，大家对他印象很好。我们俩脾气也很合得来。有一次，我写了个歌剧《卢沟桥水哗啦啦流》，内容是揭露和反对日本侵略者罪行，他给谱了曲。这个歌剧后来到处演，演了很久，在市广播电台上也播放了很多次。现在已经找不到底本了，也许在当时的学生手里，反正找不到了。后来不知怎么的，王洛宾就被捕了，我们好长一段时间就看不到他了。

顾：王洛宾一生非常坎坷，在青海军阀马步芳的军队当过上校，王震将军率领解放军进军新疆时，他又参加了解放军，当过新疆军区的文艺科长。在国民党监狱里关了3年，新中国成立后又入狱15年，直到1981年才恢复名誉和军籍。你们后来久别重逢，是什么时候？

刘：那是1987年中秋节，王洛宾去北戴河疗养，路过北京，到我家。我们久别重逢，共饮枸杞酒。他说新学了一个古代唱法，就给我们唱《西江月》古曲，还唱了我的几首词，彼此都很高兴。我写了两首绝句："黄花又有数枝开，烹就鲜鱼设酒杯。待月书窗苦幽独，恰当月上故人来。""高歌慷慨遏行云，古调苍凉共赏音。为送君归踏明月，夜阑酒醉不留君。"

他对我说，他在新疆坐牢的时候，认识了几个维吾尔族老歌手，这给了他很多帮助。他后来写的几个歌剧，都是取材于那几个老歌手讲的故事，有个歌剧在新疆还得了奖。总之，他很平和，只爱音乐，是个很纯粹的音乐人。

顾：你们是老同事、老朋友，一个作词，一个谱曲。他对作品的理解超过别的演唱者，感悟和表达也更透彻。

刘：他对这18年的监狱生活没有多少怨言，没听到他有多少抱怨，他爱的就是音乐。我送他走的时候，写了两首诗，就是前面提到的两首绝句，我自己觉得很得意——"为送君归踏明月，夜阑酒醉不留君"，这两句很有意思啊！本来可以留他在我这里住一夜的，他坚持要回宾馆住，因为是新疆军区送他们到北戴河疗养的。我的想法是两个人同行踏夜很有诗意，因此是"为送君归踏明月，夜阑酒醉不留君"，那样就能送得很远。当时我住在沙滩后街，送他过了五四大街才回来的。

顾：您不仅为他写了诗，还写过文章，详细记录了你们的交往。《刘征文集·续编一：诗歌卷》收有《洛宾的几篇遗稿》，还有您作词、王洛宾谱曲的《众爱报君多》《人间随处杏花村》，记录着你们几十年的友谊。

刘：1984年，我得知他并没有死，而且恢复了名誉和军籍。然后他给我来了信，我就很感动，写了一首诗送给他："曾谱卢沟水，长思'遥远'歌。年华归误会，君子意如何！雨沃龙沙绿，风惊鬓发皤。弦声满天下，众爱报君多。"

可以说，这首诗深刻地表达了我的思想感情。"曾谱卢沟水"就是指洛宾先生给我的《卢沟桥水哗啦啦流》谱曲；"长思'遥远'歌"就是我常常想到《在那遥远的地方》，这是他创作的极有名的一首歌曲，我在大学初次参加革命的时候，大家就在唱"在那遥远的地方，有个好姑娘……"即使后来与他的来往中断了，也还在唱这首歌。"年华归误会，君子意如何！"他跟我说，给他恢复名誉和军籍的时候，他的领导跟他说了一句话——"是一场误会，误会，误会……"大好年华就用"误会"两个字就了结了。"君子意如何"采自杜甫诗中的"凉风起天末，君子意如何？"就是试问先生，你有什么感想呢？"雨沃龙沙绿，风惊鬓发皤"。这里的龙沙，其实就是指沙漠，因为他在新疆。现在世道好了，雨已经把龙沙都染绿了，这当然说的不仅是沙漠，还说的是人世，现在形势已经很好了。"风惊鬓发皤"，风来了，让人惊心的是两鬓已经斑白。他虽然恢复名誉了，但是青春年华已经逝去了。"弦声满天下，众爱报君多"，意思是，现在你的歌曲已经满天下都在传唱了，所以人民对你的爱、对你的回报已经很多了。这首诗我觉得很满意，他也非常重视，给谱了曲，还把曲谱草稿寄给了我，有三四份，其中一份稿子有题目，每一份稿子都有改动，稿子改了一遍又一遍，而且由他自己来唱。我那儿还有录音带，这么多年过去了，我还保存着。

这首诗，这首歌，这两年在《中华诗词》编辑部举办的诗词演唱会上演唱了两次，我听了，唱得很好，我自己也很受感动。

顾：《人间随处杏花村》也是你们重逢后写的。

刘：《人间随处杏花村》本来是有一次我访山西杏花村酒厂，微醉中写的一首绝句：“一杯竹叶入微醺，三盏汾清味正醇。北地南天何用问，人间随处杏花村。”王洛宾非常喜欢，认为像饮酒一样过瘾，就为这首诗谱了曲。也许是诗中豁达、乐观、随遇而安的人生态度引起了他的共鸣吧。

顾：王洛宾晚年可谓大红大紫，毕竟他有那么多传世的西部情歌，像《半个月亮爬上来》《阿拉木汗》《在那遥远的地方》《掀起你的盖头来》《达坂城的姑娘》等，他后来享受国务院政府特殊津贴，联合国教科文组织授予他“东西方文化交流特殊贡献奖”。这说明了两点：一是艺术无国界，可以穿越时空；二是艺术家终归是要靠作品说话的。

调入人民教育出版社

顾：您参加编写语文教材也是在北京八中当教师时期，那是新中国成立后第一套全国通用的中学语文教材，实际上是改编原新闻出版总署的中学语文教材。编者有宋云彬、朱文叔、蒋仲仁、王泗原、张中行等，审读者是罗常培、魏建功、吕叔湘、王泗原。您作为一线教师，怎么有机会参加语文教材编写的会议呢？

刘：那时我在北京八中，国家要编全国通用的语文教材，特意挑选部分一线语文老师给新教材提意见，他们就找到了我，因为我参加过一次语文教材编写会议。那教材是叶圣陶先生主持编写的，在文学课本之前。我第一次参加这样的会，感到非常亲切。叶老温文尔雅，非常谦虚。他的夫人胡墨林先生忙着给大家倒茶。特别引起我注意的是朱文叔先生，他是原来开明书店的老编辑，发言铿锵有力。最后叶老问我有什么意见，我就说了我的意见。感觉那种坐而论道的气氛非常自由，非常和谐。从此以后，我就经常应邀参加一些这样的会。这样参加得多了，北京市教育局索性就把我借调到教研室工作，每天借半天，上午我还是在北京八中上课，下午去教研室工作。在那里，我又认识了几位朋友，像刘国盈同志等，就是在那里认识的。

顾：汉语、文学分科教学实验，在我国语文教育史上是一个非常重要的事情。我曾碰到不少六七十岁的老同志，他们非常怀念那套语文教材。莫言在回忆他所走过的文学之路时，也说小时候读过他大哥使用过的文学课本。

刘：我在北京市教育局教研室工作一段时间后，又被借调到教育部教学指导司，在那儿干了一年。主要工作是搞文学教学大纲，编课本。在那里，我结识了几位饱学之士，如徐谷凡、韩书田等。

那时候，我们听领导讲话，传达上级的指示精神，教育也要学习苏联的经验。其他课程翻译过来直接使用就行了，可是语文不行。语文必须编辑我们自己的课本，但框架还是用苏联的框架，就是汉语、文学分科教学。

顾：现在俄罗斯还是俄语、文学分开的，连高考也是分两门考的。当时您具体负责哪些工作呢？

刘：我具体参加了文学教学大纲的研制。首先是选材，选材得从头做起。因为过去没有这门课，于是我们就到琉璃厂买了很多书。我们天天看书，尤其是新文学运动以后的新作品。一般是每天上午看书，下午大家讨论篇目，大家通过一篇是一篇。这一年我读了不少书。一年以后，借调到期了，我又回到学校。回到北京八中没有几天，我又被调到北京教师进修学院，学院地址在宣武门里，在一个教堂旁边，叫什么胡同我忘记了。

顾：您是什么时候正式调入人教社的？

刘：我在北京教师进修学院工作一年，1953年正式调到人教社，还是继续搞汉语、文学分科教材的编写工作。一步踏进人教社，就一直工作到1990年离休。

顾：人教社成立55周年时，出过一本纪念文集，其中有您写的纪念文章《摇篮》，总结了您在人教社学习、成长的经历。

刘：我进人教社那年27岁，在人教社度过了大半个人生。"文化大革命"前那些年，是我迅速成长的时期。客观上，人教社为我提供了极好的学习条件；主观上，我勤奋学习。第一，是向前辈学者学习。当时人教社人才济济，人教社中语室集中了许多有真才实学的著名学者，叶圣陶、朱文叔、吴伯箫、张毕来、隋树森、王泗原等先生都是我的好老师。他们的言传身教使我如沐春风。我向他们学习渊博的知识，学习衡文的深刻识度，学习炉火纯青的文字功力，特别是学习认真而宽容的学者风度。第二，是勤奋甚至有些贪婪地博览群书。第三，是在自己的工作中学习。可以说，人教社是我成长的摇篮，也是我的安身立命之所。

顾：您从北京八中语文老师到人教社语文教材编辑，虽然都是和语文打交道，但是由教语文到编语文教材，身份变了，感受肯定也很不一样。当时的人教社是什么情况？

刘：那时人教社在教育部一座小红楼里面办公，上下两层，那是中国大学的旧址，后来才迁到景山东街，就在景山公园东侧的胡同里，这个

刘国正先生读书照

地方现在叫沙滩后街 55 号，以前曾是北京大学二院（理学院）旧址，也是中国第一所大学——京师大学堂所在地，再往上溯，就是乾隆皇帝的四女儿和嘉公主府。后来人教社搬到新地址办公后，那里就被改成华育宾馆了，不过仍属人教社。

顾：*汉语、文学分科教材时期是人教社的黄金时期，编写人员可以从全国各高校和中学抽调，中学语文编辑室兵强马壮、藏龙卧虎，是实力最强的时候。*

刘：当时编辑部人还不多，已有张传宗、梁伯行、韩书田、张中行等同志，其他的记不清了。汉语、文学既然分科，就成立了两个编辑室，汉语编辑室主任是从中国青年出版社调来的张志公先生，领导者是吕叔湘先生；文学编辑室主任是王微同志，从老区延安来的，还有一位副主任是蔡超尘同志（季羡林在济南高中时的同学），领导者是吴伯箫同志，后来又从华东师范大学调来张毕来同志。

人教社搬到沙滩后街之后，不论是文学编辑室还是汉语编辑室，集中了全国一批专家学者，都是饱学之士。比如文学方面有吴伯箫同志，他是著名散文家和教育家；编辑室有王泗原同志，他是叶老非常欣赏的一位学者，治学严谨、学识广博，特别是在训诂学方面极有造诣；还有一位是隋树森先生，他是元曲专家，后来出版了《全元散曲》等著作。像我这样以教师身份调来的也有几位，一位是张传宗先生，一位是梁伯行先生，一位是从延安来的韩书田先生，一位是张中行先生。还有一位女同志叫姚韵漪，她是杨贤江的夫人。杨贤江同志是一位老革命，党的老教育家，也是茅盾先生的朋友。总之，里面学问广博高深的人很多，在我眼中都是老先生，跟我一样调过来的教师也都比我大一些，我算是年龄最小的了，所以我始终是一边工作一边学习。这个阶段我对语文教学尚没有什么个人的见解，一方面我主要抱着学习的态度去工作，另一方面是执行当时领导的指示，生怕执行不力，自己总是积极地体会、想方设法完成。

顾：当时中央领导非常重视语文教材编写工作，据说汉语、文学分科教学就是毛主席亲自拍板决定的。

刘：1953 年 5 月，毛泽东主持召开中共中央政治局会议，讨论教育工作。会议决定中央成立"语文教学问题委员会"，主任是胡乔木。汉语、文学分科是学习苏联的结果，而苏联的俄语、文学分科是从俄国时期就开始了。胡乔木给了很多指示，他讲到文学是艺术，语法、修辞是科学，文学和汉语搞到一起很难和谐，系统性很差，合则两伤，分则两立。后来他以"语文教学问题委员会"的名义给中央打了报告。报告批下来了，我们就开始编教材了。我当时只是一个普通编辑，分给我什么我就干什么，比如选材、做注解等，但在这期间学到了很多东西，在文字上是经历一番磨炼的。

顾：中语室集中了那么一批饱学之士，可以随时向他们请教，这对于一个年轻编辑来说，相当于一边工作一边进修学习。

刘：是的。比方说，每一封读者来信，编辑部都是要回复的。一般是先由编辑拟好了回复信初稿，由主任审阅修改后，再由编辑抄写工整寄出去。负责审看读者来信回复初稿的就是副主任蔡超尘同志，他是一位语言训练很纯熟的老编辑，老先生记忆力特强，《红楼梦》可以成段成段地背下来。我每写一封读者来信的回复稿，都是先交给蔡先生。他做了很多修改，再返回给我誊清，我从中学到了很多运用语言的方法和艺术。

顾：叶圣陶先生之前曾任出版总署副署长，当时任人教社社长兼总编辑，同时又是教育部副部长。您在叶老直接领导下编教材，肯定从他那儿学了不少东西。

刘：叶老虽然是人教社社长兼总编辑、教育部副部长，但是他对语文教材情有独钟，就领导着我们编文学课本，汉语课本他也管。我跟叶老学到了很多，学的是语言的锤炼、运用。他主张要依靠口、耳，写出来的文章，一定要念起来顺口，听起来悦耳，用真正的白话、真正的口语来写。所以"语文"两个字也是那时确定下来的，说起来是"语"，写起来是"文"，他主张"语、文一致"。他对文字的要求，简直可以说到了苛刻的程度。比如说，当时我们编教材要选文章，选了之后自己先改，改了之后就送到吕叔湘那里改，之后又送到书稿检查科去改，改了几百条，然后才送给叶老审定。他把小长方纸裁成两张用来写他的意见，节约得很。每每一篇稿子下去，他退回来要给我们提的意见就有上百个条子。我们选的课文他往往不同意，能留下的不是很多，但有的还是剩下了。比如魏巍同志的《谁是最可爱的人》，他说从语文角度要求只能打 60 分，第一句话就不对："谁是我们最可爱的人呢？我们的部队……""人"是个体的称呼，而"部队"是代表集体。他是要求非常严格的。再有"××时""××即××",他说这个也不行,带有文言气息,应该是"××时候""××就是××",像这样的例子很多。我觉得他贯彻这种主张,能把文章的语言搞得非常精粹,非常合乎口语,真是一位了不起的老人!

顾: 您曾在文章中回忆过叶老修改文章的例子,那真是千锤百炼啊!

刘: 叶老改一篇课文几乎要一个星期,比如改都德的《最后一课》。他先让懂法文的同志看译文是不是忠实地合乎原意,再请北京话说得好的同志看看合不合北京话的语言规范,然后大家就讨论,最后叶老再总结应该怎么做,就这么一句一句下来,一天能改上几段就不错了。在这个过程中,我受到很大教育,语文如何表达是很大的事情,不是随随便便就可以做的。我也逐渐养成了写文章非常严谨的习惯,绝不敢疏忽大意。但我在我们编辑室里工作还是比较粗的,我时刻警惕着。

"浅草微留梦里痕"

顾: 您作为一名青年教师调到人教社当语文教材编辑,与李阿龄老师新婚燕尔,过了一段平静温馨的幸福生活。

刘: 我和阿龄在北京八中相识、结婚。我白天上班,主要工作是选文章,做注释,开会讨论。晚上很少到外面去玩,那时候好像也没有什么地方玩,顶多就是看场电影,大多数时候就是两个字:学习。我们家是两张桌子对着放,我和阿龄一人占一张桌子,和办公室差不多。我们都有各自的学习计划,总是在年初定下来,政治书读哪些、业务书读哪些,

刘国正先生与妻子读书照

写些什么，都是有计划的。这个计划不但可以实现，往往还要超额完成，其中有很多乐趣，我们过得很充实。

顾：你们那时主要读些什么书呢？

刘：主要是业务书，偶尔也看些政治和教育方面的。政治书呢，多是马列主义的书。记得有一段时间我曾经下决心要啃啃《资本论》，但是后来也没啃动，因为实在是看不懂，翻译的文本很蹩脚，读起来感觉很艰难，看了有一卷吧。另外就是看凯洛夫的《教育学》，我天生看理论书就总是看不下去，我就把其中讲教学法的那一部分看了，其他部分就总觉得读起来没有太多兴趣。至于业务书，读的就很多了，比如有一段时间我曾经把《诗经》捋了一遍。我跟一个朋友约定，要把《诗经》翻译成白话文，后来看到已经有人翻译过，我们就没再继续搞了。总之，业务书因为天天要看，多年坚持下来，也看了很多，这就是我业余生活的一部分。阿龄当时更需要读书，除去有关业务用书，她当时还给一位苏联教育专家崔可夫当助手，推广苏联凯洛夫教育学的"五段教学法"，所以必须读很多指定的书。忙是忙，但收获很多。

顾：后来你们陆续有了三个孩子，李老师在北京八中当教务主任，家庭生活想必也很紧张。

刘：我们连着生了三个孩子，当时也没有计划生育，自己也感到很苦恼。工作和生活存在矛盾，她毅然决定自己不喂奶，请奶母、保姆，买婴儿专用奶粉，全权委托老岳母代劳，孩子的健康也得到了保证。现在这三个孩子也都 60 多岁了，他们对我们都很孝顺。那时，每到星期天，我们就买很多吃的到岳母家里去。三个孩子都在岳母那儿养着呢，后来孩子有在那儿上小学的，就买了菜中午在那儿吃。有对虾、螃蟹、羊肉，现在看来都很宝贵了，但当时一堆螃蟹才几毛钱。有一趟公共汽车可以直接到中山公园，我们就经常上午带着孩子们去玩一玩，然后回家吃饭。

顾：1979 年您写了一首诗，写跟李老师到中山公园重游，里面有"初莺尚涩枝头语，浅草微留梦里痕"，那个"梦里痕"就是指这段生活吧？

刘：每个星期我们都要带着孩子去转一转、玩一玩，非常高兴、温馨。回想起来，确实是"浅草微留梦里痕"啊！

那时候的业余生活，一是学习，二就是带着孩子放松一下玩一玩。有时候我们也会两个人去玩一玩，有时候也去看看电影。那时候看电影是工会买票，大家集体去看。那时生活很简单，衣服、用具样数很少，但都很实用。阿龄刚进八中的时候梳两条大辫子，穿着列宁装，看着很帅气的。后来她把辫子给剪掉了，没经过我的同意，我到现在还耿耿于怀，哈哈，她这个辫子应该留下来。

顾： 阿龄老师就是在这时候被评为全国劳模，荣获首届"全国三八红旗手"，风光得很。

刘： 她这时期的教学工作成绩也达到了高峰。她这个人有两面，一面是柔，对感情生活充满柔情；另一面是刚，她对工作非常执着，忘我地工作，一往无前。她结婚后没几天就上班了，生了孩子也不喂奶，而是喂奶粉。她先教生物，后来又改教政治。她教生物这一段时间，是20世纪50年代末，由于教学成绩突出，在北京市里到处介绍经验。她最风光的时候是1960年，正赶上"三八"国际妇女节50周年，全国妇女联合会表彰了一批优秀妇女干部，颁发了首届"全国三八红旗手"的奖状，她就是其中之一。她到人民大会堂开会，坐在主席台上。会议结束之后，我为了给她庆祝，就请她在西单全聚德吃了一次烤鸭。那个时候，她的业务水平和教学成绩等各个方面都受到称赞。

1960年阿龄得了一个"全国三八红旗手"的奖状，她自己对这个奖并不在乎，我把它很好地收藏起来了。后来打开一看，成碎片了，我找朋友给它装裱一下，装个镜框，仔细一看，大出意料，原来这个奖状是手绘的，不是印制的，那实在是太宝贵了，简直是一件艺术品啊！现在我把它挂在我家客厅的一个角落里。

顾： 您多次在诗中写到北京中山公园里的来今雨轩，是你们全家一起常去游乐的地方。

刘： 来今雨轩是中山公园里的一个景点，"来今雨"这几个字源自杜甫的《秋述》，他说"常时车马之客，旧，雨来；今，雨不来"，意思是说，一些高贵的客人过去下雨的时候来，现在下雨就不来了。回想"文化大革命"前，差不多每个星期天，我和老伴儿会买很多好吃的，带着孩子们到中山公园去玩，最初还要租一个儿童车，孩子们有的能走了，有的还在怀抱中。一般是玩半天，然后去岳母家吃饭，那是非常愉快的。现在我还留着一张照片，孩子都很小，当时的照相技术也不怎么高明，总算是一点历史的痕迹吧。这样一年到头很多月份都到那里去，春夏秋都去，冬天去得很少。那儿有草坪，有唐花坞，后边还有竹林、社稷坛、中山堂等，我们玩得很开心。后来"文化大革命"开始，这点儿娱乐就取消了，十多年都没到那儿去了。

顾：您那首《小饮来今雨轩——赠阿龄》，是粉碎"四人帮"后不久写的，很有沧桑感。

刘：那一次是我跟老伴儿两个人去的，一进园门，真是感慨万千啊！游园异梦，就想起过去很多事，想起"文化大革命"，想起当前这种难得的安宁跟宽慰，也想到当时刚刚改革开放各种事情纷繁复杂的情况，总之百感交集。我们就到来今雨轩吃了顿饭，我写了这首七律："暂抛世事千端虑，来访名园三月春。褪柳辰光参冷暖，酿花天气半晴阴。初莺尚涩枝头语，浅草微留梦里痕。三十年来甘苦共，明轩小盏对知音。"

顾："褪柳辰光参冷暖，酿花天气半晴阴。"这两句写得很好，好像写园内的风光很婉约，但"参冷暖""半晴阴"，明显又带有时代的印痕。

刘：有的同志很喜欢这两句诗。我也觉得这两句写得不错。我小时候在农村，常常在柳树刚冒新芽的季节，把柳枝折下来，用手一拧，皮就松动了，拧一段之后把它折断，把里面的木质部分抽出来，就变成一个空筒，这就是"褪柳"。一吹就像笛子喇叭一样响起来，还有小孩能吹出调来。

顾："初莺尚涩枝头语，浅草微留梦里痕"，带有人生悲欢在里面。

刘：那个时候的各种鸟，特别是黄莺，在枝头鸣叫的时候声音很涩，不熟练，因为好久都不唱了。这是写风景，又是写自己。因为我多年不动笔了，这一动笔还觉得生疏了，下一句就是回忆我们跟孩子在这里游玩的旧梦。"三十年来甘苦共，明轩小盏对知音。"这就把我们的相濡以沫、生死与共、走过生死关头，都凝结在这两句诗里了。这首诗背后含着很多故事，表面上就是一首写景抒情的诗，但是包含着我若干的悲欢。

"夭折的维纳斯"

顾： 汉语、文学课本编出来，叶老还自掏腰包给你们摆了庆功宴。

刘： 实际上只是文学课本编完了，汉语课本只编了初中的。算是一大成功，叶老很高兴，在教育部的大食堂摆了两桌酒席，请我们美美地吃了一顿，当然是叶老自费的。直到那时，汉语、文学分科课本的编写还是很顺利的，然后教育部就组织了一次全国性的大会，想推广这套课本，请叶老做报告。这个报告我们大家一块儿研究，最后是叶老写的。

顾： 就在这时，突然发生了变故。你们编出来的这套教材最终下马，新学实验也突然中断了。

刘： 这个变故，好像晴天霹雳。我为此曾写过一篇文章《夭折的维纳斯——50年代文学课本编写始末》，如实地叙述我当年的亲身经历。当年我只是个普通编辑，了解情况自然不会全面，记忆也难免有差错，可是这样的回忆也许对了解和研究问题有些好处——毕竟是第一手材料。有的专家对我说，文学课本是新中国成立以来最好的一套课本。有的学校以这套课本为基础进行教学改革，取得好成绩。有些朋友一直珍藏着自己读过的这套课本，经过风风雨雨不曾遗失，珍爱备至。群众的珍爱，也算在我们编者受伤的心灵上涂上一点清香的油膏吧。现在还健在的一位同事也是我的老哥——张传宗同志，他也整理了一个材料，把这件事情说得很清楚。

顾：1957 年第 4 期《人民教育》发表人教社文学编辑室主任张毕来的《中学文学教材分量问题》和汉语编辑室主任张志公的《汉语教学中的几个重要问题》，对文学、汉语分科教学实验做了实事求是的理性分析。1958 年 7 月 17 日《人民日报》发表张毕来的《中学语文教学中的厚古薄今倾向》，全面分析了文学课本中古典文学作品大量增加对语文教学产生的种种弊端。

第三章　下放岁月

陈家山"大炼钢铁"

顾：1958年您曾到山西运城市稷山县，在那里"劳动锻炼"一年。稷山是后稷故里，古称"高凉邑"，是晋南商贸重镇。那一段经历想必给您留下了深刻的印象。

刘：我到山西稷山县"劳动锻炼"，是1958年春。社里为了培养年轻干部，派一些干部下放劳动，我是其中之一。

顾：稷山县在晋南山区，条件想必很艰苦。对你们这些知识分子来说，肯定是一种考验。

刘：当时下放的大队人马浩浩荡荡地开进了稷山县。稷山县是晋南的一个县，离黄河很近。我们的总领队是皇甫束玉同志，这位老同志非常关心青年干部。我决心利用这个机会，好好锻炼自己。我们组住在西社村，我是西社村组的组长，同组的还有方国楣、刘承汉、程名荣等同志。下放劳动很艰苦，那时全国正在"大炼钢铁"，我们最艰苦的一件事是上陈家山炼铁，陈家山是吕梁山的一部分。一声号令，老百姓就成群结队地上山了，我们下放干部当然不能例外，那真是战天斗地的岁月。

顾：在当时的情况下，你们在那样一个偏僻山村搞"大炼钢铁"，生活条件怎么样？

刘：我们住在陈家山，用几个树枝交叉着插在地上，就是露天的棚子，底下铺着席子，一下雨就没办法了，不得不拿着脸盆顶在头上挡雨。

吃的是从山下带上来的，千军万马上山时，有大车跟着，载着馍、窝头等，这些吃的几天之后就发霉长毛，长了毛就拿火烧一烧，然后照常吃。水就更缺了，那里有一个小泉水，我们接一桶水，用茶缸舀一下，有一半是泥，把泥澄出去，烧开了就那么喝。大家都不知道怎么炼铁，种种办法都试验不成。我们每天吃完晚饭就去背煤，到家都凌晨四五点钟了，把煤倒了，刚要睡觉或刚刚睡着，哨子就响了，要起床劳动了。那时大家斗志昂扬，虽然劳动繁重，但没有人叫苦。

顾： 您也不是一开始就参加陈家山"大炼钢铁"的，他们上去半个月后您才去的。

刘： 我当时是跟着村里向山上送给养的大车上去的，车到不了山上，只能到山脚下一个山里的住户家，然后山上下来人接东西。当天晚上，我们就住在这家住户的二楼阁楼里，爬上去就睡觉了。我记得那一夜是相当浪漫了，我半夜内急，就爬下来到外面去，推门一看：月光皎洁，四面的七八个山头，背对着月亮围在左右，都好像是狰狞的鬼怪，好像到了魔幻世界一样，我当时很兴奋。第二天其他下放干部推着一辆两个轮子的手推车来接我们，因为我们也是带着很多干粮上来的，然后大家就拉着车又爬山，差不多下午三四点钟才到了山上的点，随后我就和大家一起劳动。因为陈家山炼铁的点很多，夜里背煤的时候四处灯火辉煌，好像满山都有火光，那个场景很好看。后来才知道，"大炼钢铁"是根本不可能成功的。

顾： 作为文化人，生活在那样一种环境中，您得以接触社会，开阔眼界，也丰富了阅历，以至您多年后路过山西侯马车站，还作有诗词回忆这段峥嵘岁月。

刘： 我们开始建宣传队，到处搞宣传，后来回京还做了演出。我写了个剧本叫《铁水通红钢炼人》。在县里我们办了一份刊物叫《太阳》，刊登了很多我们下放干部的事，还有很多诗歌，我写了一些仿效当时"大跃进"民谣的东西。我们与当地老乡打成一片，彼此结下了深厚友谊。你说的那首诗中有这样的句子："大娘煮饭香留颊，老伯教耕语在心。尝遍世间千样水，井台不忘捧瓢人。"就记录了当时的情况。

顾：我上中学时，听语文老师讲过一首有名的民谣："天上没有玉皇，地下没有龙王……喝令三山五岳开道，我来了！"郭沫若在一篇文章里称赞过，还曾被选进语文课本。

刘：我当时也写了一些这样的民谣，还写了小合唱之类的东西。回京之前到各处演出，记得有一次我们宣传队到太阳村演出，我演一个县委书记，但是不会化妆，就找了一个演地方戏的同志来给画。画成什么样子我自己不知道，后来在台下看的人都说："给你画成孙悟空啦！"我们演到半夜，在台上不太注意台下，后来一看，下面没剩几个人了，可见人家对我们并不太欢迎，老乡对剧本就不欢迎，而且写得又不好，但是蒲州梆子还是很了不起的。我们那儿有一个名演员，他一唱蒲剧，四面八方、几十里外的老乡都来听，我们搞的就不行。我还写了一段京剧，仿照《借东风》最后一段填了词，我们有一位对京剧很有修养的姚同志，他就唱这一段，结果人家也不感兴趣。

顾：可见文学艺术必须要让老百姓喜闻乐见才行，如果不跟当地文学艺术相结合，老百姓就不去买账。

刘：确实是这样。我在这以前，曾有一个月的时间到过太原，给山西省编语文课本，离开了这个劳动锻炼队，在那里看过丁果仙的戏，是中路梆子，观众热烈欢迎。那时候梅兰芳也到太原公演，虽然他是享誉世界的著名人物，但也很少有人去看。主办方只好把票分发到一些机关单位，让大家当作任务去看演出，这些都很能说明问题。

顾：我是农村出来的，农村天地广阔，农民忠厚纯朴。下放经历应该也是苦乐并存的。对你们来说，既是考验，也是锻炼。

刘：最主要的锻炼是使我懂得了很多事情，有时候会遇到根本想不到的事情。比如，村子里人死了以后并不埋葬，棺材就停在正房的中间，一停就停好多年，我们也不大清楚什么原因，那也许是一种风俗吧。我们一个姓黄的女组员正好分到那样的一家，她睡在南房，也不知道为什么正房放着一口棺材，她非常害怕。我们就通过公社干部给她置备了一支枪，她参过军会打枪，这样枪放在身边，她才心神安稳一点。我们就做工作，动员老乡把村里停在家里的棺材都埋掉，否则太耽误事情。我们小组开会都要在棺材旁边，里面可躺着人呢！这样动员了之后，几天之内好几家陆续出殡。这种工作根本不可能预先知道的，但是我们还是去做了，所以得到了很大的锻炼。我们做了一件移风易俗的工作，说明我们和农民是互相了解、互相信任的。

顾：您曾当过村党支部副书记、乡党委委员，说明您的工作还是很受当地政府和老百姓认可的。

刘：我当村党支部的副书记，又当乡党委委员，目的都在锻炼自己。有一天，老乡忽然通知我说：今天你给大家讲讲"大跃进"吧！这怎么讲啊？我没有材料，也没写稿子，我的话又不符合老乡的口味，我也没有在这种场合讲过话。于是就费了好大工夫做准备，最终还是讲了一下，大家还没有都跑掉吧！最初是不会讲的，到下放结束的时候，我当众讲话，农民也爱听了。

顾：当时您在基层工作，肯定看到、听到许多见所未见、闻所未闻的事情。

刘：有一次我参加公社干部会，大家聚到一个屋子里，把大门一锁，就要这些干部报来年的产量，报少了通不过，报多了大家鼓掌，都几十万斤地报，而且要"说到做到，不放空炮"。我在底下听着，就觉得这样下去怎么行呢。明知不可能，但自己也不敢说话，也不知道该怎么办。回到我们干校，干校指挥部也发出命令，要办农业大学，让我到农业大学当教授。我在一块自留地种小麦，自留地不大，我也定了亩产十几万斤，把地刨得很深之后，将尺把厚的麦子都排起来然后盖上土。到冬天的时候，看到麦子根本没发芽。这种不切实际的浮夸风，给当时的经济带来很大损失。

顾：经过这么一段时间的锻炼和考验，您对中国农村、对基层老百姓的生活有了深刻认识，这为您后来的文学创作积累了素材。

刘：我们就这样在那儿待了一年吧，和在办公室坐着完全不一样。我对中国的生产实际、农民的状况、各种社会矛盾都有所了解。回到北京之后，我就写了一则寓言，叫作《山鸡和火》，写一只山鸡很冷，就在猎人烧火的灰上趴了一会儿，觉得很暖和，它就想：如果把火点起来不是更暖吗？于是它就弄了很多柴草，把火点起来然后跳进去，结果烧死了，实际是讽刺浮夸风。

本职与业余

顾：从新中国成立到1966年这段时间，您已经开始自己的文学创作了。这对您编语文教材有影响吗？您是怎样处理本职工作与业余爱好的关系的？

刘：编语文课本的同志向来有两种看法，其中一种看法就是把自己的本职工作做好，把课文选好，能够体会好选进的课文就可以了。如果要研究，就应该研究教材怎么编。如果你要提高自己的业务水平，希望在某一方面有所发展，就会被认为是不务正业。我不这样看。我认为，编辑在搞好本职工作之余，必须要提高自己的业务水平。对于语文教材编辑来说，就是要提高自己的学养和写作水平等，我就是这样一个人。我业余时间既研究文学，又搞创作。一方面这是我的爱好；另一方面我是业余搞的，并不妨碍本职工作。本职工作，我自认为还是做得不错的。其实二者的关系是水涨船高、相辅相成、并不矛盾的。教材编辑的文学素养越高，他的编辑工作也就会做得越好，同时编辑工作也会促进文学素养的提高。可以说，语文教材编辑的水平有多高，课本的编辑水平也就有多高。叶老就是榜样，正因为他有那么高的文学素养，所以他的课本才编得好。千万不要把这个门关上，千万不要把编辑的业余文学活动看成是和本职工作相对立的，不是这样的，二者之间是互相融合、相得益彰的。这一条我希望能够成为人教社的一个优良传统，把它确定下来，并发扬光大。

顾：可是在现实中，有不少人自己在专业上并没有什么特别追求，他们只是把编教材当作一个饭碗，一个谋生工具而已。在他们看来，如果有人在本职工作以外，再搞点别的，那肯定就是不务正业。这在我们语文界有过许多这样的例子。我在人教社也曾有过这样的困惑。您有没有遇到过类似的问题？

刘：那是肯定的，但是我认定一条，他说他的，我该怎么写还是怎么写。老实说，我搞文学创作，用的都是很零碎的业余时间。一是路上，从我家到出版社，骑自行车要半小时吧，途经宣武门、太平街，途中就可以构思点东西。二是用业余休闲的时间。别的同志都愿意打扑克和下棋，当时还不兴打麻将，那时有的同志一下棋可以下到大半夜。我不下棋，也不打扑克。我也没有其他的活动，就是喜欢动笔写点东西。三是我写东西并不是在追求什么，我就是在寻找自己的快乐。以创作为乐，这不是我从上中学时就有的一种业余爱好嘛！

顾：我曾看到过一本《论学习语文》的小册子，8万字，署名是"人民教育出版社编辑出版"，虽然没有署您的名字，但这本小册子的前言却被收入了《刘征文集》的第一卷。

刘：这本小册子实际上就是我编的。当时，中小学语文教学问题引起人们的广泛关注，大家对于其中某些重要问题还展开了争论。为了帮助大家更深入地探讨，我就编了这本小册子。全书共包括三部分内容，一是毛泽东的《反对党八股》，二是马克思主义经典作家关于学习语文的言论和经验，三是附录，摘录了我国历代著名作家（主要是唐宋八大家和鲁迅）关于学习语文的言论和经验。摘录的材料，按内容的不同进行分类编排，加了小标题。前言也是我执笔的。

顾：这一时期您创作了不少寓言诗，并且开始给报刊投稿。

刘：我最初接触寓言诗，要追溯到1952年，我被借调到教育部，参加起草中学文学教学大纲。这在我国是首创，选文无所凭借，要到原著里去找。同事们到琉璃厂和新华书店买来大批文学书籍，并且利用教育部图书馆的藏书，坐在逸仙堂旁边的几间古屋里，天天读书、选文、讨论，搞了很长时间。在分给我读的书籍中，有一本新出版的《克雷洛夫寓言》中文本，我读了十分惊喜，觉得很新鲜。也许是合眼缘吧，大有一见钟情之感。在此以前，我做过很多创作的尝试，都不怎么成功，特色也不鲜明。也写过寓言式的诗，像《题射雀图》《题画狗师》等，都是寓言，但我当时并不知道这是寓言。读了《克雷洛夫寓言》之后，我觉得这个可以尝试一下，先用的是散文体，后来又用的是诗体，我就开始写，给报刊投稿。我写的第一篇寓言是《狼的礼物》，寄给了《文艺报》的"新语丝"专栏。没想到很快就发表了，并且得到编辑的鼓励。他们非常欢迎，每一期发表时都配上很好的插图。后来我又在《中国青年报》等报纸上发表了一些寓言。这样我就开始了寓言的写作。

顾：您写了那么多讽刺性的寓言作品，针砭时弊，有的还很尖锐，比如《老鼠的对话》、《鹅》、"三戒"等。有没有给您带来什么麻烦？

刘：我自认为是热爱党、热爱新中国的，我问心无愧，我的讽刺性作品，是为了揭露社会的黑暗面。我读毛主席《在延安文艺座谈会上的讲话》，里面说："我们并不一般地反对讽刺，但是必须废除讽刺的乱用。"我觉得我没有乱用，所以我还是接着写。后来的《山居合伙》给我惹了很大麻烦，在干校时被批判，其实我确实是出于对党的一片好心。

顾：您写的寓言都是讽刺、劝喻性质的，一般报刊都习惯登一些歌颂的东西。

刘：《文艺报》很支持我，《中国青年报》也很支持我，我这样写着写着文章就多了。这时作家出版社就主动跟我联系，问我愿不愿意出一个诗歌集子。我当时很高兴，就把我所写的寓言集中起来，取了个名字叫《集零集》，就是搜罗零零散散写的东西，编成一个集子，给他们寄过去了，但是很久没有消息。

顾：您的《集零集》幸亏没有出版，如果真的出版的话，那您后来麻烦就大了。这一方面说明您运气好，碰上了一位好编辑；另一方面，也说明那时候出版社的编辑工作真的是非常认真负责。

刘：有一天，作家出版社的一位编辑跟我联系，说要来见我。来的是一位老同志，戴着眼镜，瘦瘦的，我也没有问他的名字，现在更不知道名字了。他带着我的稿子找到我，告诉我："现在不能出版了，这部稿子还是交还给你吧！现在这种情况，你还是不要出版为好。"劝了我一下，我当然就收起来了。我自己不懂他的深意，当时也是"初生牛犊不怕虎"，我完全是忠肝义胆，一片赤诚，所以我就把书稿寄给上海文艺出版社，结果还是给我退了回来。现在我非常感谢这两个出版社的编辑，特别是作家出版社那位戴眼镜的老编辑，他没有把我的这些讽喻性寓言作品揭发出来，或者寄给我们领导，而是直接退给我本人，要不然麻烦就大了。这部书稿我当然舍不得扔掉，就包起来放在抽屉里，压在其他书下边了。

等到我下放劳动回来，我还"不知悔改"，接着写寓言。到 20 世纪 60 年代，我写得更多了。以前我是用散文写寓言，这时我就尝试着把诗歌和寓言结合起来，开始写寓言诗。

顾：那时候整个文坛以歌颂为主流，您干吗非要写那些讽刺性的寓言作品呢？

刘：这好像是我的天性使然。当时诗坛只有新诗和旧诗，旧体诗词有人写，像一些将帅，还有在家里写的，但是没有正式登上诗坛。我当时就是写新诗，具体就是写寓言诗，讽刺性的。后来我想，我那时真是年少轻狂，无所顾忌。特别是寓言诗，要是遇上别有用心的人，怎么给你解释都可以，现在想来都感到后怕。我写歌颂的诗，就数开国大典时写的那首《红灯颂》最令我满意。后来再写就总也写不出味来。想歌颂，心里充满了热情，但就是写不好。写讽刺性的东西我就感到比较顺手。"笔不开花偏着刺"，这是一种天性还是什么东西我也说不好。

顾：凡事有果必有因。您写讽刺性的作品，除了个人性格，恐怕也与您读到的作品有关吧？比如您的恩师陈小溪的作品，再比如鲁迅的作品。

刘：我的老师陈小溪先生也写诗，正面的诗也有，但是他很擅长写讽刺诗。他曾经编了一本集子，叫作《入木三分集》，没有出版，当然那时候也不可能出版。我可能从他身上受到一点影响，但又不是完全受他的影响。比如我看书，总是那些讽刺性的作品对我的感染力大，像鲁迅先生的作品，最初是在小摊上买来的，自己看着就想笑，看一段自己就在那儿笑一次，感到非常开心，好像我很熟悉一样。我非常佩服鲁迅先生，非常喜欢他的作品。他走了一条为中华民族从屈辱到获得尊严、从被压在大山之下到翻身站起来而呐喊的路。

顾：您的寓言诗《老虎贴告示》是反对霸权主义的，好像影响也很大。

刘：现在还有一些朋友记得它，还在赞扬它。这首诗是我这一时期文学创作的一个高峰，写法有点特别，不是旧诗，也不是新诗，采取旧诗的形式——六言诗，用新诗的构思写的。还有《木偶探海记》，讽刺了那种下去调查研究并不深入的人。木偶探海，因为他是木头，漂在海面沉不下去，所以他以为海就这么深。还有一首是关于跳蚤跟牛的诗，跳蚤坐在牛头上，他认为天下最大的就是牛了，也是讽刺那种不了解情况乱说话的人。《刘征寓言诗》的前半部分都是这一时期写的。

顾：这一时期您业余创作的主要是寓言诗，粉碎"四人帮"之后还接着写了很长一段时间，后来才不怎么写了。

刘：主要是精力不够了，兴奋点转移到诗词上面去了。写寓言诗费点劲，要转换成奇特的构思才能写出来，所以就写得越来越少。我不是像闻一多那样的诗人，"勒马回缰作旧诗"，我把新诗和旧诗当作是姐妹关系，是连理枝，是比翼鸟，是并蒂莲，我和臧老的看法一样，"我是一个两面派，新诗旧诗我都爱"。杜甫说"不薄今人爱古人"，他是今古都爱，我是新诗旧诗全都爱。

风暴彩虹

顾："文化大革命"中，您和李阿龄老师都被揪斗，吃了不少苦头。

后来，你们两位分别上了"五七干校"。您必然有许多感慨、许多领悟。

刘： 诚如你所说，我们俩同时被揪斗，经受了严峻考验，但是全国许多干部都有这样的遭遇。应该说，其中绝大多数人对毛主席、对党都是非常忠诚的，只不过是在极左思想支配下做了错事，其实责任不应该全部由他们来负。当然也有一些人趁机打击报复，搞阴谋，耍手段，设计陷害别人，但那绝对是极少数。我们现在要彻底否定它，要接受经验教训，今后永远也不要再发生类似的事情。

顾： "文化大革命"对您个人来说，未尝不是一种锻炼的机会。

刘： 正所谓"文王拘而演《周易》，仲尼厄而作《春秋》"。在逆境中学习是十分重要的，也是非常难得的。"文化大革命"中的经历使我加深了对农村现状的了解，也真正加深了对自己的认识。回头想想，我只凭着青年人的热情投身革命，只凭书本了解革命的道理，是多么肤浅和苍白啊！那时我才知道，我是个十足的书呆子。我请上海的一位老朋友刻了"老大书呆"四个字，以时时自警。

在"文化大革命"期间，我曾因舞文弄墨遭到批判，我曾告诫自己"不留一字在人间"。可是改革开放以后，我的革命热情又迸发了出来，诗文皆如泉涌，"不留一字"的自戒，早已被抛到九霄云外了。幸运的是，我和老伴儿相濡以沫，度过了苦难的日子。后来又重新振作起来，同心同德，携手前进。

顾： 您的不少作品，都曾写到这一段岁月，或是以这一段岁月为背景，可以看作是您对那段岁月的一种反思。

刘： 我写过一组诗《劫余杂忆九首》，就是对这一段岁月的一种追忆和反思。《景山老树》写我和阿龄被揪出后，我们当时坐在景山东坡一棵树下忍悲无语的情景。《狂泉饮》是一个寓言故事，是说有一个狂泉，人们只要饮了狂泉的水就会发疯。我只知道这是个寓言故事，但我并不清楚这个故事的出处。后来请张中行先生查到了它的出处，出自佛经故事《鸠摩罗什传》。

顾：您和李阿龄老师被揪出来，孩子还小。对于你们这个家庭来说，那真是一段惨痛的经历。

刘：一个家庭里两个主要成员都被揪出来，这种事情在我身边发生的并不多。我是先被揪出来的，当时我是人教社的一个支部书记。我被"罢了官"，就"靠边站"了。这时候，铺天盖地的"大字报"就出来了。这一段时间我在出版社内部开始劳动改造，被管制、被斗争。最初我自己无论如何也想不通，我觉得我所经历的这一切，都与《毛泽东选集》里的说法不一致啊！这句话我曾经和我们社一个干部说过，后来这也成了我的一个罪名。我身为党员，必须紧跟党中央的步伐。虽然自己老是跟不上，但也总是在后面跟。

顾：那时我虽然是小学生，但也参加过一些批斗会，听过"再踏上一只脚，叫他永世不得翻身"之类的说法。

刘：那时候，我在出版社里抬不起头来，所有的人见了我都是怒目而视，有些同志也不再称我"同志"或是"老刘"了，而是张口就是"刘国正"，因此我就不能到大食堂吃饭了。快到端午节的时候，我到附近的小店里买些粽子或者西红柿、鸡蛋，那时我学会了做西红柿炒鸡蛋，等着我老伴儿回来吃点儿饭，补充点儿营养。直到现在，我还很怀念景山东街东口那个回民店卖的粽子。前段时间我又去了，不改当年之味。一吃那个粽子，那时的心情也就回来了。

顾：您受过别人的批判，那您有没有批判过别人呢？

刘：我也写过别人的"大字报"。现在想想，当时自己写的那些"大字报"，有很多都是错误的。我要向被我利用"大字报"批判过的同志、朋友们道歉。我的声音是很微弱的，那些铺天盖地的"大字报"，主要是针对出版社的几个头头。我当时仅仅是中语室的代理副主任。因为我出身不好，总是不能被提拔。但我还是社党委委员，他们就凭这一点，把我"提"到社领导一级了，跟社里的总编辑、副总编辑、副社长们放在一起批斗了。虽然在一起批斗，也还是有区别的。他们几位都要戴一个牌子，我就不用戴。

顾：李阿龄老师吃了很多苦头，您自己已经被揪出来了，当然也无能为力，只好"相对无言，唯有泪千行"。

刘：我被揪出来之后，家里人很替我担心。我的老伴儿正在家里养病，忽然有一天，学校跑来很多学生，到家里很不客气地勒令我老伴儿第二天要回学校上班。第二天我很担心，就在景山门口等她回来。回来之后，看见她眼镜片被打碎了，衬衫上洒了蓝墨水，我就知道她被批斗了。默默地，我们就进了景山公园，坐在崇祯皇帝吊死的那棵歪脖子树生长的山坡上，我就听她诉说。当时我们一人买了一根冰棍，她就默默地流泪，冰棍谁也没吃就化掉了。

我没有见过她在学校里的情况，是后来听她说的。她是教导主任，晚上可以回家。她天天早上出去，都不知道晚上能不能平安回来。所以她每次走的时候，都要把我穿的衣服洗干净收拾好，还告诉我东西放在哪里。虽然谁也不说究竟为什么这么做，我心里也明白。有一次她出去了，夜里很晚还没有消息，我就特别担心，就冒险给她学校打了一个电话，那边有一位好心的同志告诉我说会还没开完呢，我这才放心。这时孩子们都在岳母家住着，后来他们也都陆续回来和我们一起住。

顾：李阿龄老师作为北京八中的教导主任，是"专政"对象。你们家也被抄过吧？

刘：我们被抄家四次，如果再加上我岳母家，那次数就更多了。每次都是翻箱倒柜，翻得一塌糊涂。实在没有什么可以拿走的东西，就把阿龄的工作日记拿走了。最初抄家的人拿走我的很多书，剩下些文言的，或者是线装书，也许是红卫兵看不懂，就用大封条把我的书柜给封上，还说"不许动，以后我们还来拿"。结果我就不敢动。没想到这两条红卫兵贴的封条却成了我的"保护伞"，我有什么需要保护起来，不想被抢走的，就从玻璃门的缝隙塞到柜子里去。后来几次抄家，红卫兵都没有再动过这个柜子，因为他们看到这是红卫兵封的。

顾：你们两个被揪出来后，在各自的单位都经历了一段特别尴尬的日子。

刘：社里把我们几个集中到大殿里写检查，读《毛泽东选集》；我老伴儿这时候也是到学校里，写检查，扫厕所，等等。她这个人的脾气，具有 A 型血的典型特征，让她扫厕所，她就一门心思打扫厕所，把多年的尘垢都清理得干干净净。

有一次，社里开"反修"的会，叫大家来参观，展览"走资派"的一些东西。我记得我们社的一把手戴伯韬同志有一台电视机，那时候电视机还不普及，我一回头，忽然看见电视机旁边是我的一块砚台，再旁边就是我老伴儿的一双高跟鞋，说高跟鞋会招致修正主义。那块砚台是我在"文化大革命"前买的。当时我们编辑室王微同志很喜欢砚台，张中行先生也很喜欢砚台。有一天王微同志买了几块砚台，张中行就跟我说："在西单有一块砚台，好像是 30 块钱，非常好，你要不要？"我中午没睡觉，就去了。到那儿一看，确实好，一看砚背、造型，非常古朴，实在是上品。砚背上刻着两个荔枝，刻得非常精细，非常生动。盒子是紫檀的，我就把它买回来了。这块砚台被抄去，展览在那儿了。我非常幸运，后来归还被抄物品的时候，把我那块砚台还回来了。只是上边多了一条划痕，没有其他损坏。这块砚台至今我还保留着呢!

"不留一字在人间"

顾: 您的寓言诗给您惹下大麻烦,您曾发誓"不留一字在人间",亲手把自己的作品手稿扔到故宫的筒子河里。

刘: 我当时心理压力确实很大,因为我写过很多寓言诗,都是讽刺性的,而且这些寓言故事都经过现实迷幻化,里面的主角变成动物了,别有用心的人怎么解释都可以,所以我心里就像是压着一块大石头。晚上常常睡不着觉,要醒很久。这时我才知道写讽刺性的东西,特别是寓言性的东西是什么分量,简直就如同泰山压顶一般。假如被人曲解了,被诬陷上纲上线,恐怕我将死无葬身之地。

有一天,我在人教社的墙上看到通知,要求我三天之内交出我写的作品,真如万丈高楼失脚,扬子江翻船。那些"新账",瞒也瞒不住,只好交出来。还有一包藏在书柜里的"旧账"怎么办?交吧,新账旧账一齐算,一准儿是沉沦地狱,万劫不复。不交吧,一包"定时炸弹"如何排除呢?依旧藏在书柜里,不行,已被抄了几次家,万幸漏网,一旦抄出来罪加一等。烧掉,不行,火光熊熊怎能逃过四面八方的虎视眈眈,已听说有因烧材料引来奇祸的。想来想去,我想出了一个似乎可笑、却也能苟安一时的鸵鸟对策:沉稿。这是连妻儿都瞒过、至今才首次公开的,也是我的一次极其秘密的行动。看看天黑下来了,趁着屋里屋外都没有人,我取出那一包书稿。打开已发黄的纸包,从中捡出几篇轻描淡写的准备交出去敷衍一下，其余的并一块生铁，用麻绳紧紧捆牢，藏在内衣里，悄悄溜出家门。我家离故宫神武门两边的护城河只有500米左右，那天走起来似乎绕了半个地球。不敢走路灯照着的地方，顺着林荫浓密的墙根走……我毫不迟疑，从内衣里掏出那捆夹着生铁的稿纸向水中投去。"扑通"一声，如同脚下打了个霹雳，吓了我一大跳。

顾：这件事当时看起来，您确实是"狡猾狡猾"的，其实这是一种鸵鸟式的行为。您那些文章都发表过了，白纸黑字都在，真想要查您，还能查不出来吗？

刘：我就是不甘心交出来啊！在那种环境下，你无法辩理。何况当时就在前不久，清华大学就批判过我的寓言诗，而且还转抄到我所在的人教社来了，大家都看见了。我的行为真是够蠢的，但是蠢就蠢了吧，查出来再说吧。

顾：您扔到故宫筒子河的这一包诗稿，后来找回来没有？

刘：找是找不回来了，只能想别的办法。粉碎"四人帮"之后，我出的第一部寓言诗集《海燕戒》，实际上就是我丢掉的那部作品。我花了很长时间和精力，到北京图书馆、首都图书馆去找，我的亲属也帮着查，又查出一批来，这些大部分是用散文写的，我把它们改成诗，编到《海燕戒》里。

顾：您有一篇杂文叫作《沉稿与放龟》，就写到这次沉稿事件。

刘：粉碎"四人帮"之后，我的小孙女，我们的宝贝，我给她买了一只小乌龟玩，她很喜欢，但是老养着就有可能死了。我就和她商量，能不能把它放了，放了以后它能活得更好。这小孩非常赞同，我就抱着孩子，带着小乌龟，到我当年沉稿的地方，把乌龟给放了。没想到把乌龟放到河里的时候，我的小孙女"哇"的一声就哭了。她那么爱那只小乌龟，难道我不爱我的稿子吗？于是我百感交集，就写了一篇《沉稿与放龟》。

顾：后来形势不那么紧张了，您在人教社的处境也就好些了。

刘：后来松了，没有什么人来管我们，过节的时候才来"专政"。有一年春节下大雪，他们到我家里，向我宣布不许这个，不许那个，给我念了一通，我当然是诚惶诚恐的样子。

顾：那一定是个"革命化的春节"，给您留下很深刻的印象。

刘：过春节那天我老伴儿虽在家里，但她是被管制的。我们的大女儿和两个儿子都在。大女儿那时候小学刚毕业，因为我和老伴儿都是受管制的，所以大女儿就已经当家了。家里要买什么东西，全都由她管了。她去买了面，和了馅儿，给我们包饺子。我还要到后边去劳动，从雪地里把干木头搬过来，锯开，劈成劈柴；还有就是到前面去搬煤。这些都齐了，他们就在家包饺子。我搬煤的时候弄了一身煤灰，幸亏有个很好的工友，说赶快把澡堂子打开，给你们准备好热水了，赶紧去洗一洗吧！过春节那天下着大雪，我们还是要劈柴，劈完柴回到家之后，看到家里人都在门口等着我。我进门一看，所有的东西都准备好了。人说"穷人的孩子早当家"，我说是"被斗争的人的孩子早当家"啊！那时她还够不着桌子，就跪在凳子上擀面皮、包饺子。我的两个儿子都埋怨她太抠了，说每天发手纸都有限制。我女儿是很有本事的。这样过年就感觉到非常凄惨，我就在想，怎么会被"专政"了呢？我参加革命之后，一心向着党，一心向着毛主席，自认为自己对工作很认真，很负责，当然很想不通。

顾：我从一些回忆文章中看到，当时也有很多趣事。当时你们都是单位的领导，对你们应该比较宽松。

刘：那时把我们几个集中起来到后面去学习，其中一位领导同志是从革命老区来的。我们干什么呢？《毛泽东选集》读了一遍又一遍，也不能老读啊，就让我们写检查，写的检查其实也没有人看。这位老同志很有经验，他不写检查，他抄《毛泽东选集》，一遍又一遍地抄。我就问他，你怎么不写检查，抄《毛泽东选集》呢？他说："哎，不能写，抄《毛泽东选集》准没有错。你要是写了，人家就会挑出毛病来，我这是在学毛主席著作嘛！"

后来宽松一些了，我们就偷偷跑到陶然亭公园去游泳，分三路出发，到那里再集合，然后进去。早上去，中午回来在全聚德吃一顿烤鸭。一个跟我很好的同志叫叶立群，现在我很怀念他。他会游泳，张玺恩同志也会，但是我不会，他们就教我游泳。我游泳就是在那个时候学会的。叶立群同志主要是教我仰泳，他仰泳非常好，我居然学会了。我原来什么体育项目都不会啊！后来自己又学会了蛙泳，但是我最好的还是仰泳，蛙泳始终不太好。后来我一直坚持了下来，以致后来出差或出国，每到一个酒店，我都要游。到了美国的檀香山、泰国的芭堤雅，也都下过水，好像很上瘾。但是始终没有游好，这不怪别人，只能怪我天分太差。上了年纪以后，腿总是打战，就不敢再游了。那时每次游完后，我们再分三路回家。那时候抄《毛泽东选集》的那位老同志他不去，他说："这了不得啊，将来被发现就是暗中搞活动，这还了得？"这话还真让他说中了，后来就开"花园会"，说你们到底在搞什么？是不是在搞"复辟"？

顾：在当代中国语文教育史上，有两篇经典性文章，一篇是《反对把语文课教成政治课》，另一篇是《不要把语文课教成文学课》，作者署名"洛寒"。据说也是人教社的一位领导。

刘："洛寒"是刘松涛的笔名，刘松涛是人教社的副社长，也是从老区来的老革命。正是你说的这两篇文章给他惹了大麻烦。有一次他对我说："国正啊，可了不得了，咱们犯了大错误。"我当时为之一震，还不太明白。后来他被揪出来批斗，有一天，他竟爬到人教社院里数十米高的大烟囱顶上去。大家劝说很久，他才肯下来。

顾：您有一首诗《问天》："当时观者斥狂颠，此际思君意怆然。举世汹汹无处问，故攀星月问苍天。"就是写他的。

刘：虽然是暴风骤雨，霹雳闪电，弄得自己晕头转向，但是没有恐怖，也没有伤感，反正硬着头皮往下走就是了。那时候就盼着有一天能够有一个说法。当时我背着写寓言诗这个包袱感到很沉重。我走进服装店里看见服务员，就觉得当服务员太好了，我要是做个服务员多好啊！所以我就下定决心"不留一字在人间"，再也不敢动笔了。

凤阳"五七干校"

顾：1969 年，人教社的人员就下放到安徽凤阳黄泥铺"五七干校"了。

刘：当时提出，学制要缩短，课程设置要精简，教材要彻底改革，各地学校都停课了，不需要再编教材了，人教社就不能正常运转了，人员就随教育部下放到安徽凤阳"五七干校"了。

顾：在干校两年多，那应该是您人生中的一段珍贵记忆。您在《海燕戒》"后记"里说，行前，曾自题小照"无声但做禾根土，为护春风枝上花"，决心搁笔裂砚，"长为农夫以没世矣"。

刘：上干校的通知来了，老伴儿特别支持我，帮我筹划，社里有好些同志也来帮着筹划。人教社是教育部直属单位，我必须跟着教育部到安徽的凤阳县去上五七干校，大女儿刘红、二儿子刘路跟着我上凤阳。老伴儿要上北京郊区昌平劳动。小儿子刘是还在上学，就跟着我岳母留在北京。这样，我们家就分为三处。

顾：您带着两个孩子上干校，肯定遇到不少困难。我看北京大学汤一

刘国正先生全家福（摄于 1969 年）

介、乐黛云夫妇，"文化大革命"时期去江西鲤鱼洲上"五七干校"时，也是带着他们的儿子一起去的。

刘：我带着两个孩子到了安徽凤阳县，两个孩子都留在县城当工人，一个学旋工，一个学车工。我随着大部队，到离县城二十多里地的黄泥铺，那是人教社的干校所在地，我们被编在第七连。

我当时的身份，是一个被"审查"的干部，还没有"审查"完毕，但已经开始担任一些工作了，要我管基建，就是搞基本建设。那时基建是件大事，我们去时还没有几间房子，首要的就是盖房子。当时我也无所谓管了，无非就是多干点活、多办点事，叫干什么就干什么。还有件事，就是到农村去教夜校，主要就是这么两件事。

顾：您在《四壁小记》里说："当年我们的干校在凤阳，四周的老百姓，有些穷得只剩下四面土墙。"在那样贫困的农村，无疑是一种严峻考验，用当时的话说，叫"滚一身泥巴，练一颗红心"。

刘：基建工作是很忙的，因为盖的都是石头房子，用石料很多，我们就到大洪山（旧志作"大红山"）上去拉石头，中午还要在那儿吃饭。一块石头几十斤，甚至上百斤。还到城里去拉毛竹，到村子里去买稻糠（和泥用，当地人称"纹子"），等等，事情挺多的。用的砖呢，是在城里一个废弃的宫殿那儿拆了来的大块砖，上面写着"某某府造"，原来那个宫殿是明朝开国皇帝朱元璋建的明中都。

顾：有一次我去安徽蚌埠讲课，曾到明中都参观，看到人教社历史编辑室几位老同志的照片，还有王剑英先生撰写的《明中都》《明中都遗址考察报告》。特别是看到"人民教育出版社"抬头的信笺，感到特别亲切。

刘：朱元璋本来想在那里建都的，那是朱元璋最早盖的宫殿。进去还可以看到很大的柱础石，就是树立柱子在地下的那块石头，都很大；南门还在，有5个门洞。你说的王剑英同志是个有心人，他是一名群众，事情不多，就搞这项调查，写了那一本《明中都》。那是明朝的中都，后来才迁都到南京的。剑英同志把书拿给叶老看，叶老很赞赏。郑欣淼同志到这里去过，写过一首词，非常好，我觉得熟悉，又很激动，也写了首词。我们那时候实际上是在拆中都，建干校。

顾：我曾听我的博士生导师刘坚先生讲过，中国社会科学院的"五七干校"在河南信阳，因为在干校主要是体力劳动，对干不了重活的老年学者还是有些照顾的。比如说，丁声树烧锅炉，吕叔湘卖饭票，钱锺书负责取发信报，杨绛看菜园。钱锺书看到大家收工回来，把工具扔得到处都是，就帮大家收拾整理好。为此他写了一副联："左拾遗右拾遗拾遗左右，东收拾西收拾收拾东西。"那时候您还不到被照顾的年龄。

刘：那时候我还不到五十岁，才四十三四岁吧，当然是壮劳力了。第一件事就是学习砌墙，可我总是砌不好。因为我眼睛不大好，要用石头砌墙，得找到适合的石头来对缝儿，对我来说却很难。我们砌墙盖房子，入口那 8 间房是我们自己动手盖的，里边一处房子也是我们盖的。我自己设计了一个厕所——大型现代化厕所，这个厕所没有其他缺点，就是挖的坑太深了，人家来淘粪都很困难。可见我很不在行，挖了这一个不太合用的厕所。还有就是有一个大葡萄园也归我们管。

顾：您在干校时，曾在夜校教农民学习，应该很受老百姓欢迎。

刘：我们教夜校，可人家对学文化根本不感兴趣，我们倒是了解到农村很多真实的情况。上夜校的青壮年大部分都出去讨过饭，问他们怎么走，就是扒火车。扒火车可以去很远的地方，比如到广东。凤阳离南京很近，这一带的农民，对共产党的忠诚是没得说的，但是还带有流氓无产者的习气，而且很重。比如我们种了庄稼，就有个别老百姓来偷庄稼，我们就喊："不能不能，这是我们干校的庄稼，你不能拿去！"他就回答说："你们干校的？这个地是你们的吗，你们才来几天？这个地是我们的，我们祖祖辈辈都在这里，这是属于我们的！"他们就是这么个口气。所以说，一到农村，特别是到落后地区的农村，你能了解到很多情况。农民的喜怒哀乐，农民的真正需求，远比我们在书本、电影上看的要实在、丰富得多。

顾：杨绛先生在《干校六记》里也讲到过农民偷干校庄稼的事情。不过她说得很风趣，说农民对干校学员"都很见外"，常常把他们种的菜和农作物偷去。

刘：其实说到底还是个贫困问题。就是在贫困的状态下，什么也谈不上。要想使中国一天比一天好，必须使老百姓富起来。不过我们很快就学会了种庄稼。记得第二年麦收时节，麦子长得非常好，偏逢半个月连下大雨，那真是困难极了，把麦子收下来不好，不收也不好：收下来跺在场院上，不论怎么覆盖也不行，它不见太阳里面就发热，发热就坏了、霉烂了；要是在地里不收的话，麦粒在地里的麦穗上就发芽，而且地里也下不去脚，穿了高的胶鞋，一下子就陷到地里去了。这样苦干了半个月，用各种办法来保粮。我们还想了个办法，不能用太阳晒，就用锅炒，把麦粒儿炒干了，晾凉了再存起来，结果这样的麦子同样要发霉，而且霉得更厉害，所以损失了大半。大家都辛苦了半个月，真是辛苦极了。当然这样也有好处，我不但了解到当地农民的一些实际情况，而且把身体锻炼得非常棒，浑身黢黑黢黑的，胳膊也倍儿硬。我记得那年麦子遭灾之后，余下的麦子收起来，要上囤，囤有两三米高，有个小窄梯子，要把粮食装到上面去。在每个门口，每麻袋粮食都要过秤的。我最多能扛180斤，爬梯子上囤顶上倒粮食，这可以说是我身体好的一个标志吧！那时候我真是个壮劳力。

顾：你们跟当地老百姓打过交道吗？有没有写过什么作品？

刘：跟当地老百姓接触，印象最深的，是有一次过国庆节，我们连决定在节前要把"红宝书"送到村里去。我带着几个人算一路，其他还有几路。正赶上下大雨，我们穿上短雨衣、短雨裤，外面还要套上长雨衣，把包着的"红宝书"抱在怀里。路很难走，因为农村的地已经泡得很软了。记得到一个村里去，要过一条河，也许不是河，只是因为下雨积了很多水，没法过。有几个放牛的孩子就用水牛把我们驮到村里，到村里受到当地老百姓的热情招待，他们连忙给我们倒水喝。人家问我们，你们干吗这时候送来呀？为什么非得下雨时送啊，不会等雨过了再来送吗？就是很奇怪，我们觉得自己一片赤诚把"红宝书"送去了，老百姓的想法却接不上头儿。

至于写东西，也就是写点宣传类的小节目，但也很少，因为宣传本来就很少。我写过一个像顺口溜一样的东西，排一队人表演，喊口号"毛主席万岁！共产党万岁！"找一个村支部书记来给我们审查，他是贫下中农，最后提了条意见，说你们喊口号为什么都举右手呢，右手是向右的嘛，你们都要向左，以后都举左手。

顾：也许在老百姓看来，读书人书读多了就会变成书呆子。

刘：还有一次，我们去帮老乡插秧，插着插着下起大雨。我们领导说，不能停止，照常劳动。直到把这块地插完，人也都淋成落汤鸡了。老乡说什么呢？下雨了这些人怎么就不知道避一避呢？我们回到连里，老乡给我们都煮了姜糖水，倒是都没有感冒。老百姓给我们干校学员编了个顺口溜，说我们"穿得破，吃得好，下工回来洗个澡，躺在床上看《参考》"。倒是很准确地反映了我们干校的日常生活状况。

顾：我去延安时，曾参观过习近平总书记当知青时的梁家河，生活条件确实非常艰苦。那时全国物质紧缺，你们在干校的生活恐怕也好不到哪里去。

刘：我在干校又抽烟又喝酒，抽的都是劣质的烟，喝的是白薯酿的劣质酒，还喝过用酒精勾兑的酒，那时就是这么个水平。我们一个房间住五六个人，每人一个床位，上面都有一个蚊帐。墙上钉个钉子，挂个军用水壶，里面装的就是酒。前面有一个桌子样的东西，是用砖搭起来的，上面有一支蜡烛，晚上可以看点东西。墙是我们刚砌的，都是用泥巴抹的，返潮，一到夏天，墙上都长出庄稼来了。麦苗都长满墙，还往上长。前些年我到北戴河，见一家饭店的墙上种了蔬菜，一个窑儿一个窑儿的，就很像我们干校的墙。有一年下雨，一面墙"呼啦"一下全倒了，我们都拿棍子支起来也不行。我们那里还有一个特点，就是蚊子特别多，生疟疾的特别多，雷击多，我们那儿叫雷击区、高疟区。毒蛇多，蛇有好几种呢，有的干校学员被蛇咬了，腿肿得很粗很粗，就用拖拉机往蚌埠送。晚上总要有值夜班的，我也值过夜班。值夜班时，就得把全身包裹起来，要不然蚊子几乎把你吃掉了，就这么厉害。

顾：您有一篇杂文《斗牛说》，应该也是取材于您在干校期间的见闻。

刘：有一次，有两头水牛发生战斗，整个水塘的水都折腾得溅到外头来了。牛要是斗起来是很恐怖的，它是有对象的，不伤害人，也不伤害别的牛，认准了就跟一头牛斗。有一次我们把这两头牛拴在一个短墙外头，它们不知为什么就斗起来了，半夜牛叫起来了。我们生怕牛一翻身把墙撞倒了，就在牛腿上拴上两根绳子，十几号壮汉在两边拉都拉不开，后来好不容易拉出个缝儿来，有一头牛认输跑了，才算完。甚至在地里耕地的时候，这头牛只要远远看见那头牛，都跑过去跟它斗。牛就是这样，一旦认准那头牛，就跟它势不两立。这种情况如果不是亲眼所见，一般很难想象的。

外调与"夜奔"

顾：您在文章中说，干校期间您还曾参加过两次外调，能有这样的机会也真是难得。

刘：那是在干校后期的事情，就是到外边去调查一些有问题的人的情况。外调工作既艰辛又兴奋。我曾经跟两个同志外调过，一个是张卫国，还有一个是陈梧桐。陈梧桐是搞历史的，后来到中央民族大学教书，写过《洪武大帝朱元璋传》上、下两卷，是专门研究明史的。跟陈梧桐那次是去福建，那次真是见所未见、闻所未闻。有一次，我们翻过一座山，到一个村庄去调查，当时下着大雨，我们浑身都湿透了，没有办法，就在县城里每人租了一辆自行车，骑着车盘山而走。走到一个拐弯处，迎面来了一辆汽车，陈梧桐没有躲得及，就"啪"的一声，摔倒在路边，所幸没有摔到山崖底下去，但也非常危险。等到汽车过去，我说："你走里头，我走外头吧！"我们俩一个走靠山的那一边，一个走靠悬崖的这一边。回来的路上，又下起大雨，一个响雷下来，就感觉车附近像有个大火球一样。直到深夜，才找到一家招待所，却没有房间了，我们就住在招待所的大厅里。这一夜，我们被蚊子咬得浑身没一块好地方。

还有一次，我跟张卫国同志到天津宝坻县（今天津宝坻区）调查。我们搭了一辆便车，司机本来说好要把我们送到干校的，结果他弄错了，把我们给送到另一所干校，是文艺界的干校，车就在一个地方停下来，再也不肯往前走了。我们俩只好步行走到我们要去的干校，夜里走了很多庄稼地，到下半夜一两点钟才到，体验了京戏里"夜奔"的情景。虽然不免有些害怕，但心里还是很高兴的。

顾：能参加外调，也是一种荣誉，至少说明您政治上是可靠的，否则组织上怎么可能派您去外调呢？

刘：这是一点，第二个想法更现实了，就是能离开干校。那个时候一说让我们外调或者到县里做点事，心里就特别高兴。卖长途车票的地方离我们七连住所比较远，要到一个小房子里面去买票。一听说有任务了，我们就会赶快走，到那里买了票，急切地等着汽车来。上了车才算没事了，就等于"海阔凭鱼跃，天高任鸟飞"，就没人管了；当然管还是有人管的，但当时就是这种心情。有一次叫我去办事，我到售票站买了票，车也快到了，这时连里忽然跑来一个人，说你赶快回去，不用外调了。我当时那个扫兴呀，就别提了。回去以后，就听到在传达"九一三"事件。那时候只要一离开干校，就好像压力得到释放，感觉自由了。

顾：您在干校两年多，感触肯定很深。这对您后来的语文教育研究、教材编写和文学创作都产生了深远影响。

刘：干校就是这样，你说它是个学习场所、阶级斗争场所，也的确是，而且气氛非常紧张。但是有时候也是很松散的，我的感受就是这样。前面提到的"文王拘而演《周易》，仲尼厄而作《春秋》"，这是司马迁《报任安书》里的话，的确是至理名言。我去过周文王推演《周易》的羑里，在河南省安阳市汤阴县，那个地方很小。恶劣的环境，对一个人往往不见得是坏事，倒可以从中得到锻炼，"所以动心忍性，曾益其所不能"。我觉得我两次接触中国农村，一次到山西，一次到安徽上"五七干校"，对我都是很大的锻炼。经历了这些，我才慢慢地成熟了，懂得人生是怎么回事，农村是怎么回事，也懂得了一些政治概念以及人与人的关系。我真是受到很大教育，那就是一本非常重要的大书，是促成我后一段的一些活动、一些看法、一些创作的至关重要的大书。

顾：那时候您在安徽上干校，李阿龄老师在北京昌平上干校，你们有联系吗？您去看望过她吗？

刘：有一次我到北京外调，就到她所在的干校去了一次，和她见面也就是一个多小时。在那儿一起吃了饭，还一起劳动，一起插秧。很奇怪，他们是在一片沙地上插秧，随插秧随浇水。他们干校的领导要创造一个奇迹，要在沙土上种稻子，结果插上没几天都死掉了，水存不住，都渗下去了。之后我们有那么半小时，坐在一起，聊了几句，反正看到她挺好的，我就放心了，一个人又回到北京城内，第二天又回干校了。

顾：您在《过南京感旧二首》中写道："黄昏才抵临淮镇，返校仓皇卅里行。近怯丛林黑魆魆，远疑狼眼绿莹莹。两间只有月相照，万籁惟余心悸声。不顾燃须吹灶火，半杯开水慰羁情。"写阿龄老师到凤阳看望您时的情景。

刘：她从北京到我们干校来过两次，就是为了看我和孩子，时间都很短，来去匆匆。有一次是春节，一共三天假，她仅仅要求多放半天，三天半还是特批的。因为我们的孩子要上大学，那时安徽已开始招收工农兵学员。她到安徽来看我们，也算是找了这么个理由吧。结果她来了，正赶上我们七连在过一个革命化春节。夜里灯火通明，高声怒斥，呼喊口号，周围老乡却是鞭炮齐鸣。正是这个时候，她来到我们连里，领导特批，放我假，没让我参加什么会。她就待了一夜的时间，第二天就走了。我孩子从凤阳县城送她到蚌埠车站，上车回北京，她就多请了半天假。她就是这么个人，她想办的事一定要办到，也体现她对我、对孩子们的一种关心吧！

后来，我们这儿比较松一点了，干校就是前紧后松，还有家属住到干校里，跟我们的干部过上日子的。她又来了一次，那时候是冬天，来了以后，我们跟孩子打算到南京去看看，经过批准，终于成行了。

顾：在那个年代，能够带着妻子和女儿逛南京，应该是一件十分开心的事情。

刘：批准是批准了，但批准的却是今天去，明天就得回来。就这么闪电式地玩一次，我们自己觉得已经获得很大的自由了。于是我们带着女儿就出发了。到南京，也没玩什么，就是吃顿饭，住了一夜，第二天就回来了。我们到临淮关下车，再转车换长途。我们在临淮关刚买了票，正好碰见我们一个军代表，他也是从这儿回连里，没买到票，我们就把票转给他了。女儿回县城工厂，我和老伴儿就徒步回连队。三十里地，越走越黑，就我们两个，真是心惊胆战。当时据说这一带有两种东西，一个是狼，再一个就是有劫道的，用条绳子横在路上，把你绊倒，然后东西就被抢走了，很不安全。我们快步走、慢步走，三十里地，哪有那么容易走。后来有辆大汽车路过，我们说要到黄泥铺，您拉我们一下吧。司机同志非常好，叫我们爬上车去，答应带我们到黄泥铺。到黄泥铺下了车，还有一段路，我们就踏着庄稼地回来了。

顾：照您这么说，这才真正是京戏里的"夜奔"啊！

刘：我们到家，已经过 12 点了，房间里非常冷，没有什么吃的，也没水，我就把报纸点起来烧了开水喝，度过了这一夜。而我们前边的会议室里正在开大会，布置以后怎么搞斗争，我心里就很不安，也有点害怕，不知道第二天会不会批判我，好在没有批判我，大概因为我把票让给军代表，这事就免了。关于这件事，后来我又到南京，就写了两首诗，都是七律，即《过南京感旧二首》。

回到人民教育出版社

顾：您是什么时候回到北京的？

刘：1972 年 3 月，人教社社长戴伯韬请国务院秘书长周荣鑫向周恩来总理反映人教社业务停顿、人员星散的情况。又写信给周总理，陈述培养一支强有力的编辑出版队伍之不易，希望经过考察后，人教社能够恢复建制，投入工作，为中小学教材建设做贡献。在周总理的关怀下，人教社得以重建，从"五七干校"调部分干部回京工作。国务院科教组发出《关于新建人民教育出版社的通知》，要求新建的人教社逐步承担编辑出版高等学校工科基础理论课、基础技术课教材，中小学教材、教学参考书和其他教育书籍的任务。我就是这个时候回到人教社的。

顾：回到人教社后，并没有让您编写语文教材，而是把您借调到教育部工作了一段时间。

刘：我一回到北京，就被借调到国务院科教组（也就是当时的教育部），任务是起草中小学全国教育工作的纪要。我在那儿工作了很长一段时间。起草、调查、起草、调查，反复多次进行，稿子积累的高度已经快有桌子那么高了，但就是通不过。我当时很不愉快。后来，戴伯韬同志跟我说："你别去了，你去也写不好，我想办法把你调回来。"我就听了他的话。他就去跟科教组打交道，说刘国正同志病了，从那以后，我就再也没去教育部上班了。

顾：您不去教育部了，在人教社做些什么呢？

刘：那时候，出版社没什么业务，教材当然不能编，各地都在编教材，我们只好编别的书，比如编民歌、千字文之类的，都没有什么效益。

第四章 语文情缘

"解放区的天是明朗的天"

顾：从"文化大革命"结束到1990年您正式离休，十几年来，您是中学语文教学大纲和教材的总设计师。即使20世纪80年代中期开始实行"一纲多本"，您还是国家教委聘请的语文教材审查委员、审定委员，还担任全国中语会理事长。这一时期，是您语文教育思想的成熟期，也是您文学创作的勃发期，您发表了大量寓言诗、杂文和诗词。

刘：语文教学研究和语文教材编写是我的本职工作，也是我的"饭碗"，我当然首先要做好。我直到65岁才正式离休，离休后也还有许多研究工作要做。我担任全国中语会理事长，差不多有十三年。最初是在岗位上，后来离开岗位又做了很多事情。一直到现在，我还在关心着我国语文教育，关心着语文教材的编写工作，可以说，一辈子都在干这个。

顾：您的《水龙吟·参加庆祝粉碎"四人帮"游行》，写出了知识分子翻身得解放的兴奋心情。

刘：那不仅是我个人真实心情的写照，也反映了大多数知识分子的共同心声："秋空万里晴蓝，鸽群雪翼迎风展。红颜白发，裙衫飞舞，彩旗飘卷。锣鼓喧天，欢歌动地，眉舒心暖。看家家归去，开樽煮蟹，拼一醉，不须劝。　豺狼曾掩人面。肆横行，塞天积怨。枯槐聚蚁，雷霆振迅，黄粱梦断。钳口奔川，冰肠沸火，昂扬亿万。待从头，收拾山河，普天下，同心愿。"

顾：这一时期您创作、研究，创造力最旺盛，不管是语文教育还是文学创作，都是走向成熟的时期，也应该是您感到特别轻松、心情特别舒畅的时期。

刘："文化大革命"的十年经历，使我增强了对生活的洞察力，去掉了几分书生气。拨乱反正后，由于摆脱了巨大的精神压力以及种种极左思想的束缚，我获得了解放，在语文教学和文学创作两方面都有了较大的发展和提高。粉碎"四人帮"之初，《文艺报》向我约稿，我写了一篇叫作《讽刺是非谈》的文章。我在文中用了一个比喻，《西游记》里孙悟空被压在五行山下，那个山上贴着一张佛祖的镇压命令，后来唐僧把这个符揭去了，天崩地裂一般孙悟空就从山底下翻出来了。翻掉了压在身上的一座大山，这是个比喻，但我确实有这种感觉，一下子就解放了，觉得轻松了。于是我就把曾经当作生活准则的"不留一字在人间""折笔毁砚"之类的禁忌全丢到脑后了，很快就拿起笔来。我就是这么个人，也算是一种性格吧！掀掉身上压着的"大山"，觉得眼前一片光明，大有"解放区的天是明朗的天"那种感觉。

顾：这时候文化教育迎来了春天，您对语文教育的认识也在逐步加深。《刘征文集·第一卷：语文教育论著》里很多文章就是那一时期的研究成果。

刘：是的。当时一方面客观上学术风气很自由，另一方面我自己颇有些想法，也想拿出来与大家交流。这时候在语文教育界有很多派别，比如有语言派、能力派、感情派等。因为我负责中学语文教材编写工作，所以各种派别我都要了解一下，也吸收一下，提取其中的优点，算是博采众长吧。在这个过程中，我写了很多论文，都是讲话稿之类的，后来结集成书，出版了《语文教学谈》《刘征十年集·卷四：剪侧文谈》

《实和活——刘国正语文教育文选》等。《刘征文集》第一卷收录的都
是语文教育论文。

主编语文教材

人教社中语室同事的合影（后排右四为刘国正）

顾：您在文章中曾说，在您的语文教材编辑生涯中，最难以忘怀的是
粉碎"四人帮"之后的那一套中学语文教材。

刘：粉碎"四人帮"之后，邓小平同志提出要给中小学编教材，国家

拨了一笔专款，责成人教社负责这件事。于是我们就抽调全国的优秀力量，以人教社的编辑为基础，又从大、中、小学选调 200 多位优秀教师，集中到北京西苑饭店，后来又换到香山饭店，最后又回到西苑饭店，前后历经一年多吧！以"中小学教材编写工作会议"的形式，当时叫作"西苑会议"，编写全国通用的中小学各科教学大纲和教材。那是粉碎"四人帮"之后的第一套语文教材，使用了很长时间。这也是人教版第六套中学语文教材。我主持这套中学语文教材的编写。这套教材吸收了"文化大革命"前语文教材编写的基本经验，大胆革新，重视培养语文能力，强调训练，起到了拨乱反正、正本清源、统一教学思想的作用。当然，对我来说，副产品也不少。不仅写了不少语文教育教学方面的论文，还写了很多诗。

顾：当时语文教育研究百花齐放，教材编写也有很多流派。您是怎么看待并吸收这些不同流派的理论的？

刘：当时语文教育界非常活跃，教材编写形成几大流派，如语言派、能力派、感情派等。因为主持编写语文教材的工作需要，我必须取其精华，弃其糟粕，取各家之长，兼收并蓄。在这个过程中，我对语文教育教学都有了更多思考，写了很多讲话稿或研究论文。比如，能力派主张把听、说、读、写能力分解成若干个由易到难的小训练点，然后按照教学需要分配到各个年级、各个阶段，作为语文教材的主干部分，并据此选文。这一派看起来好像很科学、严谨，按部就班，训练过程看得见、摸得着，而在我看来，训练学生的语文能力是必要的，排列出一定的顺序也是必要的，但是如果要求语文课像数学课那样紧凑，就会束缚学生的思想。语言派要把语法、修辞一套系统都编到课本里去，一方面要有教材，另一方面还要结合课文进行练习，主张以语言知识为主线编写教材，于是编进大量的语法、修辞知识。学生学习语文的主要目的，是培养语文能力，语法、修辞只能是辅助手段，不能拿来当作主要训练项目。语文教学就是识字、写字、说话、读书、作文，关键是要使学生具备这种表达能力，而不是说要具备它的科学分析方法，这种科学分析有时候会很复杂，实际用处却不大。

顾：您好像也不大赞成当时流行的听、说、读、写四种能力这一提法。

刘：一个学生学习母语跟学习外国语言的侧重点是不一样的。学习母语应该侧重读和写，听和说不能跟读和写相提并论。听和说的训练，学生在母语环境中处处都能遇到，从一生下来就开始听父母亲说话了，听和说的训练在母语里面很广泛，不仅是学校教育，而且包括家庭教育、社会教育，在他们上学时就已经达到相当高的程度了，所以语文教学应该是以读、写为主，以听、说为辅，还要结合读、写进行听、说训练。因为社会在变，人与人之间的交往多了，口语交际能力并不完全依靠学校教育。而读、写就不同了，读、写必须在识字的基础上进行，识字、写字主要是在学校里进行和完成的一项知识和技能。

顾：如果说当时语文教学有语言派，有文学派，还有能力派等，应该还是能力派占上风吧？毕竟叶老一直主张语文教育要培养学生的听、说、读、写能力。

刘：语言派影响比较大，但这一派的主张并没有完全被采纳，最后采纳的主要还是能力派。

顾：北京大学中文系陆俭明先生也主张中小学语文教育的主要任务是书面语言的阅读和写作训练。

刘：我和陆先生的见解一致。有些同志总觉得应该以语言知识为主线编教材，总觉得对语言教学重视不够，还应该再加强，后来就编进一些语法修辞之类的知识短文，还总觉得不够。对这一派的主张，说实话我也不大同意。我想，语文教学就是识字、写字、说话、读书、作文，把这些学好了，就具备语文表达能力了。

顾：不过现在时代不同了，人与人之间交流的机会多了，对人们的口语交际能力要求也提高了，口语交际是语文教学的一项重要任务。

刘：20世纪八九十年代，我们当众表达时口语还是比较差的，在电视里常常看到中国学生到外边讲话，大都照着稿子念，而且很拘谨，可是现在就不同了。现在电视里一些主持人还有嘉宾在那儿侃侃而谈，跟外国人也是如此，就是因为社会变了，人们交往多了，依赖的不完全是学校教育。

我非常赞同学生学点语法，但是不能过分强求，只是作为一种辅助手段。应以学生的生活为主线，过去我们就是这样做的。我的思想认识比较接近于这种编教材的方法，但是跟主流思想有矛盾，所以我一编教材，总是和别人不一样，别人往往看着编得不怎么样。我自己跟主流思想有点凿枘，就是不合拍、不合群。

语文教材审查委员

顾：您在语文教材建设上的另一大贡献，就是参与语文教材审查和审定工作。

刘：那是1986年，全国中小学教材审定委员会成立。我是语文教材审查委员，而且连任了三届，直到世纪之交新课改时为止。其间我参与了中小学语文教学大纲、上海市《九年制义务教育语文课程标准》、浙江省《义务教育语文学科教学指导纲要》，以及这一时期中小学语文共八套半教材的审查。应该说，这些教材各具特色，体现了当时我国语文教育教学的水平。

顾：1999 年 6 月 5 日～ 12 日，人民教育出版社、课程教材研究所曾在云南昆明举行中学语文课程教材专家研讨会，顾振彪先生和我主持。您和冯钟芸、潘仲茗、朱绍禹、顾黄初、欧阳代娜、钱梦龙、申士昌等先生都参加了。

刘：那是一次开心之旅，也是务实之旅。那次会议，是为了修订高中语文试验教材和制订面向 21 世纪的初中语文课程教材改革方案而举行的，到会的都是中学语文教材审查委员。我们一起畅谈了有关语文教学改革、语文教材编写的话题，回应了社会上那次语文大讨论，还顺便参观游览了世界园艺博览会和其他一些地方，大家都留下了十分美好的印象。

形成语文教育思想

顾：在您已出版的诸多论著中，涉及语文教育的有《语文教学谈》《刘征十年集·卷四：剪侧文谈》《实和活——刘国正语文教育文选》《刘征文集·第一卷：语文教育论著》《刘征文集·续编二：文章卷》。内容涉及语文教材编写、阅读教学、作文教学以及文学教育等。其中有语文教育研究论文，有经典诗文赏析，也有序跋，从而形成了您的语文教育思想。

刘：其实，也算不上是我的语文教育思想，充其量只是我学习叶老、吕先生等老一辈学者的教育思想，学习一些语文名师教学经验，是他们的教育教学思想启发了我。总体来说，我关于语文教育的想法，主要体现在以下几个方面：语文是基础工具；语文教学既要"实"，又要"活"；语文教育要联系生活；语文能力培养要靠训练；语文教育要在继承中求发展；语文课程改革有变的，也有不变的，应始终坚持培养学生正确理解和熟练运用祖国语言文字的能力。

顾：这时您经常应邀到全国各地去讲学，您有不少诗作都有记录。古人说"教学相长"，这恐怕是您形成自己的语文教育思想的一个重要原因。

刘：我外出讲学，主要有三个方面的因素。一是社会需要，二是个人兴趣，三是全国中语会的工作给我提供了客观条件。

从社会需要来说，当时各地教研室、学校比较封闭，老师们希望听听外边的声音，愿意听听国外的信息，所以就不断邀请有经验的人去讲课。那个时候时兴这种风气。

从个人来说，以前我基本上是"奉命行事"，有的是我愿意做的，有的是我虽不乐意但又必须做的。现在不一样了，客观上学术风气很自由，我自己关于语文教育教材的一些想法，也很想与语文教育同行进行交流。

从全国中语会来说，因为我担任理事长，由全国中语会组织，召开了很多语文教育会议，我也要参加或主持，这就在客观上给我提供了条件，使我得以东奔西跑。我参加的会议活动中，有国家教委组织的教材会议，有人教社组织的教材培训，也有各地教育部门或学校的邀请。讲课也好，讲话发言也好，都要备课或准备发言稿，这就促使自己不断学习，从而逐渐加深了对语文教育教学的认识。我讲课有时候是跟人教社的同事一起去的，差不多有十几年，跑遍了大半个中国。可以说，对于语文教材编写和语文教育研究，我有了很多收益，有了自己的一些思考，也逐步加深了对中国语文教育的理解，形成了我语文教材的编写理念。当然在这种车尘马足之中也产生了很多作品。

"实"和"活"

顾： 根据我的理解，您的语文教育思想，最突出的就是两个字："实"和"活"。您这种观点想必也有一个形成的过程。

刘： 我所说的"实"，就是扎扎实实、认认真真地识字、写字、读书、作文，培养这几种能力，绝不可以有半点马虎，也绝不可以忽视。不能以为只要学生思想觉悟提高了，就什么都提高了，自然也就学会写作了。这种认识是不对的，也是有害的。我的经验，还有我看到的一些朋友教学生的经验，证实了我的看法。

顾： 要落实这个"实"字，就离不开训练。但在1997年秋季开始的那场语文教学大讨论中，不少人认为"训练"等同于"操练"，导致了"题海战术"，甚至导致"应试教育"，对于"训练"必欲除之而后快。当时修订的语文教学大纲也不敢再提"训练"二字了。为此，钱梦龙老师发表了《为"训练"正名》的文章以正视听。山东的吴心田老师还专门给当时的教育主管部门领导写信，认为语文教学大纲不应该淡化"训练"。

刘： 我认为钱梦龙老师、吴心田老师的观点是正确的，他们很重视这个问题。"训练"两个字一点儿也没有错，语文能力不训练能行吗？因为这个语言运用有很大成分是一种技巧，技巧就是靠训练培养出来的。比如打乒乓球，你不训练行吗？弹钢琴你不训练行吗？不要否定训练，好像一提训练就把学生给框死了。其实，学生学语文必须有"框死"这么一个阶段。因为一般说来，有些学生是不大喜欢训练的，语文学习需要加强训练，不能随着他们的心意去做。

顾：吕叔湘先生在为张定远先生编的《中学语文教学论集》写的序言中说："中国有句老话叫作'定法不是法'。这句话的意思不是让人做事不讲方法，方法是要讲的，但是不要把它讲死了，要把它讲'活'了。什么叫作讲'活'了？就是要一方面坚持原则，另一方面又能适应当前情况。"

刘：这就是我讲的第二个字，要"活"。我不主张"死"的训练，主张"活"的训练。

顾：现在好多地方叫学生读《三字经》《百家姓》《千字文》《弟子规》之类，这完全是死记硬背。

刘：我是不赞成的。学生根本不懂得里边的含义，说这里边有道德教育，"人之初，性本善"，有什么道德教育啊？学生能懂吗？性善说、性恶说，这些东西来源很深，是儒家思想里最根本的东西，学生怎么能懂呢？

顾：我国教育也是一向反对死记硬背的。

刘：学生背了，不能说没用，会有点用，背比不背好，但是事倍功半。

语文教学与生活

顾：如果读书只是生吞活剥，没有真正理解书中的意思，也不能同自己的实际结合起来。古人所谓"冬烘先生""两脚书橱""书呆子"，大概指的就是这种情况。语文教学当然要"活"，但具体怎么个"活"法呢？

刘：就是把语文的学习，把识字、写字、说话、读书、作文的训练跟生活结合起来，否则就没法儿"活"，也"活"不了。如何跟生活结合呢？这个过去我讲了很多例子，比如说，班级是第一个生活圈子，学校是第二个生活圈子，家庭是第三个生活圈子，社会是第四个生活圈子。要把语文学习跟这几个生活圈子贯通起来，要利用各种机会让学生把语文学习与生活结合起来。在这个方面，河北邢台八中已故的语文老师张孝纯先生，也是我的好朋友，主张"大语文"教学。在各种语文教学的改革试验中，我最看重这一项，可惜后来没有得到太多的发展。它的基本理念就是语文的学习跟生活相结合。

顾：现在语文教育界基本认同了您的观点，语文教学同生活相结合；语文教学既要"实"，又要"活"。"实"和"活"之间到底是什么关系呢？

刘：多年来，语文教学有些"老大难"问题困扰着我们，主要是"少、慢、差、费"。研究者从多种角度试图有所突破。我提出"实"和"活"，就是想使我们的语文教学既扎扎实实又生动活泼，提高语文教学的质量和效率。如何才能做到"实"和"活"呢？教法自然需要改革，但关键所在是教学与生活相结合。这确实是我对语文教学改革多年思考中的一项主要收获。

顾：现在我们大家都很清楚，语文教学必须与生活相结合。您这个观点，我想应该跟张孝纯老师的"大语文"有着直接关系。

刘：其实，苦闷和困惑一直纠缠着我。认识到语文教学必须与生活相结合，也只是像陶渊明所说的"山有小口，仿佛若有光"。我确信向这光明走去，必然有"良田、美池、桑竹之属"。主张"结合"，也并非我的首创。邢台八中张孝纯老师倡导"大语文"教学在先，我一接触，眼前即为之一亮。张老师早已作古了，但愿这位有真知灼见又很有才华的老友安息。

顾：语文来源于生活，又服务于生活。上海《语文学习》杂志有一期的封面上有一句话："语文学习的外延与生活的外延相等。"据说是美国教育家科勒斯涅克的名言。我想，您提出的语文教学与生活相结合的观点也是基于这一点。

刘：其实，"结合"并没有什么深奥的理论，主要是个教学实践问题。语言文字脱离了生活内容，就成了毫无意义的碎片。可以说，语文因生活的需要而得到运用，生活是语文运用不可或缺的材料。学习语文必须要符合这个道理。古人说："读万卷书，行万里路。"为什么要行万里路？就是要与生活相结合。"读书破万卷，下笔如有神"。杜甫只说了一方面的道理，他之所以成为诗圣，是由于他有超凡入圣的诗艺，炽热的爱国心，还有就是他那饱经战乱、流离失所的生活体验，后者是绝不可缺的。

顾：您这种观点与中外教育家的相关论述有异曲同工之妙。比如叶圣陶先生就说过："天地阅览室，万物皆书卷。"吕叔湘先生也说："语文课跟别的课有点不同，学生随时随地都有学语文的机会。逛马路，马路旁边有广告牌；买东西，附带有说明书。到处可以学习语文。"

刘：由于工作关系，我经常到基层学校调研走访，对语文教学"少、慢、差、费"的现状有着深切的了解。第一，脱离学生的思想和生活，把语文课变成了纯技术的训练；第二，教学程式化、刻板化，枯燥乏味；第三，题海战术，学生苦不堪言。在语文教学中，最欠缺的是生活的活力，要注入源头活水，增添活力。把语文学习看成孤立的纯技术训练是诸多弊端的导因。因此要大力提倡语文教学与生活相联系。

顾：您在《我的语文工具观》中曾谈道："语文教学联系思想和生活，应成为全部语文教学的指导思想之一，要据以改革整个的教学结构。"您的这一思想，直接影响了语文教材的编写。

刘：在我看来，语文教学主要有三项内容：一是语文基本功的培养，二是思想道德的培养，三是生活的参与。但人们常常关注前两条而忽视第三条。生活的参与，包括学生自身的生活、青少年群体的生活、家庭生活、校园生活和社会生活等，内容十分广泛。人教社九年义务教育初中语文课本，就是以语文与生活的联系为线索设计的。如第一阶段（第一册）：使学生认识语文的运用与生活的关系，培养观察、分析生活的能力，培养一般的吸收和表达能力。课文按照反映的生活内容，分类组织单元。课文也是按家庭生活、学校生活、自然生活等编排的。

顾：您在很多文章中，都提到"第二课堂"。其实，"第二课堂"就是所谓"大语文"教育，也体现了语文教学与生活的联系。

刘：近二三十年来，语文教学的改革红红火火，取得巨大成绩，是新中国成立以来最好的一段风景，但研究的重点主要还是在课堂教学。其实，在课堂外面，还有一个广阔的教学天地，有人称之为"第二课堂"，意在引起重视。这"第二课堂"，可以分为几个层次：1. 家庭；2. 校园；3. 身边的体会；4. 所在地区；5. 新闻传递的国内外大事。只要我们的教学目光看到这一广大领域，就会发现，其中有许多足资教学利用的宝贵资源。其中不仅有"第一课堂"不能代替的教学效果，还会发现有许多机缘，可以使两个课堂有机地联通起来，组成一个和谐的整体。

顾：可不可以这样理解："第一课堂"是根据地，是主渠道；"第二课堂"是辅助，但也绝不可忽视。语文教学中许多问题得不到解决，与没有充分发挥"第二课堂"的作用有关，"第二课堂"的作用不可替代。

刘：语文课的主要学习材料是教材，其中的内容是按教学要求精选的文质兼美的范文，是古今中外文苑的英华。毫无疑问，学生在教师指导下，认真学习这一大批范文，是必要的和主要的。从生活的角度来看，这些文章记载的都是古人、今人的所历、所见、所闻、所感、所思，但是对于学生来说，还只是间接的生活，不是直接的生活，是书本上的，不是生活中鲜活的东西。用为典范，学习借鉴，课本上的文章是万不可缺的。但是，言之有物，它却不是学生的"物"；以米为炊，这不是学生的"米"。"第二课堂"所展示的生活，却是学生亲身经历的、最新鲜活跃的、最贴心贴肉的，最能调动学生的思想感情，最能使他们或哭或笑的。学习语言表达，这里有学生最感兴趣的"物"，有他们最爱吃的"米"。教师的责任是启发、引导学生，找到他们自己的"宝贝"，进而学会自己"寻宝"。

顾：开拓和利用"第二课堂"，其实就是强调课内外结合，学生要有课外阅读，老师要引导、鼓励学生多读书。

刘：教学与生活相结合，涉及许多问题，开拓和利用"第二课堂"是关键，抓住这个"牛鼻子"至关重要。

顾：阅读既是语文学习的基础，也是学生开阔知识视野、丰富学识、增长见识、形成见解思想的必由之路。

刘：语文课的主要教材是若干篇范文，每学期二三十篇。就课堂教学来说，分量已经够多了。然而，就学生学习的需要来说，又太少了。学习有质和量两方面的要求，阅读应该有一定的量，单纯地否定"多读多写"，失之偏颇。如果有了"第二课堂"的辅助和补充，这个问题就可迎刃而解。

阅读可分两部分，一部分是讲读，即"第一课堂"规定的范文。新课改似乎不鼓励老师多讲，其实也不能一味否定教师的讲解。为了加深和提高学生对课文的理解，教师的讲解是很有必要的。高明的讲解，可以引起学生的兴趣和思考，可以同学生的切身生活适当联系起来。讲什么，怎样讲，这里面的学问非常大。

另一部分是安排在"第二课堂"的自读。要求学生每个学期自读一两本书。读什么？学生可以在教师引导下，自行选择他们所爱，但也不能信马由缰，要让他们写读书笔记，联系自己的生活，写自己的感受。

结合自读，可以开展多种活动，如介绍所读内容，朗读精彩片段，讲述心得和探讨疑义等，随机而定。还可将读书所得与同学交流和分享。

选择读物，一般来说，要符合学生的接受能力，但我以为不要完全排除学生一时还弄不懂的东西。不懂则有疑，留待以后解决。读一本书，如果能找出若干疑问，是好事，就疑点研究下去，也是好事。一时不能解决，留待以后解疑，更是好事。

顾：除了阅读要课内外结合，写作也应该课内外结合。我们编写作教材时，总是要想方设法给学生多提供一些练习的机会，但在实际教学时，老师们又感到完不成任务，这个矛盾困扰着很多老师。

刘：一学期作文不足十次，学生已经感到负担沉重。而从写作训练的需要来看又很不够。何况对于作文，许多学生感到无话可说，没兴趣。这是个长期未得到解决的问题，而今也许好多了吧？如果我们把作文延伸到"第二课堂"，窘境就会有很大改善。首先是练笔的机会大大增加，要求学生写日记，天天要写，长短不限，写几个字也可以。（学生的日记，教师应得到学生的同意才可以看）再就是要求学生写"课外练笔"，随时写下自己在生活中的所历、所见、所闻、所感、所思。有话则长，无话则短。要求学生一周至少写一两篇。这两项如果能认真做起来，会大大增进他们的学习兴趣和表达能力。我曾见过许多学生的读书笔记本和课外练笔的本子，都书写得十分工整，有的还自画插图，自己取了个动人的书名，并设计精美的封面。由此看出，这种结合自身生活的作文与课堂上规定的作文很不相同。它不是为了按照教师的要求去完成任务，而是由自己决定写或不写，写什么、怎么写。写的是自己想要说的话，写的都是实话、真心话。写这样的作文，学生就会感到有话可说，而且写作兴趣与日俱增。

顾：在"第二课堂"的广阔天地里，用于作文的"物"或"米"丰富多样。尤其是生活中突发的、牵动学生心弦的热点事件，更应该抓住不放。

刘：我在调研中见到的一些事例，至今记忆犹新。比如，某高中的一个学生忽然出走，出走前留下一封信，说他是为了独立体验一下社会生活而出行的。这件事一下子搅动了家长、老师和同学的心，形成一个大家共同关注的热点。大家不知道他走向何地，无法取得联系。过了十多天，老师收到这个学生寄来的信，说是钱花光了，要求借些钱寄给他，信上附有地址。读了信，全班同学都激动起来。老师说，寄钱的事由学校解决，同学们每人都要给他写封信，劝他及早回来。信怎么写，由学生自己决定。信件寄出不久，那个学生就平安回来了。老师将同学们写的信收集起来。这些信，内容丰富，感情真挚，每篇都应该给高分。这是多么牵动学生的情感、生动活泼的一次作文啊！

顾：猝然牵动人心的事情是可遇不可求的，固然要不失时机地抓住，相机引导。但可以预知的作文机会更多，更要有计划地安排。

刘：比如，说明一次化学实验，记叙一次体育比赛，提出美化校园环境的意见，介绍最心仪的老师或同学，都可以成为作文的素材。走出校门，机会更多。如本地区有历史遗迹、旅游景点、著名作家学者、英雄模范人物，都是足资作文训练的理想材料。有些国内外的大事，也是可以利用的，比如奥运会、纪念中国人民抗日战争暨世界反法西斯战争胜利 70周年、庆祝改革开放 40 周年、庆祝中华人民共和国成立 70 周年、纪念五四运动 100 周年等。

　　当然，这里谈"第二课堂"的问题，绝不是要忽视"第一课堂"。"第一课堂"是语文教学的根据地、主战场，而且完全可以与生活相结合，把两个课堂连贯起来。

顾：叶老认为，说，是用嘴巴写作；听，是用耳朵阅读。可见说和听，与写和读的关系十分密切。

刘：说和听如果能同写和读的训练结合起来进行，会收到相辅相成之效。在"第二课堂"里，有说和写训练的广阔天地和多种机会，问答、陈述、辩论乃至朗诵、复述等，不一而足。教师要善于抓住时机予以指导。其中演讲和辩论最应重视，也必须抓住生活中的热点问题开展活动。

顾：您曾多次到基层学校，调研一线的语文教学。在您看来，有哪些具体活动可以算作语文教学"第二课堂"的重要内容呢？

刘：大概有以下几项：一是办报，办全校性的报或班级性的报。二是办广播，在教师的指导下，由学生自主办理。编辑和记者的岗位得到的锻炼最多、最全面，应由学生轮流担任。办报和办广播，是对学生进行读、写、说、听的综合训练。课堂上的训练是被动的，而这里的训练是主动的。学生可以独立地选择和决定题材，自主命题，自己决定怎么写。课堂上的训练，目的是完成任务，还可以争取获好评，得高分。这里的训练则是为着应用，产生实际的效用。这一点十分重要，会引起学生的浓厚兴趣。还要注意将学生的语文应用延展到校门以外，延展到社会。三是教会学生使用图书馆，要让学生到图书馆借书阅读，给学生讲解图书馆的运用，要让他们了解图书的分类目录，知道遇到问题到哪里去查，还要安排学生担任课余图书馆管理员，学写新书介绍，等等，使学生初步晓得查阅资料的门路。当然，还可以举办其他的学生喜爱的活动。比如举办朗诵会、演讲会、辩论赛、戏剧表演、模拟法庭，开办班级公众号，等等，形式繁多，可以随机运用。

顾："第二课堂"的方式方法可谓丰富多样，而"互联网＋"时代，为学校开展"第二课堂"提供了更加便利的条件。两个课堂相配合，肯定能丰富学生的阅历，提高阅读、写作能力。可是这样做会不会加重学生的负担呢？

刘：事在人为。语文教学与生活相结合，是一种教学理念，是总的指导思想，并不是要求时时刻刻都要同生活相联系。同时，我讲的虽多，取用在你，自然要有个通盘规划，以不加重学生负担为度。必须指出，学习语文，是必须下苦功夫的。学习是苦和乐的统一。中学阶段与小学阶段不同，小学阶段可以多强调快乐。总之，语文教学与生活相结合，至少有两大好处：一是明显提高学生对学习语文的兴趣。兴趣对于学习语文乃至学习其他课程都是绝对必要的。二是明显提高学生学习语文的效率，"少、慢、差、费"的状况会有所改变。

　　顾：您曾到湖北宜昌考察课内外相衔接的改革试验，历时十多天，跑了十几所学校。

　　刘：当时是人教社中语室、全国中语会的同志和我一起去的，做了比较深入的调研，丰富了我的认识，坚定了我的信心。我以为，语文教学与生活相结合，不仅是教学方法的改革，它还是一种新的教学理念，是教学视野的延展，教学天地的扩大。在一定意义上，可以说是教学的现实主义设计，引进了一定的浪漫主义精神。

　　顾：您回来后还写了一份调查报告，得到教育主管部门领导的支持，影响很大。

　　刘：我到宜昌实地调查，发现了他们的办法，感觉非常有道理，很有前途，值得推广。他们把语文训练真的跟生活打通了，后来我给教育主管部门写了一个报告，有一位负责人批了，说这种经验很好，应该进一步研究。人教社得到批示，我就有理由了，就带着一些人到宜昌去，住了一段时间，了解到很多情况，确实好。比如说他们的小记者活动，一进学校就有学生来采访你，真像个小记者的样子，等你下午听完课离开学校之后，报道已经写出来了，是小记者写的采访录，这样是相当吸引人的。比如说他的校园里，学校的所在地，有很多可以写的东西。校园里就有很多，比如给这条路、这个花坛取名字，这也是很好的办法嘛！

读了一篇课文，叫《长江三日》，那么有一所学校就把它自己的所在地也写个三日，写自己的三日。比如说社会上经济发达了，企业就有很多广告需求，学校就可以跟企业联系，让学生给企业来写，这就涉及做的问题——要学生写广告词。后来，企业真从学生的作品中选了一个作为自己的广告词。还可以跟报刊编辑部联系，跟当地的作家协会联系，鼓励学生开展文学社团活动，给报刊投稿。

顾：其实一旦学生参与其中，特别是学生看到自己写的东西在报上登出来了，对他们肯定是个莫大的鼓励，学语文也就更有兴趣了。

刘：丹麦作家安徒生就是一个明显的例子。他本来很穷，也没有什么名望，后来他有一篇童话在报纸上发表了，他说"那可是对我很大的鼓励，看到我的文章变成铅字了"。如果学生对语文没有兴趣，就说明你没有教"活"。"活"了以后，学习兴趣就会油然而生。

顾：您那篇《展开两翼才能腾飞——宜昌市课内外衔接语文能力训练的状况和思考》的文章，就是根据在宜昌调研所得写的，提出课内和课外"两翼"互动的问题。

刘：那篇文章初步总结了他们的经验，也是我的语文教育论文中，自己觉得比较满意的一篇。我的意思是说，课堂教学是个基地，而且是个主要基地，决不能放松，但是还有另外"一翼"，就是社会生活实践、课外活动，张开两个翅膀，语文教学才能飞起来。我写了那么多篇语文教育论文，这篇我认为是最好的。但是后来教育部领导换了人，出版社也没有继续抓这个事，我精力也不行了，就让宜昌自己搞了。没有后续的支持跟鼓励，很可惜。后来中央教育科学研究所吕敬先先生告诉我，在他指导的小学语文教学改革的实验基地上，引进了宜昌的经验，取得了十分可喜的成绩。他给我写信说："真是好，学生兴趣大大提高，而且成绩也显著上升，你是不是来看看呢？"我那个时候已经从工作岗位退下来几年了，也脱离了语文教学的事情，而且也慢慢老了，我知道，我就是去看了也没用，因为主流思想不是这个，没人重视课外这一"翼"，就这么放下来了。

顾：您的这一思想，其实也有着您自己的影子，可以看作是您学习语文的经验总结。

刘：我承认在语文教学这方面自己没有多少才能，因为我走了一条歪歪斜斜的道路。我不是受正规训练出来的，自己又没有这个才能，所谓"没有才能"，是没有研究才能，我的逻辑思维是比较差的，但是我就得到这么一点点，我不叫作理论，就叫作实际经验吧。实际经验从哪来呢？从我多年从事语文教学的研究和语文教材的编写中来。多年来我自己动笔杆子的经验加在一起，让我深知语文教学应该既要"实"又要"活"，而"活"的关键，就在于语文教学的各种训练跟学生的生活相结合。这个想法跟当前的主流思想似乎也不尽合拍，但是我要说，千万不可忽视识字、写字、说话、读书、作文的训练，千万不可以忽视这些。

文言文与白话文

顾：语文教材对文言文的处理，也一直存在争议。过去有一种观点认为，中学生白话文还没学好，还学什么文言文呢？所以语文教材一向是以白话文为主，文言文虽占一定比例，但比例并不大。

刘：我认为，多年来，我们对文言文教学重视不够，应当给予足够的重视，加大分值，提高质量。古汉语与现代汉语是继承与发展变化的关系，两者有亲密的血缘关系，不是互无关联的。再说我国几千年来，古汉语占有书面语言的绝对优势，只是五四运动以后才有所改变，古汉语与现代汉语，从来没有彻底分家，而是你中有我、我中有你。

学习一些古代汉语，非但不会阻碍学习现代汉语，反而是必不可少的，可以丰富词汇，活跃语言的运用方式，可以使语言简单而富于表现力。而且运用现代汉语，适当引用古语（名言、警句、成语、诗句等）可以增加文章的华彩，更能打动读者。

我国几千年的文献资料，绝大多数是用文言记录下来的，拍案叫绝的文学作品（包括艺术性很强的论文）也大都是用文言文或接近文言的古白话写的。学习文言文，如同交给学生一把打开我国历史宝库的金钥匙。不学，学生的语言发展和文化视野所及是很有限的。自然，中学阶段只是打基础，但有没有这个基础大不一样。

顾：在您看来，文言文教学在中学语文教学中应占什么位置？学习文言文是有益还是有碍于学习现代语文呢？

刘：我曾看到过一位中央领导写给教育主管部门的建议，说中学语文课本读一二百篇文言文就够了，其他可以不要。因为这是一个很不寻常的建议，所以我一直铭记在心。他这个建议并不是说别的就不读了，我觉得他这个建议是对的。人们一般认为，学白话文跟文言文，当然是以白话文为主，文言文占一定比例，但比例不应大，原因就是白话文还没有学好，学什么文言文呢？

经过这么多年的观察思考和教材编审实践，我认为，中学生多读一些文言文，多读一些古书，对他们发展白话文读写能力大有好处。相反，如果天天读白话文，他笔下就不免有些枯竭。学生读白话文的机会太多了，各门课都是白话文，社会上各种报纸杂志乃至于各种书籍，绝大部分都是白话文，但是学习文言文的机会就很少。我们常常可以看到，文言文读得多的学生，他的语言运用能力一定比较强。我甚至主张中学应当设一门课，叫作"国学读本"，选取先秦的散文、唐宋的诗词，每周上一课，这一堂课放在语文课里头也可以。总之，就是希望学生能够多学点文言文。

顾： 现在中央提出完善中华优秀传统文化教育，而且要创造性转化，创新性发展，更需要学习文言文了。只是文言文虽然也能联系学生生活，但毕竟不像白话文那么密切。

刘： 文言文的作用主要在于拓宽学生的生活视野，让学生认识古代的生活。选入课本的都是范文，不但文章写得好，而且作者多是著名的历史人物，他们的生活和精神对学生具有巨大教育意义。比如，汉代文章的第一大家是司马迁，他的身体受到摧残，这是他人生中莫大的屈辱，但他都隐忍了，如牛马一般偷生，为的是一件大事：继承乃父之事业，写成一部从远古到汉朝的纪传体史书，"通古今之变，成一家之言"。这件事，今天看来已属不易，在当时的条件下，以他的处境，是多么艰难啊，写这么一部卷帙浩繁的巨著，单是使用的简牍，怕是真要汗牛充栋了。然而他吞下最大的悲愤，付出难以想象的艰辛，他做到了。他代表着中华民族反抗压迫、追求理想、百折不挠的民族精神。让学生读他的文章，了解他的为人，足以铸造他们的刚强如铁的灵魂。在几千年的历史中，这样的人物如高山一般峙立，构成我们民族的脊梁，可是时下"追星族"追的都是当红明星。这能怪学生吗？不，要怪只能怪教育，或者说只能怪我们这个社会。

顾： 现在报刊、网络上，经常出现一些港台过来的词语，在校园里很流行，对中学生影响很大。您又是怎么看待这种语言现象呢？

刘： 如果仔细推敲一下，你就会发现，这些语汇是文言词汇的一种变化发展，我们口头上的语汇太固定，不能变化，比如我们过去说"发扬"，本来很好，现在变成说"弘扬"，有了"弘扬"难道就可以把"发扬"废弃了吗？废了，就不用了，这是无知的表现。比如现在常常说的"说（shuì）服"①，这是从台湾、香港传过来的，其实这个词是很不合理的。在古代这个"说"字，有不同读法，读"shuì"，也读"shuō"，因为它是单音词，所以读音发生了变化，就更可以把词意表现得更清楚，"说（shuì）"就是说服别人，"说（shuō）"就是说话，变成双音词了，"说（shuì）"后面就不要再加"服"了，"说（shuì）"本身就是说服的意思，"说（shuō）服"不是更好吗？何况"说（shuì）"字本身有一个义项，就是劝说的意思，所以说口头上的"说（shuì）服"是重叠，并不合理。所以好像有很多词是从港澳台传过来的，我们自己不大会创造新词。

顾：语言的发展还有一个特点，就是也可以死而复生。不敢说有绝对死去的东西，因为不知道在什么发展阶段、在什么气候下它又复活了。比如"反馈"的"馈"字在口头上早就不用了，但是现在又活起来了。

刘：读文言文可以大大丰富白话的表达，读白话文你读就是了，你哪里都能读得到，课本上选的课文学生都懂，为什么还要分析呢？因为你不讲你就没得说了，所以学生对语文不大感兴趣。那时候我们做调查，学生说"老师讲的内容我们都懂"。就是这样，这个语文课不要过多考虑思想教育，第一位的还是应该掌握识字、写字、读书、作文这些东西。读古代的这些东西不见得对学生思想没有积极的影响，相反可以丰富他的思想，丰富他对事物的认识，让学生能够懂得古今的差别，能够正确地对待历史，等等。现在语文课要加强了，加强哪里呢，我就希望多读点文言。总之，怎么样对学生有利，就该怎么做。学生可不可以写文言文呢，其实，写一点也没关系，不一定要去禁止，学生一写就会文白

---

① 刘国正先生此处表达的意思是社会上经常出现的一种说法，但《现代汉语词典》（第7版）中只收录"说（shuō）服"一词，没有说（shuì）服这个义项。——编者注

夹杂，文白夹杂是一个阶段，通过这个阶段，他就得心应手了，觉得文言文不是那么难的东西。

工具性与人文性

顾：语文教育界一直存在着"文道之争"。新课程标准（以下简称"新课标"）提出"工具性与人文性的统一，是语文课程的基本特点"，其实说的还是"文道之争"问题。

刘：语文教学领域的"文道之争"，其实，这个"文"的内容没有什么变化，"道"的内容变了好几次了，"以阶级斗争为纲"的时候是一个样子，后来又是一个样子，现在又是一个样子，总之称它为"道"。"文"是对学生掌握语文工具的一个训练，"道"是与语文工具相结合的，或是从那里生出来的非智力因素，不论怎么说，我就统而言之为"道"。过去在极左的时候，就是"以道为主"，以政治教育为主，说是政治教育搞好了，一个人的路线正确了，就有了一切，他的语文自然就好了，这样的说法肯定是不对的。现在又出现了一种新的说法，即否定训练，否定工具论，认为语文就是培养人的，把人培养好了，聪明了，他的语文水平自然也就提高了，这是一种变相的"以道为主"。我认为这是有害的，千万不能这样做，千万不要过分地夸大语文教学培养人的作用。

顾：但我们不能不承认，语文相对其他课程来说，在立德树人、培根铸魂方面具有独特的条件和优势，绝对应该重视。

刘：但是不能过分地夸大，认为只要把人培养好了，其他各种语文能力就提高了，不是那么回事。语文培养人的能力再大，它也不能独立完成一个人的培养，不能涵盖他的价值取向、生活道路、品德修养等。人的培养要依靠学校教育，其中语文教育当然很重要，还要依靠家庭教育、社会教育等，绝对不是个简单的问题。靠语文一个学科把这个任务承担起来，能承担得了吗？所以，只要把人培养好了，训练就可以不要了这种说法，跟过去说的"以道为主""政治挂帅"，虽然内容不一样，但是其有害程度是一样的。

顾：毛主席曾说过："语言这东西，不是随便可以学好的，非下苦功不可。"这是他的经验之谈。

刘：绝不是因为他是毛主席，我们才相信这句话的。毛主席的文章写得那么漂亮，诗词写得那么好，他是下过苦功夫的。有人讲快乐教学，学生可以不做多少训练就把语文学好了，小孩当然是很高兴的，你不叫他训练，他不是可以玩嘛。不行！"梅花香自苦寒来"，这也许是我的保守设想，但也是我真真切切的认识。

顾：语文的工具性，本来在20世纪60年代已经成为大家的共识，是我国语文教育界的传统看法，既是语文教学的基点，也是语文教学改革创新的根本点和出发点。如张志公先生1963年在《光明日报》发表的《说工具》，叶圣陶先生的《大力研究语文教学，尽快改进语文教学》，洪宗礼的《论语文是基础工具》等。您在不少文章中也都谈到语文的工具性。

刘：语文是人们在社会生活中最重要的交际工具，也是彼此之间交流思想感情、传情达意的工具。20世纪60年代，我国语文界曾有过"文道"关系之争，通过"反对把语文课上成政治课""不要把语文课上成文学课"等讨论，已明确语文是工具，语文课具有工具课的性质。1981年，我在《试谈中学语文教学改革的几个问题》中指出，"语文是发展学生知识和技能的工具，语文课有很强的工具性。还应该进一步指明，语文课不仅要使学生获得关于语言工具的知识，而且更重要的，要使学生获得掌握语言工具的能力"[①]。20 世纪 90 年代，我在《阅读教学管窥——学习叶圣陶语文教育思想一得》中说："回顾 1977 年以来，我们抛弃了以思想政治教育为纲的'左'的观念，鲜明地提出了语文教学的工具性，拨乱反正，是完全必要的，在教学改革的实践中起了积极的作用。但是，教学改革的深化，要求进一步论证语文作为一种工具的特殊性，以期进一步揭示语文教学工具性的深层的内涵。"[②]1996 年，我发表《我的语文工具观》，认为"十多年来，语文教学改革的一个重要理论收获是肯定了语文学科的工具性""语文学科的工具性，是由语言是一种工具来决定的"。具体表现为，语言是人类自身具有的工具，是适应全民使用的工具，是与生活密切相关的工具，是与人的思维和思想感情不可分割的工具，是技能性很强的工具。1998 年，我在《展开双翼才能腾飞——宜昌市课内外衔接语文能力训练的状况和思考》中说："粉碎'四人帮'后制定的新的大纲，恢复了语文课的工具性，起到了拨乱反正的作用。工具性的提出，规定了语文教学的性质，给了语文教学以正确的导向。"

顾：新课改以来，人们对语文的工具性有了新的看法，有的甚至大加挞伐，还有人说是叶老主张"工具论"。

刘："工具论"错了吗？我认为没有错，有人批判叶老，说是因为叶老主张"工具论"，咱们语文课才提出"工具"来的。我说这位先生一定要谦虚一点，叶老不是一个普通人可以理解的。他是个饱学之士，中外兼通，而且可以说是我们语文界在各方面都有很高造诣的人。叶老在他的著作里曾经提出过"工具"这样的字眼，但是在语文教材里提出"工具论"，绝不是因为叶老的关系。当时编语文教学大纲，提出"工具"，

① 刘征：《刘征文集·第一卷：语文教育论著》，人民教育出版社，2000，第 82 页。
② 同上书，第 282 页。

叶老已经不能决定什么事情了。

顾：实际上，把"工具论"作为语文教育指导思想的，是中央高层，是中宣部的领导，并不是语文教材编者。

刘：我们当时编语文教材，到中宣部请示时，一位领导说："语文就是一种工具嘛，你们能不能不讲政治？"这样的话在当时应该是起到正面作用的。语文课怎么不是一种工具呢？它是一种手段，是人自己创造出来的一种非物质手段。借助这个手段，人才逐步地向更高的进化阶段走去，才产生很高的智能。它是一种手段，就是一种工具，为什么不能提工具呢？

顾：有一种很奇怪的说法，说"如果提工具的话，就是把学生变成工具了"。

刘：我有两个不理解的地方，第一个是，怎么叫"掌握语文工具，学生本身就变成工具了"呢？怪事啊！比如一个人掌握了开汽车这样一种技能，掌握了汽车这样一种工具，他自己就会变成汽车吗？这完全讲不通呀！事实上，社会上各种人都要掌握一种工具、一种技能，要不然他就无法生存。人之所以能称之为人，一个重要的条件就是他能掌握工具。再一个就是工具有什么不好呢？不要怕工具，工具是人类进步的重要手段，是一种决定性的东西。这是我的"谬论"，不见得是有用的，我就是这样的看法。语文教学这一条线，我尽心竭力地做了，做得不算好，成绩也不算大，总之我是尽力了。我这大半生的工作经历，几十年的光景，我只能说是尽了我的力量。只是我的才能有限，成绩不算大。现在语文课本的编写大大发展了，全国中语会的工作也大大发展了，特别是我很高兴见到许多年轻人的加入。咱们的语文教育事业随着国运强盛，成绩很大，前途也非常广阔。

顾：关于语文工具性与人文性的关系，您曾引用过古代寓言中一个庸医的笑话予以阐述。

刘： 那虽然是个笑话，却有非常深刻的寓意。它生动地阐明了语文学科的本质，就是工具性与人文性是水乳交融的关系。如果一个语文老师只注重传授字、词、句、语法、修辞、逻辑、作文这些基础知识，而不关注学生的情感陶冶、思想磨砺、道德提升等人文素养，那么他与那个治标不治本的庸医就没有区别，就是一个误人子弟的语文庸师。

引领语文教改方向

顾： 作为我国语文教材的设计者、改革者，全国中语会理事长，您一直在引领我国语文教改方向。每逢语文教育遇到重大的理论和实践问题，老师们感到困惑时，您都能挺身而出，及时校正语文教改方向。

刘： 引领方向倒也说不上，我只是做了一些自己应该做的事情。一方面，我要主持编写语文教材；另一方面，我是全国中语会理事长。这两方面都是我的本职工作，职责所系，必须有所担当，当然有时也不得不发声。

顾： 新课改以来，对于如何对待我国语文教育的优良传统，人们曾有过不同的看法。在您看来，语文教育应该如何对待我们的传统，如何在继承中求发展？

刘： 我国语文教育具有悠久历史和优良传统。但正如对待中华传统文化一样，既不能以现代化的名义，一脚踢开，彻底否定，也不能像有些人所热衷的"国学热""民国热"那样，凡古必崇，全盘吸收，而应该采取鲁迅先生所提倡的"拿来主义"态度，分析、挑选、占有，为我所用。

我们要继承的，是中华传统文化中优秀的那一部分。作为以学习和传承中华民族文化为己任的语文教育，必须继承我国语文教育的优良传统，走有中国特色的改革之路。我国语文教育有悠久的优秀传统，但是也有弊端。语文教育要正确处理继承和发展的关系，在继承中求发展。我国语文教育的传统，从孔夫子到叶圣陶，历史悠久，博大精深，是一个内涵无比丰富的宝库。我们要尊重传统，科学地加以分析，吸取其中一切积极因素，作为发展当今语文教育的滋养。抛开传统，只能使自己贫困，带来灾难性后果。

顾：顾黄初先生认为您是继"三老"之后，亲自率领语文教育界同人，坚持"三老"指明的方向，努力探求改革创新之路的语文教材改革家和语文教育理论家。您在课改前的讲话，在今天仍具有现实指导意义。那么，我们该如何处理自立与引进的关系呢？

刘：首先是自立，神州大地是我们的立足点。我们有水平很高的语文教育家，有成效显著、风格各异的语文教改经验。我们是富有的，对于自己的东西要充分重视，助其发展和推广。同时，又要把中国语文教学放在世界这个大视野里来观察，不断更新教学观念。对于国际上任何先进的东西、新鲜的东西都要认真加以研究，其中适合我国国情与教情的都要拿来，使之融入自己的肌体。自我封闭只能导致僵化和落后。总之，不管是过去的还是今天的，不管是自己的还是他人的，只要是有益的，我们就要认真地吸取。

顾：您为《全国初中语文教学调查与分析》所作的序中，就曾谈到过继承与借鉴的关系。

刘：对于外来的东西要采取分析的态度。就语文教学来说，除了国情不同，还有语情不同；何况我们的语文教学同其他国家相比只是互有长短，并不是落后的。外来的只能借鉴，择其适合我们的国情和语情者而用之。中国语文教学的改革要立足于中国大地，主要靠以艰苦卓绝的精神总结我们自己的经验，包括现实的经验和传统的经验——我们传统的语文教学有精华也有糟粕，采取一笔抹杀的态度是不对的。

顾：新课标颁布以来，围绕着语文课程改革，语文教育工作者曾产生过种种困惑。过去老师们熟悉的一套教学理念和教学方法受到摒弃，代之以新的课程改革理念。到底如何看待"双基"教学？语文教学还要不要知识？

刘：语文课要分清"变"与"不变"。从改革的角度观察，语文教学包括两类因素，一是相对稳定、很少改变的因素，即语文教学的基本任务。要让学生正确理解和熟练运用祖国的语言文字，在阅读、说话、写作几方面达到合格的程度；同时，通过语文教学，充实和提高学生的精神世界以及文化素养。回顾新中国成立几十年来语文教育的历史，这个基本任务的表述虽时有不同，实质却无大的变化。远溯历史，基本任务这个概念虽然还没有被提出，但实质上也是存在的。语文教学还有另一类因素，一类相当活跃、时有变化乃至大的改革的因素，这就是语文教育的理论和理念、语文教学的设计和方法等。不变，形同一潭死水；变，才能发展和前进。变是为了让学生更有效、更便捷、更快乐地学习语文，更能增进聪明才智。语文课的基本任务仍然是教育学生理解、热爱和熟练运用祖国的语言文字，这个基本点历久常新，绝非陈旧，在理念、课程、教材、方法的革新中要牢牢把握这一点。

第五章　领导全国中语会

结缘全国中语会

全国中语会部分同事合影（中间为刘国正先生）

顾：全国中语会原来是"全国中学语文教学研究会"的简称，1979年12月25日在上海成立，后来并入中国教育学会，全称为"中国教育学会中学语文教学专业委员会"。全国中语会第一任会长是著名语言学家、语文教育家吕叔湘先生。您是怎么加入全国中语会的？

刘：我是1983年开始加入全国中语会的。不过在那之前，因为我主持人教社中学语文教材编写工作，就与全国中语会建立了很多联系，全国中语会组织的很多活动我都参加了。我 1983 年在全国中语会正式任职，那一年全国中语会在北京举行第三届年会，我做了发言。后来经过选举，我被选为全国中语会副理事长。1987 年全国中语会在广州举行第四届年会，我当选为理事长，直到 1999 年在天津召开第七届年会时，我才退下来，改任名誉理事长。我担任全国中语会理事长十多年，现在仍然是全国中语会顾问，全国中语会的许多重要活动我都尽可能参与。比如，在关键时候代表全国中语会发声，组织开展语文教育教学研究，倡导语文教师学习和运用"三老"的语文教学思想，为一线教师服务等，为全国中语会做一些事情。全国中语会成立 30 周年时，还给我颁发过一个"终身成就奖"。可以说，我一生都与全国中语会有缘。

顾：1981 年 4 月，杭州大学《语文战线》编辑部组织了一次"西湖笔会"，主题是探讨语文教学的现状和未来，这次笔会在我国新时期语文教育史上产生了很大影响。您参加了那次盛会，还写了诗。

刘：我当时正在杭州调研，《语文战线》编辑部主任张春林先生非常热情地邀请我参加，语文界很多朋友都到会了。我一听会议的名称叫"西湖笔会"，感觉这个名字本身就很有吸引力。那确实是语文界的一次盛会。我写过一首《祝西湖笔会》："柳浪桃霞含笑迎，西湖佳日集群英。纵谈沂水弦歌会，畅叙山阴觞咏情。文运方随国运盛，心花喜逐笔花生。洒来万顷春波绿，梁栋新材助长成。"我在发言时还特意提出，希望"西湖笔会"能成为一个经常性的聚会，为大幅度提高语文教学效率做出积极贡献。

顾：20 年后，举行第二届"西湖笔会"，您也写了一首《采桑子·第二届西湖笔会感赋》。

刘：词是这样的："春风又绿西湖柳，曲水流觞，前度刘郎，求索浑忘鬓似霜。 论文南北来佳士，指点激扬，云暖花香，梦到冲天一鹤翔。"并有"附记"："第一届西湖笔会，是 1981 年举行的，匆匆 20 年过去了。"

顾：吕叔湘先生在全国中语会成立大会上就曾说过，研究会就是要搞研究，如果不搞研究，还叫什么研究会呢？在吕先生的提议和您的主持下，人教社中语室于 1979 年冬派出两个调查组，分别到四川、福建进行中学毕业生语文水平和语文教学现状调查。

刘：按照吕先生的提议，本来是要全国中语会做这项工作的，那时我虽然还没有加入全国中语会，但我主持人教社中学语文教材编写工作。我们编语文教材，也需要了解"文革"以后一线语文教学的情况。因此，我们就把全国中语会的工作与人教社的工作结合起来，以人教社的名义派出了两个调查组。参加者有张定远、田小琳、周正逵、张永林、唐金科、姚富根、张厚感、顾振彪等。主要调查了高校、中专及社会各界对中学毕业生语文水平的反映和教学改革的状况，重点是考察中学毕业生语文水平的现状，以便给研究问题和编写教材提供一些依据。调查方式是召开座谈会和进行语文测试，共召开座谈会 50 多次，460 多人发表了意见，又在城乡几所中学进行了作文和语文基础知识测验。

顾：从调查结果来看，粉碎"四人帮"以后，中学语文教学拨乱反正，取得了显著的成绩，确实有许多学生的语文水平有较大提高，但也有不少学生的语文基本功太差，语文基础知识掌握的情况也不能令人满意。为此，您写文章对这次调查做了总结。

刘：调研组根据测验结果写了两份调查报告：一是《从三百篇作文看当前中学生的语文水平和存在问题》，作者是张定远、田小琳、周正逵、张永林、唐金科，二是《从三百份测验卷看当前中学生语文水平和存在问题》，作者是姚富根、张厚感、顾振彪。我那篇文章就是收在《刘征文集·第一卷：语文教育论著》中的《谈谈中学语文教学改革的几个问题》，既是对这次调研的总结，也是对中学语文课程教材教法等问题的系统梳理。我在文章中提出，语文课的基本任务是培养、提高学生的语文能力。提高学生语文能力的基本途径，就是在语文训练中提高语文能力。后来，我们把这两份调查报告加上张志公先生和我的文章，合编为《中学语文教学现状和设想》出版。吕叔湘先生在这本书的序中，肯定了这次调查所获得的成果，同时提出应进行范围更广、内容更详细、参与者更多的调查活动，以促进语文教学改革的发展。

顾：您在《语文教学在前进——全国中学语文教学研究会第三次年会论文集》的序中说："中学语文教学的研究和改革应该怎样进行？读了这些文章，在这个问题上我们受到很大启发，概括起来就是三个'实'字：从实际出发，实事求是，讲究实效。"[1] 那么，怎么进行语文基本功的训练呢？

刘：一是要"加强基本训练，必须要求学生下苦功掌握语言文字，硬是要练习，硬是要千锤百炼。要从难从严，半点儿也马虎不得"。二是要"把语文训练搞活，使它同学生的生活联系起来，同学生的思想联系起来，同发展学生的思维能力联系起来，同丰富学生的知识联系起来"[2]。这里，已经有了"实"和"活"的基本内容。我在《实和活——谈语文课的基本功训练》中说："怎样加强基本功的训练呢？我想在这里谈两个字，一是'实'，一是'活'。……语言的训练既要实，又要活。只有实没有活，运用语言的能力会偏于呆板；反过来说，只有活而没有实，活

---

[1]　刘国正、陈哲文主编《语文教学在前进——全国中学语文教学研究会第三次年会论文集》，人民教育出版社，1984。
[2]　刘征：《刘征文集·第一卷：语文教育论著》，人民教育出版社，2000，第74页。

就失掉了基础。"① 我在《说"活"》中认为,"这个'活'字很重要,也许可以说是搞好整个语文教学的一个关键"②。这就告诉我们,学习语文没有多少捷径可走,就是要花一点笨功夫。识字,字要一个一个地识,一个一个地写,词语要一个一个地积累,文章要一篇一篇地熟读背诵。这个功夫是省不得的。要指导学生扎扎实实地练好基本功,字、词、句、篇,听、说、读、写,样样都不能马虎。求"实"的同时,还要求"活",就是把语文的学习,识字、写字、说话、读书、作文的训练跟生活结合起来,否则就"活"不起来。要引导学生生动活泼地、主动地进行,不能搞机械的被动的训练。

组织开展语文教育研究

顾:您继任全国中语会理事长后,积极实践了吕叔湘先生的办会思想,倾注满腔热情,积极组织开展语文教育研究,主编了几套大型丛书,给我们留下了大量经典性成果。

刘:我在人教社主持中学语文教材编写工作,后来又担任副总编辑。参加全国中语会工作以后,就利用我在工作方面的优势,为全国中语会做了一些事情。主要有以下几项:

一是主编《我和语文教学》。该书于 1984 年由人民教育出版社出版,共收录于漪、叶圣陶、叶苍岑、江山野、吕叔湘、刘国盈、何以聪、辛安亭、

---

① 刘征:《刘征文集·第一卷:语文教育论著》,人民教育出版社,2000,第184—185页。
② 同上书,第299页。

张毕来、张传宗、张志公、张寿康、卢元、张孝纯、张隆华、陈哲文、时雁行、沈蓬仲、林炜彤、徐中玉、黄光硕、钱梦龙、程力夫、蒋仲仁、颜振遥等 32 位语文教育专家的论著和教学实录。

二是主编《中国近现代名家作文论》。这本书是文心出版社约我为他们编的，我请张定远、陶伯英、程汉杰、王文英等几位朋友一起整理编撰而成。我只是和他们讨论了体例和框架，确定选哪些人的著作，最后我写了篇序，具体编撰工作都是他们几位做的。该书共选录近现代 30 余位名家的作文论，约 80 万字，既有叶圣陶、夏丏尊等语文教育家的论述，也注意钩沉显晦，选录一线教师不易见到的资料。后来张定远等人在此基础上又续编了《中国现当代名家作文论》。

三是主编《叶圣陶教育文集》，这套书是 1994 年由人民教育出版社出版的。叶圣陶是我国当代卓越的文学家、教育家，在语文教育方面更是做出了杰出的贡献，被誉为"一代宗师"。为了庆祝叶圣陶一百周年诞辰，我主编了这套《叶圣陶教育文集》，编者为张定远、庄文中、顾振彪。文集共 5 卷，第 1 卷收录叶老关于教育的文学作品，第 2 卷收录他关于教育的论著，第 3 卷收录他关于语文教育的论著，第 4 卷、第 5 卷收录他编写的语文教材节录。

四是主编《中国语文教育丛书》。为了全面反映中国语文教育的过去、现在和未来，我与顾黄初、章熊共同主编了这套研究丛书，1994 年由四川教育出版社出版。这套丛书最大的特点就是纵横结合。纵向延伸的，有《中国古代语文教育史》《中国现代语文教育史》等；横向展开的，有《中国当代汉字认读与书写》《中国当代阅读理论和阅读教学》《中国当代听说理论和听说教学》《中国当代写作与阅读测试》等。

五是主编《中国著名特级教师教学思想录·中学语文卷》，1996 年由江苏教育出版社出版。这是一套全面、系统地总结新中国成立以来中学语文著名特级教师教学思想的大型丛书，收录于漪、宁鸿彬、朱泳燚、时雁行、张富、林炜彤、欧阳代娜、洪宗礼、钱梦龙、徐振维、顾德希、蔡澄清、魏书生共13位语文特级教师的作品，全面展示他们的教学思想、教学实践以及求学与治学、为人与育人等事迹。

顾： 即使在卸任全国中语会理事长以后，您仍然是全国中语会的学术顾问，热情支持全国中语会的工作。每当全国中语会有大型活动，编辑出版相关论著，需要请您支持或作序时，您总是当仁不让。

刘： 那当然，毕竟我还是全国中语会的老人嘛！比如，为了迎接新中国成立50周年，张鸿苓、陈金明、张定远、苏立康主编了一本《新中国中学语文教育大典》。这本书在2001年由语文出版社出版，全书共分四卷，第一卷《新中国中学语文教育五十年记事》由张鸿苓主编，第二卷《新中国中学语文教育研究资料精编》由陈金明主编，第三卷《新中国中学语文教材建设》由张定远主编，第四卷《新中国中学语文教学改革与实验》由苏立康主编，从不同侧面，全面展示了新中国中学语文教育演变的历史轨迹。我写了序，称赞这部大典"史料颇为详备""对研究当代语文教育史确是一部难得的好书"。

顾： 我们曾组织全国中语会同人到台湾考察交流国文教学，特意请您写了几幅书法作品，我拿到北京琉璃厂装裱成精美礼品，送给台湾语文同行，这些作品很受他们欢迎。

刘： 这也是我应该做的。有人喜欢我的字，我当然也很高兴。也谢谢你帮我买了几幅书法作品，有苏轼的，有黄庭坚的，虽然都是台北故宫博物院仿制的。

顾： 1997年秋，社会上曾有过一场大讨论。语文教育受到猛烈抨击，认为是"祸国殃民""误尽苍生"。您及时发表《提倡科学态度，反对危言耸听》一文以正视听，旗帜鲜明地揭示了语文教育界对这次讨论的基本立场。

刘： 我们欢迎报刊上对中小学语文教育的讨论，能够提出问题是重要的。当然也希望形成一次祥和、冷静的科学探讨，成为推动语文教育进一步改革的强劲力量。谈语文教育的问题，不意味着否定成绩。但是语文教育存在的问题也是严重的，如任其发展，可能导致改革的失败。我特别指出几点：第一，语文教育一向是个老大难的问题。徐特立同志曾说，语文教学的问题，近百年来未能很好地解决。叶圣陶同志也说，语文教育的问题半个世纪来未能很好地解决。由此可见它的复杂程度。因此在讨论中有必要提倡良好的学风，采取心平气和、互相尊重、实事求是的态度谈问题。挖苦讽刺或危言耸听，无助于问题的解决。我们编语文教材的历史很长，领导和参与选定那时的课文的专家大都已故去，其中有德高望重的语文教育家、文学家，有著名的散文家、现代文学史家、语言学家。考虑到这个因素，使用那种语言更显得不妥。第二，讨论所依据的事实要尽可能求得准确。多一点交流和对话，不准确之处会大大减少，这对讨论是有利的。我的那篇文章算是代表全国中语会发声，表明我们的立场。

顾： 1998 年，您在《展开双翼才能腾飞——宜昌市课内外衔接语文能力训练的状况和思考》一文中，总结了近 20 年来语文教育改革和建设取得的优异成绩，也有力驳斥了那次大讨论中对语文教育的不实之词。

刘： 我主要从以下几个方面总结了改革开放后语文教育取得的巨大成绩：一是制订了新的教学大纲；二是编写了新的教材；三是从全国到各地，成立了许多语文教学研究的群众性组织，出版了许多语文教育报刊；四是教学研究十分活跃；五是许多地方进行了语文教学改革的实验。对于大讨论中出现的一些错误言论，我也明确指出：个别人说我们"误尽苍生""祸国殃民"，以上事实，足以驳倒这种不负责任的谬论。对这种以偏概全、无限上纲的"大字报"式的语言，我们坚决予以反驳，不能接受。

有意义的论战

顾：您还曾写过一篇火药味十足的文章《"毫无自私自利之心"赞——与钱理群教授商榷》，是关于毛泽东的《纪念白求恩》这篇课文的。在当时的背景下，确实让语文界同人感到很解气。

刘：那篇文章主要是针对《审视中学语文教育——世纪末的尴尬》这本书的。书中有一篇代序，是对某大学中文系一位知名教授的访谈，其中提到"语文学界的人都是些迂腐的老朽"。因为我不但是"语文学界的人"，而且长期从事语文教材编写工作，当然就是他们所说的"迂腐的老朽"，所以我自然对这位教授的"高论"特别关注。《纪念白求恩》深入浅出，感人至深，曾长期选入中学语文课本。文中所称赞的"毫无自私自利之心"的精神，正是思想品德教育的重要内容，尤其是最后一段话，已成为广泛传颂的格言式的语句，使一代一代的革命者和建设者受到鼓舞。可是，就是这样一篇好课文，却受到这位教授的挞伐。

顾：您在文章最后，不仅论述了《纪念白求恩》在思想品德教育上的重要意义，而且还特意亮明观点，让人读来有振聋发聩之感。

刘：文中有这样两段："我们要高唱'毫无自私自利之心'赞，使之深入人心，在青年中乃至社会思想中成为一个宏大的强音，成为一道明亮的强光。……我们的青年一代要能够继前贤之踵武，挺得住，站得牢，不怕牺牲去争取胜利。如果不是这样，他们在逆境和险境面前竟然抱头闭目，大叫'可怕'，我们民族的希望何在？我们这些教育者将成为千古罪人！""如果我仍有机会为编选中学语文课本提供意见，我仍要极力推荐将《纪念白求恩》这篇'毛泽东人学思想的重要文献'选为课文，如果这就是'迂腐'，那么我将以'迂腐'为光荣。"

顾：中国语文报刊协会举行"21世纪中小学语文对话"座谈会，您以全国中语会理事长的身份参加了会议，不仅总结了这次语文教育大讨论的几个特点，也对这次大讨论寄予厚望。

刘：那次座谈会开得比较成功，我在发言中表明了我的观点。一是国运的日益昌盛，科技一日千里的发展，呼唤语文教育的深入改革。语文教育必须不断前进，以满足形势发展的需要。二是50年来，我们有教学改革的正反两方面的经验，近20年是改革的最佳时期，打开门户，融合中外，取得了丰富的成果，也提出了许多尚待解决的问题，其中有些问题是"老大难"或者"新大难"。成绩和问题都比较明朗，给大讨论提供了较好的基础。但是改革不是推翻此前的一切，而是要进行科学的分析，对20多年的教改进行反思，继续开拓向前，试图把前面的路修成高速公路。三是"双百"方针得到贯彻，有了学术讨论的自由的空气。我们有理由希望这次大讨论能够产生重大影响，引起语文教学的一次重大改革。从长远的观点看问题，当前出现的某些不协调的声音，不过是小小的插曲。

顾：1999年，针对社会上对语文教育的批评，人教社、课程教材研究所联合全国中语会、全国小语会，在全国范围内，向关心语文教育的专家学者、一线教师征稿，讨论语文教育教学问题，编辑出版了《问题与对策：中小学语文教育改革》，也是请您写的序。

刘：我在序中特别针对那次讨论说："我们曾经有过只许批判，不许答辩的时期，事实证明，那样做，不但不能明辨是非，而且造成一场灾难。我理解百家争鸣的灵魂是实事求是，以实事求是为基础，进行彼此尊重、有来有往的对话乃至争辩。在真理面前人人平等。所谓'大度'，只能理解为对人格的相互尊重，不应理解为对谬误的宽容。"

"神州大地是我们的立足点"

顾：2018年教师节，习近平总书记在全国教育大会上，总结中国教育新理念新思路时，提到九个"坚持"，其中就有"坚持扎根中国大地办教育"。我想起1999年您在全国中语会第七届年会讲话中特别提到"神州大地是我们的立足点"。当时新课改正强调"与国际接轨""学习芬兰经验"。可见您的观点具有超前性。

刘：我那次讲话有几个背景：第一，那届年会适逢全国中语会成立20周年，又恰逢世纪之交和新中国成立50周年，所以年会主题确定为"21世纪的语文教育"，我在想，语文教育如何"总结经验、反思问题、促进新发展"？第二，1997年社会上那次语文教育大讨论，其中很多观点都强调学习外国，新课标也强调"芬兰模式"，我认为是走偏了方向，必须引起注意。毕竟语文是我们的母语，不能完全照搬外国的经验。第三，那次年会要换届，也是我最后一次以全国中语会理事长的身份讲话。所以，我一方面充分肯定了全国中语会成立 20 年来为推进中学语文教学改革取得的成绩，另一方面为全国中语会未来的发展提出我的希望。你说的也是我们语文教育多年来积累的至关重要的两条经验。一是正确处理继承和创新的关系，在继承中求创新。二是正确处理自立与引起的关系。首先是自立，继承和发扬我国语文教育的优良传统。我们有水平很高、论著丰富的语文教育家，有成效显著、风格各异的语文教改经验，我们要充分重视，助其发展和推广。当然，我们也不能故步自封，对于国际上任何先进的东西、新鲜的东西都要认真加以研究，根据我们的国情、教情与语情，选择合适的拿来，为我所用。

顾：您是继吕叔湘先生之后全国中语会的第二位"掌门人"，您曾号召语文界学习"三老"的语文教育思想，我理解，就是希望继承语文教育优良传统。

刘：全国中语会应该是一个促进会，促进语文教学的发展。这就需要团结广大语文教师，充分发挥他们的积极性，彰显他们的长处，山不厌高，水不厌深。同时，也必须推出语文界学习的榜样。我就与全国中语会诸君合作，推出"三老"作为榜样。叶老是我非常敬重的带头人，是语文教学的一面旗帜；吕叔湘先生是全国中语会首任会长，是著名的语言学家，为中学语文教学解决了许多"老大难"问题；志公先生和吕先生一起解决并制订了中学语法教学体系，整合各家关于语法教学的不同理论，搞了一套大家都能接受的语法体系，而且至今仍在应用，这非常不容易。他们都是很有功的。我们旗帜鲜明地提出学习"三老"，并且印发了"三老"的文选，供大家学习。

顾：2003 年秋在武汉举行全国中语会第八届年会，当时新课改方兴未艾。面对新课改、新理念、新课标、新教材，很多老师产生了疑问：如何对待我们语文教学的传统？我代您宣读了您的书面发言《变与不变》，确实起到了举旗帜、明方向、正导向的作用，给大家留下了非常深刻的印象。

刘： 我虽然没能参加那次盛会，但我掩饰不住对中语会全体同人的关切和祝福。因为参会的有的是多年在一起摸爬滚打的老朋友，有的是风华正茂的新朋友，群贤毕至，少长咸集，是一次盛会。我的那篇讲话，是我当时思考的一个问题，就是面对新课改，我们必须明确，哪些东西是要变的，哪些东西是不宜变，也不能变的。比如，语文的基本任务就是相对稳定、很少改变的，即让学生掌握语文工具，正确理解和熟练运用祖国的语言文字，在阅读、写作、听说这几个方面达到合格的程度，当然同时也要丰富学生的精神世界，提高他们的文化素养。这个基本任务不能变，变了就不是语文了。至于语文教育的理论和理念、语文教学的设计和方法，则是可以也必须根据实际需要改变的。对当时正在推进的语文课程改革，我们中语会和广大语文教育工作者正以极大的热情和与时俱进的姿态积极参与。促进教学改革是全国中语会的一项重要任务，我希望中语会发挥自身优势，多研究一些问题，主动为决策提供参考，更积极地促进语文教学改革和推动语文教学研究，更积极地组织经验交流和增进同行间的友谊。

中学语文朋友圈

顾： 您在我们语文界有着广泛的人脉，与人教社、全国中语会和文学界许多同人都结下了很深厚的友谊，您与他们之间也发生过许多非常有趣的故事。

刘： 人教社、全国中语会的工作是我的本职工作，文学是我的个人爱好。我写过不少诗词散文，写这些同人朋友，记录与他们的深厚情谊。

顾： 叶圣陶先生是您非常敬重的老领导、老前辈。您有一首《圣陶翁屡以新著见赠，赋诗为谢》："廿年曾立程门雪，蠡测汪洋悔未深。晚岁不辞雕朽木，时颁大药补文心。"可见您对叶老的深厚感情。

刘： 叶圣陶先生是五四以来杰出的文学家、教育家和出版家，他的影响是巨大的、深远的，无愧于"一代宗师"的美誉。从 1932 年他编写的初级小学《开明国语课本》，到 1948 年的《文言读本》，这十几年间，叶老自编或参与编写了十几套国文教材。新中国成立后到"文革"前 17 年间，人教社出版的教材，绝大部分是经叶老亲自审阅和修改的，语文教材更是一字一句一个标点都凝结着叶老的心血。我对叶老是高山仰止，那首诗记录了我对叶老的感激之情。

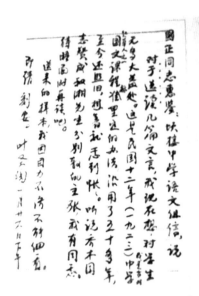

叶圣陶先生写给刘国正的信

顾： 您在很多文章中，都提到过叶老对您的教诲。

刘： 叶老道德文章堪称一代宗师，我受惠于叶老的教诲最多。不管是叶老修改的文章，还是叶老答复读者的来信，我都会细心琢磨修改的道理，也渐渐摸到遣词造句、谋篇布局的理脉。比如我写作有粗疏的毛病，叶老教我写完东西多看几遍再出手，至今我还保留着这个习惯。

顾：您的《叶圣陶先生和教材建设》，反映了您对叶老语文教材编辑思想的理解和认识。

刘：我在文中特别提到一件事。1962年，叶老根据当时语文教材编写的情况，给人教社语文编辑室写过一封长信。在这封信中，叶老全面、详细地记述了他对语文教材若干问题的见解，道出了他几十年的宝贵经验，直到今天，对语文教材的编写仍有重要的指导意义。

顾：您的《阅读教学管窥——学习叶圣陶先生语文教育思想一得》系统论述了叶老关于阅读教学的思想。

刘：那篇文章是我在工作中，一边研读叶老有关阅读教学的论著，一边学习阅读教学的改革经验，偶有所得，随手记下，后来整理而成的。文章包括阅读能力简析、培养阅读能力的起点和基点、启发学生阅读的内在动力等方面内容，反映了我对阅读教学的一些看法。阅读教学只是语文教学的一端，语文能力应包括读、写、听、说四个方面。但阅读不仅是个活跃的因素，而且对其他三种能力的养成起着先导的作用。阅读搞好了，可以把其他方面带动起来。

顾：《叶圣陶教育文集》第3卷收录了叶老给您的一封信，讨论郭沫若的《水调歌头》不宜选入语文教材的问题，也很有意思。

刘：叶老认为，课文的选取，"绝不宜问其文出自何人，流行何若，而唯以文质兼美为准"。1978年教育部召开全国统编教材会议，我正在主持中学语文新教材编写工作。有同志提出要把郭老的《水调歌头·粉碎"四人帮"》收进语文教材，但也有不同意见，我们就给叶老写了封信，你说的那封信，就是叶老给我的回信。在这封信里，叶老明确表示："我以为郭老的《水调歌头》不宜选用。粉碎'四人帮'是庄严的题目，此作却是随便凑合，不甚得体。不能因这首词在电台广播和集会歌唱的时候经常听见，不能因作者的名氏是人所共仰，就把它选在课本里。"叶老还具体分析了这首词的缺点，说"郭老这一首词，平仄不合词律的，有以下这些句子：'政治流氓文痞''狗头军师张''诡计狂''真是罪该万死''迫害红太阳''接班人是俊杰''功绩何辉煌'……课本里可能要选毛主席的《重上井冈山》，两首词一对比，声律显然不一样。学生糊涂了，老师难以解说了"。郭沫若的诗《天上的市街》，语文课本改为《天上的街市》，也是遵照叶老的指示，并且得到郭老同意的。

顾：吕叔湘先生在 20 世纪 50 年代汉语、文学分科教材时期，曾兼任人教社副总编辑，负责汉语教材的把关。1979 年全国中语会成立时，他是首任会长，也是您的前任。您与吕先生有过很多交往，想必也有不少故事吧？

刘：吕叔湘先生为人平易朴厚，有如蕴藏美玉的大璞。他的学识渊博，如兼纳百川的沧海。在中外语言学界，吕老是"治大国"的巨匠，但他也非常关心中小学语文教育。吕老曾领导人教社汉语教材的编写工作。即使后来他不任职了，仍然时时予以关注，而且还是我们中小学语文教材的顾问。1979 年，全国中语会成立，吕老任首任会长。后来，全国小学语文教学研究会成立，也请吕老担任首任会长。1994 年，适逢吕老九十华诞，全国中语会举行庆祝吕叔湘先生九十华诞暨吕叔湘语文教育思想研讨会。我写过一首诗："承教惭蠡测，先生问若何。璠玙含大璞，沧海纳秋河。日晚云霞丽，花萌雨露多。乔松知永茂，祝嘏共弦歌。"

顾：吴伯箫先生曾任人教社副总编辑，全国中语会成立，他又当选为首任副会长，还曾担任中国写作学会会长、《写作》主编。您曾为他写过《忆吴伯箫同志》《读吴伯箫〈北极星〉》等多篇文章。

刘：吴老既是当代散文大师，也是一位"老革命"，曾在延安担任陕甘宁边区文化协会秘书长、东北大学文学院副院长、东北教育学院副院长。1954 年春调到人教社，担任副社长兼副总编辑。吴老既是我的领导、同事，也是我的老朋友。他的名篇《记一辆纺车》《菜园小记》《歌声》《猎户》等，都是中学语文教材的保留篇目，亿万青少年为之感动。他的《灯笼》选入初中语文统编教材。

顾：您在《长流思远情——题吴伯箫同志手迹》中说，吴老曾为您写过一个条幅，写的是他自己的诗。

刘：他的书法很好，但很少为人写条幅，更少把自己的诗写成条幅赠给朋友。所以他赠给我的这个条幅真是算得上稀世之宝了，何况还是绝笔。条幅写于 1981 年春天，此后不久，他就病倒了。条幅写的是他 1980 年游西双版纳时所作的一首诗："银鬓采红豆，红豆坚且贞。又折叶子花，花香照眼明。健步罗梭桥，桥下水清清。将花浮浪去，长流思远情。"1982 年 8 月，我在庐山游览，听到吴老逝世的噩耗，痛哭失声，写了一首诗："渐老方惊哭友多，哭公今又泪滂沱。难忘青岛扶初泳，忍忆红山共夜歌！雪压青松知健劲，笔干星斗仰巍峨。青衿堪慰八千万，岁岁深情诵《纺车》。"诗中第三句是追忆他在青岛教我游泳的事，第四句写我们在"五七干校"八间房宿舍唱歌的事。

顾：吴老的散文集《北极星》出版后，他就题字送您一本，扉页上盖着一方阴文"山屋"二字的印章。

刘：那枚印章就是我给他刻的。他早年在青岛的寓舍靠山，故名"山屋"。他本来是开创新中国语文教育的老一辈功臣之一，但因非议《文学》《汉语》教材停用受过批判，因非议"大跃进"弄虚作假受过批判，还曾因非议"文革"中的"教育革命"受过批判。现在来看，他的见解多么正确、多么可贵啊！尤其可贵的是他的硬气。他去世后，骨灰撒在泰山。所以我在《读吴伯箫〈北极星〉》中写道："岱岳山头松柏声，山东汉子骨铮铮。印章犹记刊'山屋'，一卷萧条《北极星》。"1984 年冬天，我登泰山，口占一首七绝："松柏昂藏七尺身，冰泉幽咽想清吟。访君莫道不相见，万壑千崖都是君。"

顾：您与张志公先生共事 40 年，全国中语会第三届和第四届年会的论文集也是您二位共同主编的。您写过一篇《博采兼中外　精研析古今——张志公先生的现代化和民族化相结合的语文教育观》。

刘：你说的写志公先生那篇文章是和庄文中同志共同写的。志公先生是语言学家，也是语文教育家。他是 1955 年从中国青年出版社调到人教社的，任汉语编辑室主任，后改任外语编辑室主任。所以，他能够执着献身汉语、英语教学，融会中外，相得益彰。他精研古今汉语文教育，贯通古今，成效卓著。

顾：志公先生去世后，您写了《哭送志公同志》的挽诗。

刘：诗是这样写的："送君挥泪忆前尘，共事编修四十春。如切如磋师亦友，研说研写语兼文。一窗风雨寒山烛，四野蒿莱古驿村。老眼看花才几日？怅将佳酿酹停云！"诗中的"山"就是指北京的景山，人教社所在地。"古驿"，指安徽省凤阳县黄泥铺，是明代的古驿，张公与我在干校七连所在地。

顾：张中行先生是人教社中学语文编辑室的老前辈，也是杨沫《青春之歌》中余永泽的原型，与周作人交往甚密。《宋云彬日记》1951 年 2 月 1 日记载："语文组新来一同事张中行，北方人，向在贝满中学教国文。"当年我要到人教社工作时，导师刘坚先生还给我讲起张先生的逸闻趣事。您与张中行先生同事多年，行公 90 岁时，您曾赋诗为他祝寿。

刘：正是你说的这一原因，在那个特殊的时代，行公成为人教社的"老运动员"。他同我一道从事语文课本的编辑工作30多年，长我近20岁，但我们之间关系很好，可谓忘年之交。他学识渊博，融贯经史百家之言，历览古今中外之书。文得力于庄子，诗似李商隐，对金石书画也颇有研究，是真正的杂家。用"啖蔗后甘"来比喻他的老年处境是再合适不过的了。他跟语文打了半个多世纪的交道，体验到其中的甘苦，他把自己的心得写成一本《作文杂谈》，是我给他写的序。我收藏砚台，也经常向他请教。我早年曾为行公刻过一枚章，名曰"坐忘楼"，收入日本《私人爱用爱藏章》。行公90岁时，仍然神清骨健，我写了一首《寿张中行先生》诗为他祝寿。诗曰："公有书楼名坐忘，我为骚客尚行吟。庄生未许知山木，读破人间八百春。"

顾：您与顾黄初先生有很深的友谊，2000年5月，他曾写《在继承中求创新——学习刘国正语文教育思想一得》，说您是"继叶圣陶、吕叔湘、张志公三位前辈之后，新的一代旗帜性人物"。您也曾写诗称赞过他。

刘：我和黄初先生一起共事多年，他是我的老朋友。我们曾共同受聘为教育部中学语文教材审查委员，多次在一起审查语文教学大纲和教材。20世纪90年代，我曾约他、章熊一起，为四川教育出版社主编"中国语文教育"丛书，彼此结下很深的友谊。他是全国人大代表，每年都要来北京参加"两会"，那几年我们经常见面。我写过一首《赠顾黄初同志》，诗是这样写的："厚德遵师范，高标仰学林。蜂工方博采，矿探喻精深。湖瘦琼花雨，秋高燕岭云。不孤欣吾道，千里有知音。"

顾：于漪老师是全国中语会首届副会长，2018年是我国改革开放40

周年，于漪老师入选 100 位"改革先锋"名单，是教育界的唯一代表。2019 年 9 月，被授予"人民教育家"国家荣誉称号，也是全国 1600 多万中小学教师中唯一获此殊荣的人。您和于漪老师都是语文教材审查委员，又在全国中语会共事过。

刘：于漪同志是全国语文界的一面旗帜。1978 年 1 月，在纪念敬爱的周总理逝世两周年的日子里，于漪教了《周总理，你在哪里？》。她充分运用语文教学艺术，又一次唤起同学们对周总理的怀念之情。她炽热的感情，火样的诗句，像丁尺洞箫，激起了同学们强烈的共鸣，教室里一片悲痛的哭声。我当时很受感动，写了一篇《于漪同志教〈周总理，你在哪里？〉》。后来这篇文章作为我写的《她博得亿万青少年的爱——谈选入中学语文教材的柯岩的几篇作品》的附录。

顾：20 世纪 80 年代初，我在河南老家商水县高中当语文教师时，使用的第一本教辅图书就是于漪、陶本一主编的《中学语文备课手册》，我记得就是您写的序。

刘：那套备课手册的编写目的，就是要帮助教师理解和把握教材，开拓备课思路，从而能设计出较为理想的教学方案，是一套很有用的书，为广大教师钻研和使用通用的中学语文教材提供了方便。

顾：20 世纪 90 年代，人教社中语室在上海举行"两省一市高中语文教材研讨会"。您和李阿龄老师都参加了。记得我们一出虹桥机场，就看见于漪老师来接机，这让我们非常感动。会议期间，我还陪您和李老师去于老师府上看望她，可见你们之间的深厚情谊。

刘：于漪老师与我，既是全国中语会的同事，又一起担任教育部中学语文教材审查委员。其实，她加入全国中语会比我还早。1979 年全国中语会成立时，她就是副会长，而且是一线教师的唯一代表，是一位非常优秀的语文名师。

顾：2008 年 11 月，全国中语会在杭州举行第九届年会。会议期间，我曾陪您和李阿龄老师、张定远老师去看望浙江省语文教育界前辈吕正之、林炜彤、张传宗等先生。

刘：他们几位都是浙江语文教育界的前辈，也是我的老朋友。我们到杭州，理当去看望他们。在吕先生家，我们为他去世不久的夫人致祭。林炜彤先生向我们赠送了他的著作。张传宗先生正在住院，没能见到。中午，你请我们在西湖边的楼外楼吃饭，饭后荡舟湖上，给我留下了非常美好的回忆。

顾：2010 年 4 月，在庆祝全国中语会成立 30 周年纪念会上，曾现场朗诵您写给王士堪先生的一首《金缕曲》，感人至深，让与会同人见证了你们之间的深厚友谊。

刘：词前有序云："王君世堪，曾任广西教育学院院长。侠骨热肠，笃于交游。数十年致力于语文教育研究，造诣甚深。时有创见，令人耳目一新。与余持论相契。来往不多而心中常有，君子之交淡如水而醇于酒也。去年春，君许诺赠我手杖。及冬，君竟溘然辞世，教坛同悲。病危之际，君嘱家人必以杖致我，以践前诺。今年春，君之公子飞峙，送杖来。杖有二，一龙头杖，一德国造登山杖，均极精佳。呜呼，王君！欲说声谢，而君不闻矣。此情此谊，又岂是一个"谢"字了得！"词是这样写的：

千里传一杖。问何曾，高山流水，于今绝响。永诀长离生死际，一诺千金不忘。犹念我步多踉跄。世路崎岖人老矣，陟龙蛇虎豹需依傍。杖在手，泪盈眶。柳风花影西湖上。向杯边，说文谈语，气豪神旺。联步高歌曾有约，北海银滩碧浪。竟渺渺孤云浩荡。筇竹无声泣风雨，有袈裟谐句谁同赏？歌金缕，默惆怅。

2010 年 3 月

"到处逢人说项斯"

顾：全国中语会是全国中学语文教学研究的群众性学术团体，为一线教师服务是全国中语会的重要工作内容，包括为一线教师提供交流平台，发现青年才俊，推介优秀教师的教学经验，扩大语文名师影响等。正所谓"平生不解藏人善，到处逢人说项斯"，您在全国中语会工作期间留下了许多佳话。

刘：这说不上是什么佳话。作为全国中语会的理事长，这都是我分内之事，是应该做的。在我们语文界，活跃着一大批语文名师，他们有着丰富的教学经验，又总结出富于创新精神的理论。他们继承发扬"三老"的教学理论，是语文教坛的"顶梁柱"。他们的经验广为流传，对语文教学的改革起了关键性作用，如于漪、钱梦龙、章熊、欧阳代娜、蔡澄清、张富、洪宗礼等，不下数十位。我倒是借助全国中语会这个平台结识了很多一线语文名师，彼此成了很好的朋友。

顾：在我的印象中，您对钱梦龙、张孝纯、李培永、赵谦翔等语文名师的推介最为不遗余力，逢人说项；对湖北宜昌的"课内外衔接实验"，您也是充分肯定，热情支持，大力褒扬。

刘：我和钱梦龙同志相识，是1980年11月8日在北京香山召开的"第二次中学语文教材改革座谈会"上，当时他给我的印象——这是一位很好的语文老师。再次见面，是在 1981 年杭州大学《语文战线》举办的西湖笔会上，请他上"尝试课"《愚公移山》，更加深了我对他的"好老师"的印象。我听课的时候，情不自禁地就进入了"角色"，同学生一起时而深思，时而大笑，忘记了自己是听课者，其他听课的老师也有类似的感受。1982 年他的《语文讲读课基本式浅探》结集印行，我还为他写了"卷头缀语"。梦龙先生的语文教学至少有两个特点，一个是"实"，一个是"活"。

顾：钱梦龙先生只有初中学历，自称是"混进中学语文教师队伍"的，是一位自学成才的代表。但他才华横溢，不仅语文课教得好，而且工诗词，书法也很好。你们常有诗词唱和。

刘：正因为我们彼此情趣相投，才成了好朋友。梦龙先生也是教育部聘请的中学语文教材审查委员，我们在一起共事多年，他是享誉全国的语文名师。《刘征文集·第一卷：语文教育论著》有一篇《论教书简》，就是我们之间的通信。我在信中说："语文教育界对语文教学的规律已有所探知，并非仍是一团糨糊。凭借已知，已可以使教学日跻佳境。规律在哪里？含蕴在历代语文教育大家，特别是当代"三老"的著述里；体现在当代名师，特别是其中少数佼佼者的教学经验里，老兄就是佼佼者之一。珍惜，重视，提倡，介绍，整理，总结，研究，学习，运用，推广，持之以恒，语文教学必然会长出腾飞的健翼。"

顾：现在"大语文"成为一个热门词语，其实早在 20 世纪 80 年代，河北邢台八中张孝纯先生就搞过"大语文教育"的教学实验，而且在全国产生了很大影响。

刘：那是 1983 年，河北邢台八中张孝纯先生组织研究小组，主持"大语文教育"实验，发表《"大语文教育"刍议》，认为语文教育必须"一体两翼"，"一体"即语文课堂教学，"两翼"指第二语文教学渠道和语文学习环境，可以概括为：联系社会生活，着眼整体教育，坚持完整结构，重视训练效率。孝纯先生的这一观点，正印证了我的观点，与我的"实"与"活"不谋而合。我当然非常高兴，充分肯定，热情支持。后来他组织"大语文教育"课题论证会，我也参加了，还写了文章，在全国宣传推广，扩大了"大语文教育"在全国的影响。

顾：李培永老师在《牢记国正先生对我的谆谆教导》一文中，讲到您对他的提携和帮助，对您充满感激之情。

刘：李老师原来在华中师范大学第一附属中学，20世纪80年代参加人教社初中语文教材实验。后来实验中遇到一些困难，他就给我写信，我回信鼓励他。我在信中说："语文教学必须改革，你有改革的大志，而且扎扎实实地在实践着，积以时日，必见成果。中间出现一些曲折，应在意中。且高中试验另换新班，固然增加了困难，但也会多一点经验，望快然当之。"最后还以"征途何处无风雨，更望花繁桃李枝"二句相赠。

顾：您的信对于李老师来说，简直就像及时雨一样，滋润其心田，引领其砥砺前行。

刘：李老师后来多次参加初中语文实验交流会，我们安排他在大会上发言。1985年6月，我和张定远专程到武汉，考察他们的实验成果，留下很深的印象。李老师写的教研论文《敢说·多说·会说》，被选入全国中学语文教学研究会第四次年会集《语文教学改革新成果选粹》。后来，我们修订初中语文教材时，还请了几位一线老师，其中就有北京的张必锟、江苏的朱泳燚老师和湖北的李培永等老师。

顾：您和李阿龄老师后来到旅顺，您曾给李培永老师赠诗两首，一首是"一溪初入万花明，渐怯孤篷风雨声。颇怪刘郎迷路返，舍舟大可试攀登",另一首是"不唱阳关怨别离,江湖相望益相倚,它年重会为君卜,定是春光烂漫时"。

湖北宜昌的"课内外衔接实验"也曾得到您的关心和支持。您先后发表《语文教学与生活——谈宜昌语文教改实验报告手记》《展开双翼才能腾飞——宜昌市课内外衔接语文能力训练的状况和思考》。

刘:那是 1997 年,我看到湖北宜昌"课内外衔接实验"课题材料,认为有道理,有前途,非常值得推广,"有柳暗花明之感,很想来一次走马观花"。于是 1998 年 4 月,我就和审查委员冯钟芸、顾黄初、张鸿苓、申士昌,全国中语会张定远,人教社中语室顾振彪等几位同志一起到宜昌进行实地调研,湖北省中语会史绍典等陪同,我们先后走访了十所学校,看到了很多新鲜的教改经验。比如"小记者"活动,一进学校就有学生来采访,像模像样,等你听完课离开学校时,报纸已经印出来了,相当精彩。我回到北京后,很快就写了《语文教学与生活——谈宜昌语文教改实验报告手记》《展开双翼才能腾飞——宜昌市课内外衔接语文能力训练的状况和思考》,对宜昌的教改经验予以推广。所谓"双翼",意思是,语文课堂教学是个基地,而且是个主要基地,决不能放松,但是还有另外"一翼",就是社会活动、课外活动。张开两个翅膀,语文教学才能飞起来。其实,语文的实际运用,不能脱离生活。课内和课外,是语文教学的双翼。只张开一翼,自然飞行无力,只有双翼并举,才能自由飞翔,才能如大鹏那样,"其翼若垂天之云""抟扶摇而上者九万里"。

顾:人教社曾为这项课题实验出版了《语文教学与生活》论文集,您还为这本书写了一首"小引"。

刘:诗是这样写的:"平生研语文,持论非高远。与生活联系,教学之关键。空有纸上谈,何处得实验? 不须铁鞋觅,请到宜昌看。衔接课内外，要旨契吾见，既保树长青，又吐群花艳。我曾来赏花，繁茂明老眼，别来数春秋，又当变新面。指导者余子，慎思而明辨，默默自耕耘，时时有发展。近辑所著文，结集即出版。自实践中来，真知经百炼。以之献教坛，裨益当非浅。采采黄金花，壬午九月半。来书报佳音，喜气生笔砚。佳士当如此，真理自钻探。不为物欲移，不随风向转。韵语抒我怀，聊为书之弁。年方七十六，刘征字梅苑。"

顾：全国中语会曾编过一本《我和中语会》纪念文集，其中收录清华大学附属中学特级教师赵谦翔老师写的《终生感恩——致刘国正先生》，回忆了和您两次见面时的情景。一次是在井冈山作文教学研讨会后您给他题写"绿色"二字，另一次是您为他专门写了一首诗。

刘：那次作文研讨会是河南文心出版社组织召开的，既热烈又轻松。会议间隙，我们还一起游览了许多红色旅游景点。这位赵老师诗兴大发，填了一首《水调歌头·井冈山》拿给我看。我本来想回来好好斟酌斟酌的，结果回到北京眼疾加重，准备手术，就不能看书了，我就给他写了那幅"绿色"的字。后来，赵老师又专程到我家来看我，还送我他的两本专著，一本是《绿色语文案例集锦》，还有一本《绿色作文实例实说》。我看了赵老师的书，发现他指导学生作文确实有一套，就为他写了一首诗，写好后，老李装裱好寄给他的。

顾：您在语文教育界具有广泛而深远的影响，不少语文同行都愿意请您为自己的专著题词作序，您也总是来者不拒，有求必应。仅《刘征文集》里就有不少，一方面说明您在语文界的深远影响，另一方面也说明您奖掖后学宅心仁厚，对语文教育事业充满拳拳热忱。我的第一本语文专著《语文论稿》也是请您写的序，这对我是个很大的鼓励。

刘：这有两方面的原因，一是请我写序的，有很多都是全国中语会的同事，也是我的老朋友。得知他们的著作出版，我当然要表示祝贺。二是我在写序的过程中，往往先睹为快，这对我也是一种难得的学习机会，使我有机会及时了解语文教学的最新动态。找我写过序的，有像于漪、陶本一、钱梦龙、顾黄初、张定远、范守纲、秦兆基、田小琳、张中行、张传宗、刘朏朏、高原、刘堂江、朱泳燚这样的大家名师，也有青年语文教师，我是全国中语会理事长，有义务帮助他们的专业成长。

顾：您在语文教育、语文教材和全国中语会的理论与实践，伴随着新中国语文教育的脚步，是新中国语文教育研究的重要组成部分。其中有些理论与实践具有里程碑意义，是我们今天从事语文教育研究的丰厚矿藏与宝贵资源，值得语文教育工作者深入挖掘，认真领会，以促进我国语文教育在新的时期进一步创新和发展。

刘：哈哈！这个评价太高了，我真的不敢当，受之有愧。

第六章　文学创作

"三友"与"牡丹诗会"

顾：您在文学界以"刘征"著称，还用过"刘诤"的笔名。为什么会取这样的笔名？有什么寓意吗？

刘："刘诤"是我最初写寓言时用的笔名，后来因为我的写作不限于寓言，也写杂文和诗词，所以又改成了"刘征"。为什么要用"刘征"？是因为我喜欢王粲《登楼赋》里的一句"征夫行而未息"，以及屈原《离骚》里的一句"溘埃风余上征"，所以拈出这个"征"字。我以为，若是不可一世的大才，固然不妨志在高远，像鸿鹄那样一举千里，不拘于一隅。但若是不才如我，倒还不如采取我的笨办法，抱定一块瘦骨头啃下去为好。

顾：那也是脚踏实地、砥砺前行的意思。有没有把您的两个笔名弄混的时候？

刘：有啊！西南师范大学中国新诗研究所所长吕进教授主编了一本《新诗三百首》，收录了我的《海燕戒》，署名"刘征"。同时还收录了我早年写的一首寓言诗《逢迎颂》，署名"刘诤"，编者加了注："刘诤，生平不详。"

顾：刘勰在《文心雕龙·神思》中谈到感情对构思作品的作用时说："登山则情满于山，观海则意溢于海。"您的诗文情感充沛，溢于言表，体现了您对中国教育出版的深厚感情。

刘：我创作的文学作品主要是寓言诗、杂文和诗词。杂文是我写的一个新品种，写了很长时间。后来因为老了，精力不够，才停下来。诗词主要是写传统格律诗。诗最多，词也不少，还写了类似曲的东西，是这一段时间写得最多的，可以说是主打项目，大概已经积累了 3000 多首吧！在今天来说不算多，因为有好多朋友都是这样的，但是对我来说已经很多了。

顾："诗词"既包括传统格律诗，也包括新诗。笼统地说"诗词"，其实是不大确切的。

刘：不过大家已经习惯叫"诗词"了，约定俗成了，实际上这是两种体式的诗。新诗是相对旧诗而言的，旧诗其实也不能称其为旧，所以新诗按说应该称为"新自由体诗"，简称"自由体诗"。新就新在它偏重于吸收西方诗歌的体式。

顾：照这么说，旧体诗词就应该叫作"传统格律体诗"，因为它确实继承中国传统诗歌的体式，也可以简称为"格律诗"。

刘：现在我们还是笼统地叫它为"诗词"吧，但是叫"诗词"确实有很多毛病，比如说"他写的一首诗词"，这其实是一个笑话，或者说"这首诗词您看怎么样"？诗词是两种体，怎么能合二为一呢？还有人说"古体诗词"，你说古体诗词是什么意思啊？诗词指的就是传统体式的诗词曲，那么古体诗词就完全不对头了。

顾：臧克家先生说过"我是一个两面派，新诗旧诗我都爱"。粉碎"四人帮"以后，您重新拿起笔写诗词，而且新诗旧诗都写，您当时是怎么考虑的呢？

刘：臧克家先生评论我的诗词，说"多而不滥"，但是我总觉得还是多了一些。粉碎"四人帮"之后，我当时有了新的打算：为什么不能再学习旧诗？同时看到报纸上发表了一些领导人的诗词，我就拿起笔写起诗词来了。第一首词写的就是参加庆祝粉碎"四人帮"大游行，我写了首《水龙吟》。从此就算是正式开笔了，一写就写了40年。诗友李树喜有《读刘征》诗云："文似拓荒贵创造，刘征自制蜂儿闹。山魈树魅都惊了，蜂韵压煞千山鸟。"《赞刘征》诗云："文章憎命人妒能，书画诗文苦心形。谁为骚坛终结者，蓟门烟树老梅翁。"

顾：您与臧克家先生是诗友，你们是怎样开始交往的呢？

刘：从《水龙吟》起，我就开始写诗词了。当时写这种旧体诗词，还没地方发表，只是抒发一下自己的喜怒哀乐而已。在20世纪60年代，臧克家同志曾写文章推荐过我的寓言诗，题目是《诗坛的一朵新花》，事先我并不知道，我是在出差路上看到的。回来之后，我就给他写了一封信，他给我回了一封信，都是很简单的，我也没有去拜访他。

后来呢，因为要把他的文章选进语文教材，我才和李光家同志一起去拜访他。因为李光家是山东人，早就是臧老的朋友。就是这么多来往，并没有别的来往。结果"文革"时，有人说："刘国正你削尖脑袋往里钻，你用什么办法叫臧克家写文章来推荐的？"其实冤哉枉也，我无话可说。因为当时那个状况，跟现在不一样，人们很少来往，来往也是公对公，个人之间的来往是很少的。我们去拜访他，彼此都很高兴。后来他从干校回来了，我也从干校回来了，"四人帮"也被粉碎了，我们就畅谈了一次。他说："你的寓言诗啊，我写了推荐文章的啊，这是我的一个罪名啊！"他虽然是笑着说的，我听了以后心里却很过意不去，想不到因为我的诗，竟给臧老惹了这么多麻烦。就这样，我们的来往就多了。

顾：后来您写了旧诗，给臧老看，没想到臧老写信给您，对您大加赞赏。他在《友情和墨香》中说您"诗文俱佳"，是他"要好的老友"。

刘：有一次他在信上说："读了你写的诗啊，是眉飞色舞，艺术威力如此啊！"他的信都是用毛笔写的，很漂亮的小行书，不是传统体，可以说是臧体。渐渐地，我们的来往就多了起来，我写了诗或词就给他看，他就给我回信，给我做些评点吧。他自己在信上说，他虽然做旧体诗不多，但是自认为非常懂旧体诗，他说他读了很多，而且他说他就是从欣赏角度上才读诗的，并不做研究。

顾：您和程光锐先生又是怎么认识的呢？

刘：有一次，我到臧老那里，他给我看了一首词，是程光锐同志写的。程光锐是《人民日报》社的一位高级记者，出国机会特别多，是一位很老成、很厚重的朋友，这是我后来才知道的。那首词写的是"马踏飞燕"，是从武威那里发现的青铜器。臧老认为，程光锐这首词写得非常好。我读了以后也认为非常好，他把这马和燕子写活了，歌颂了今天的生活。1992 年我到武威，特地买了一个青铜器复制品，非常漂亮，很喜欢，我也写了一首《渔家傲·武威得夜光杯》。

顾：您和臧克家先生、程光锐先生后来被诗词界称为"三友"，你们三人是怎样开始交往的？

刘：开始是程光锐写了一首《沁园春》，用小行书写的，装裱起来，我才知道他的书法也很好。我们欣赏他这首词时，臧老说，这首词给茅盾先生看过，茅盾先生也非常赞赏这首词，于是臧老就有了想法，想把程光锐同志介绍给我认识，他说："你的诗风跟程光锐同志很接近，所以你们做朋友很好。"有一天，臧老就把程光锐同志约来了，在臧老的家里，臧老当时住在北京赵堂子胡同 15 号，有一个小院落，院里种着花草，正房是他的客厅。见了面我们都很高兴，谈起诗来了，我们还专门为这次聚会写了一首词，算是正式定交。后来三个人经常在一起谈诗论词，互相交换作品。当时我并不知道"三友"这个说法，但是我们有一个共同的主张：当代人写当代诗词，应该力求一个"新"字，用臧老的话说就是"思想内容新，语言新"，总之就是一个"新"字，我们两个都同意。我开笔写旧体诗也是这个想法，要用新鲜的语言表达新鲜的思想感情，要有时代性。这就是我们"三友"在一起交往的开始。

顾："三友"这个说法是谁先提出来的？

刘：我想是臧老第一个提出来的，臧老在给我的一个册页子题跋里第一次提到，这个册页子里主要是臧老的信件。现在看起来，信件里写的往事还历历在目。他有时候记的是诗，比如说"诗人老去诗情在，振臂犹堪共一呼"。光锐同志比我大 10 岁，而臧老又比他大 10 岁，臧老比我大 20 岁，我仨真是忘年之交，年龄跨度还是很大的。臧老那时还真是诗心不老啊！

臧老给我写的信很多，我只能选择一部分来印成册页。因为他写的信内容真挚、书法精妙，并且我请他和程光锐先生为册页写了跋语，还把之前我说过的陈小溪先生、贺孔才先生的一些残稿也印在一起，所以这本册子于我是非常宝贵的，直到现在我还珍藏着。臧老的跋语道出诗词"三友"的来历：

生平交友非不广，当面舒心者多，对人热情、率真，从小家人以"直肠子驴"呼之，因此，吃苦头不小，本性难移，终不自悔也。解放后，与刘征同志识面，遂成至交，知面、知心，人格、诗格相映照，形不长随，而心中常有，特情非胶漆，淡而味深，与诗人光锐，号为"三友"。

克家

戊辰五月八日

时年八十有三

这是臧老 83 岁（2012 年）时写的。抚今追昔，真是有沧桑之感啊！

顾： 正所谓"同声相应，同气相求"。你们诗词"三友"应该每年都有聚会吧？

刘： 每年至少有两次聚会，一次是春节（一般在大年初二），另一次是十月为臧老祝寿。我们往往会约一个上午，先到臧老家里，既是拜年，又是聚会，有时候还有其他人。比如军旅诗人纪鹏，还有丁国成等，那真是喜气盈门啊！记得有一次下雪，臧老非常高兴，就用浓重的山东诸城话吟道："最难风雪故人来！"还为每个人都写了这几个字。他做寿的时候，我送了他一幅画，我自觉画得不是很好，但臧老却很高兴。

顾： 您跟"三友"中的程光锐先生交往也不少吧？

刘： 他也给我改过诗，比如我去美国的时候，初到华盛顿，写了一首词，结尾却怎么也写不好，试过几种写法，都不满意，后来就请他来斟酌一下，他给我想了一个很妙的结尾。有一次我病了，他还特意来看我。我搬家后，没有及时通知他，他还曾到沙滩旧址来找我，结果没找到，写了一首词以记此事。他还赠我一把新疆刀，我也写了和词。总之我们的唱和之作很多，现在印出来的只是一小部分。

顾： 臧克家先生有两首诗词写你们每年一次的"牡丹诗会"。一首是《彩笺诗赠刘征诗侣》："山向眼中秀，水在心底流，神与自然会，你远游，我卧游，今年花请假，美永留。"另一首是《致刘征、光锐》："人远牡丹近，忆旧迹怀新。年年花期近，相邀慰芳心。"

刘："牡丹诗会"这个名称是我后来才提的。因为我家就在人教社的宿舍，在景山公园旁边。每年牡丹花开的时候，我就邀请臧老和他的夫人郑曼，还有另外几个诗友来赏牡丹，有时候来的人很多。我们围着牡丹园，一边赏花，一边说笑，一边拍照，转上一圈休息一下，之后就到我家里去。我的书房不大，大家坐下来喝点茶，臧老说过："室雅何须大。"就是这样，大家海阔天空地说些诗歌界的事，然后就送臧老和几位朋友回家了。每次大概持续一个上午吧！这样连续搞了很多年。有一年我们外出旅游，所以才有"花请假"之语。后来臧老行动不便，就没有再搞了。若干年后，景山公园牡丹开的时候，我还常常到里面走一走，抚今追昔，百感交集。我写过一篇《牡丹园记》，在上海的《文汇报》上发表过。臧老不便外出的时候也时时怀念这件事，他给我写了一个条幅，专门谈这件事。固定的活动每年两次，不固定的随时访问就是了，所以臧老说"形不常随，而心中常有"。

顾：这么说来，您跟臧克家先生也算得上"文字之交"了。

刘：臧老其实应该是我学诗的第三个老师，第一个是陈小溪先生，第二个是贺孔才先生，第三个就是臧克家先生，但他不愿我称他为老师，所以我们的关系在师友之间。我写了诗就给他看，他有的赞赏，有的不赞赏，有的还改几个字。比如我到贵州娄山关写的一首《临江仙》，他看了之后很赞赏，认为这首诗很有力量。我参观时也是真动感情，因为娄山关那儿有毛主席的石碑，看了之后想，当年是怎样的，现在是怎样的，百感交集。词中有一句"而今大道平宽"，过去的路很不好走，现在马路平又宽，他说"平"字太一般了，改成"夷"好一些，"而今大道夷宽"，改得非常好。我还有一首写赤壁的词，其中有一句"染残阳"，他就说这个"染"字不好，"染"字太弱了，后来我想了很久，才改成"负残阳"。我觉得这么一改，比原来好多了。我还有一首写长城的词，用的是《六州歌头》这个词牌，这是词里最难填的一首，有很长的调子，但我立志要写一首横空出世的好词，用的也是横空出世的调子，写完拿给臧老看，他说："你这首词写得不好，空话、大话多，这是不成功的。"这个稿子现在找不到了，但是我想确实如此，当时的确没什么真情实感，只是想说一些很大、很有气势的话，所以整首词就显得空了，我非常佩服臧老的眼光。从那时起一直到今天，我再也没有填过《六州歌头》的调子，实在太难了，同时避免大话也是我自己引以为戒的。

顾：您69岁时，臧克家先生写过一首《祝刘征诗友古稀之寿》的诗："我方九十，君逢六九，光阴过客，人非老叟。你心我心，你手我手，相交相携，同步同走。富贵浮云，诗文不朽。当代名家，健者谁某？时迁势变，兰谱香久。句短情深，胜于醇酒。祝君长年过一百，佳作千首万首。"可谓热情洋溢。

刘：臧老对我过奖了。他对我的诗做过评价，总的说来就是"多而不滥，但是不够厚重"，我自己也认为不够厚重。他曾经送我两句话："凌霄羽毛原无力，坠地金石自有声。"意思是说让我做金石，不要做羽毛，现在我还记得这两句话，记得很深。

顾：20世纪80年代，你们"三友"曾在云南人民出版社出版过一本《友声集》。

刘：那是臧老建议的，书名也是臧老定的，出自《诗经》上的"嘤其鸣矣，求其友声"。这本诗集收录了我们三个人的旧体诗，是"三友"共同出的一本诗集。这个集子还有个花絮，我跟光锐同志都觉得应该把臧老放到第一位，臧、程然后是刘，但是臧老坚决不肯，非要把他放在后头，把我们俩放在前头：程、刘、臧，后来就这么编下来了。我想，应该称臧老为老恩师吧，这是他奖掖后学的意思。

顾：我们曾在人教社为您举办"《刘征文集》首发式暨刘征从事教育教学活动五十年研讨会"，臧老的夫人郑曼老师还特意赶来参会。

《刘征文集》首发式（2000 年 9 月，北京）

刘：是的。看到郑曼老师又让我想起了臧老，越是时间长越是怀念。前几年我到现代文学馆看，有很多诗人、作家的塑像，却没有臧老的，说是在世的一律不做。现在臧老去世了，是不是该增加他的塑像呢？我认为是应该的，他的确是个大师。他的旧诗修养很深，有时候他的旧诗不太符合格律，为人所诟病，其实不然。他说"情谊绳墨外，甘心野狐禅"，他强调的是感情不为格律所拘束这么一种关于诗的观点。比如我刚才念的"凌霄羽毛原无力，坠地金石自有声"，这个"羽毛"稍微颠倒一下就符合格律了，"毛羽"对"金石"就合律了，但是他不做这样的事。他有些诗写得漂亮极了，比如他在干校里帮厨时写的一首诗中的"菜花引蝶入厨房"，诗意简直是天外飞来，太漂亮了！再比如重阳节有人送了他几盆菊花，他有这么两句诗："重阳不必登高去，自有黄花抚旧人。"只有叫人拍案叫绝的份儿了。最近阿龄正在整理臧老给我的信件，有八九十封，这些信件对我很有帮助。臧老真是我的良师益友。

担任《中华诗词》主编

顾：《中华诗词》是中华诗词学会的会刊，您曾担任《中华诗词》主编。

刘： 1987 年，中华诗词学会成立，应该算是当代诗词振兴的一个标志。我写诗稍微有了点诗名，当时有人发起成立中华诗词学会，我也是发起人之一，但是成立大会召开时我不在北京，没能参加，后来我也没履行入会的手续。因为当时我的工作非常忙，编教材的工作给我的压力很大，我的思想又跟编教材的官方主体思想不完全一致，我得按照这个主流思想去编，还要把它编好，争取各方面都满意，所以压力特别大。我就不想再参加其他什么组织了，怕分散精力。比如当时成立书法家协会，我的一个青年朋友白谦慎同志，据说他在美国研究书法已经很有成就了，他当时动员我参加，我也没有参加。

中华诗词学会成立，我当然很高兴。后来中华诗词学会开始筹办《中华诗词》杂志，已出版了几期试刊，还没有正式问世。当时是中华诗词学会秘书长孙轶青同志（他后来是会长）到我家来，动员我编这本杂志。我跟他说："我还没入会，手续都没办，怎么能编刊物呢？"他说："好，好，好，马上给你办入会手续。"我这才入了会。我就想，我搞了半辈子编辑工作，实在对这一行有点厌倦了，现在要我来编一本诗词刊物，总觉得很难接手，也很难办好，因此再三推辞，但孙老不止来了一次，还来了好几次，我推辞不掉，当然我也很喜欢诗词，这样才接过来。我很感激孙老的知遇之恩，我说"才非诸葛，惭蒙三顾，聊以自愉，未想千秋"。后来，我从人教社的工作岗位上退下来了，我就兼着吧！这份杂志最初是季刊，后来改成双月刊，再后来又改成月刊。

顾：那时候，传统诗词创作也不怎么景气，甚至还有反对的声音。

刘：当时确实是一片荒芜，前后有一个很大的断层，即便是一些很有成就的作家，对传统诗词也不熟悉。有的青年作家觉得传统诗词很神秘，作者寥寥，作品水平也不高。接着有些省也先后成立了诗词学会，发展势头倒是很好的。

顾：但是反对的声音也不少。

刘：反对的理由，大体上有三个。第一种说法，是传统诗词好是好，但它只能作为展览在博物馆里的古董，难以反映今天的社会现实。第二种说法，是诗词这个东西古人已经做到头了，你还能超过唐诗宋词吗？就是说我们往前已经没路可走了，因此艺术上是没有前途的。第三种说法，是诗词不过是一老一少的哼哼唧唧，是一项白发文学，一些老干部退下来以后，没事干，愿意写写诗词，是所谓"老干部体"。等这一批老人过去以后诗词也就跟着过去了，这是给诗词算命的，认为不用过多少年，诗词就会消亡。我们对此做了各种说明，写了多篇文章，随着刊物出版，发行量增多，举办诗词大赛等，这才慢慢地打开各种局面，形势才有了一些扭转。

顾：虽然形势有一些好转，但诗词当时好像还是不大受待见，不入高等学府的门槛，不入作家协会诸多大奖项的门槛，不入诗歌史的门槛。

刘：这"三不"局面今天可以说已大有改观了。开始有更多的朋友承认诗词，已经在诗坛上正式"安家落户"，不再被打入另册了，希望这种情况能往前走一些。就是这样艰难的步履，但可喜的是还是在前进。我们搞诗词杂志的这些朋友，都有一颗奉献的心，有人是没有任何报酬的；

有人虽有一点报酬，但也很少。他们在日复一日、兢兢业业地做这项工作。当然也有一些同志有不同意见，有些不和谐的声音。我不是一个善于搞行政的人，只会舞文弄墨，也不能说是会，反正喜欢，在出版社的时候搞行政工作就很艰难、很不出色，到这里还是这样。我一方面非常喜欢诗词，愿意为此献身，并且逐步认识到诗词发展的重大意义，它应该是中国传统文学艺术瑰宝中之瑰宝；但另一方面，我从事行政工作又确实不行。所以我就一次又一次向孙老请辞，请他另聘主编。

顾：后来杨金亭和丁国成被聘来主持《中华诗词》编辑部的工作，他们也都是《中华诗词》的老人。

刘：杨金亭同志做这种工作比我要强多了，他们两个又是著名的诗评家。当时请辞是我几番努力，孙老经过再三考虑才同意的，之后他对我说了一句话："要发挥你之所长，给你更多的时间去写作吧。"我心里非常热乎，他知人善任，我觉得获得了一个知心的朋友。这样我就摆脱了这些繁重的编辑工作，一心一意地写诗，参加各种诗歌活动，做各种诗歌大赛的评审等，感觉比较自由。

顾：不过您卸任以后，还担任中华诗词学会的副会长，后来是名誉会长，也还是《中华诗词》的名誉主编。

刘：我现在这么大年龄了，应该去掉这些称呼了，我应该进一步请辞。前几年，孙轶青同志85岁的时候，给他举行了一次祝寿会，在祝寿会上他对刊物寄予了厚望。祝寿会散了之后他跟我说，他要出一本诗歌论文集，要我写个序，我欣然应允。那时候轶青同志身体特别好，后来他就去绍兴了，没想到就在绍兴病倒了，回到北京变成了植物人，一年以后就去世了。我给他写序的时候就写道，希望他健康起来，能看到我的序，可惜他没能看到。我也老了，所谓"多病故人疏"，我说"老去故人亲"。很亲近的几十年的老朋友，接二连三地驾鹤西游去了，我非常感慨。最近又听到一位老朋友去世的消息，我就写了四句诗："闻报难禁老泪垂，一身后死转多悲。秋风何故添萧瑟，白蝶时兼黄叶飞。"老了以后，老朋友一个一个地与世长辞，我心里是非常悲痛的。

顾：全国中语会成立 30 周年时，曾给您颁发过"中学语文终身成就奖"。在文学界，您有没有获得过类似的奖项呢？

刘：在孙轶青同志去世以后，他生前非常重视的一项工作终于落实了，就是要颁发中华诗词终身成就奖，颁发一次大奖。获奖人一位是德高望重的霍松林先生，一位是海内外声望甚高的叶嘉莹先生，一位是棱角分明、特立独行的李汝伦先生——他也是我的好朋友，还有一位就是孙轶青先生，再有就是我。不发奖金，只给一件表彰性的纪念品——一个镀金的华表奖杯，也可以叫作"华表奖"。我非常珍视这个奖。正因为没有奖金，我才对这个奖项更加珍视。这个鼓励性的奖品我现在还珍藏着，视为对我诗词写作的肯定。别的奖项也都是对我的鼓励。

"刘征是个'两面派'"

顾：在您看来，新诗与旧诗是一个什么样的关系？

刘：从五四以来，新诗旧诗此消彼长。旧诗经历冷遇后，重新登上诗坛。关于新诗与旧诗的关系，主要有两种意见：一种认为新诗不像样子，还不成熟，引用毛主席的话说，"现在的新诗不成型，没有人读。我反正不读新诗，除非给 100 块大洋"。但毛主席还说过另外一句话："诗当然以新诗为主体。"再有一种看法，说旧体诗要不得，不应该提倡，即使提倡，也长不了，因为它不能反映今天的社会现实。我的看法是：新诗不新，旧诗不旧。用叶圣陶老先生的话说："中年以来，我对新体诗的看法是'尝闻瓶酒喻……念瓶无新旧，酒必芳醇'。"

顾：新诗当初兴起的时候，更多的是偏于借鉴外国诗体的一种中国自由诗。旧体诗其实也并不旧，而是继续运用中国传统格律的一种格律诗。

刘：这两种诗不是新与旧的关系，而是中国诗坛的两种诗歌体式。诗都是新的，只是体式不同，正所谓"双峰并峙，二水分流"。两种不同的诗歌体式都有它独特的表现力和独特的魅力，是不可互相取代的，因此都有广大的受众，并存是历史的需要，是人民的需要，二者并肩展现在诗坛，是中国诗坛的大喜事、大好事。我们的花是越开越多了，更加美丽、更加繁荣的景象是两种诗歌并存，它们的关系应该是比翼鸟、连理枝、并蒂花，应该举行友谊的竞赛、友谊的学习，取长补短。当然，我觉得偌大一个中国诗坛，只有两种诗歌还不够，很可能将来还会产生一个新的诗娃娃。现在两种诗歌并存的姐妹关系，大家也逐渐承认了。郭老把新诗和旧诗按照时间夹杂着编到一本诗集里，我看是有深意的，就是要有意打破这种畛域。现在《中华诗词》里有新诗之页，而且占的分量比较重，这就说明两种诗歌并存、成为姐妹关系已经成为大家的共识了。

顾：您既写新诗，也写旧诗，新诗旧诗您都爱。

刘：旧体诗所表现的东西，新体诗很难表现出来；反之，新体诗能表现出的东西，旧体诗很难表现出来。当然也有可以同样表现的，"床前明月光，疑是地上霜。举头望明月，低头思故乡"。这在新诗里是不及格的，但是在旧诗里，深受广大群众欢迎，而且是"长命千岁"的。新诗里不符合格律、形同散文的东西，在旧诗里也很难被接受，但在新诗里就觉得很漂亮，比如艾青的《大堰河——我的保姆》，就形同散文，但具有很深的诗意。总之这两种诗已经算是初步结成金兰之好了，这是中国诗坛的一大幸事。

"不欲称臣自作王"

顾：湖南省中语会理事长、语文教研员曾仲珊先生在一首《沁园春》里，把您比作苏东坡和姜白石。

刘：苏东坡的豪放、姜白石的婉约，我都喜欢。我做人有个原则：高调做事，低调做人。因此我的朋友梁东同志给我的为人下了一个断语，一个字"宽"，把我放到什么位置我都不太在乎，像陶渊明一样"不戚戚于贫贱，不汲汲于富贵"，这话说得太好了。不以贫贱为忧患，我搞诗词本来就很难有名利了，连李白都是"万言不直一杯水"嘛；但名利难道我就不想要吗？其实我也没有那么高尚，我只是不"汲汲"，不是孜孜以求之，而且"不义而富且贵，于我如浮云"。所以我好像是很谦虚的。的确，我总是认为周围的人都是好人，每当发现社会上有什么坏现象，我就很吃惊、很愤怒。

顾：您在给曾先生的和诗里说"颇爱苏豪，亦耽姜婉，不欲称臣自作王"，可见您也有着很高的傲气。

刘：我这"傲气"只是在诗歌艺术的领域，我要做关门的皇帝，是我自封的。艺术贵在创新，贵在大胆地破除一些不适合自己的东西，没有尚方宝剑拦着你，你就是尚方宝剑，所以我是"不欲称臣自作王"。虽然对苏东坡和姜白石，我是百般地崇敬，非常佩服，但是我也不"称臣"，我要自做艺术之王，就是有这么一种傲气。

顾：欧阳中石先生有一次约您、李阿龄老师，还有你们的小孙女到龙潭湖公园去赏梅。您写了几首咏梅花的诗，欧阳先生还画了画。

刘：那天下了雪，整个龙潭湖的湖面一片雪白，简直跟仙境一样，一圈排着梅花，都是几百年的大梅树墩子上面长出来的或嫁接出来的新枝，上面开的花非常漂亮。龙潭湖的负责人介绍说，这是一位种梅花的老人在秦岭找些老梅树桩子把它们养活了，经过几年培育才开出花来。本来他想到北京卖个好价钱，就运过来了，没想到不合时宜，没卖出去，龙潭湖公园就全部收购了，才搞了这次展览。我写了诗，欧阳先生不但写诗，还画了梅花。我的小孙女看到这位老爷爷画的梅花非常喜欢，后来欧阳先生专门画了一幅梅花送给我的小孙女，我还题了诗，小姑娘奉为至宝。现在我的小孙女结婚了，她还一直珍藏着这幅画。欧阳先生很少画画，但是他的画非常雅致超俗，我现在还有一幅他的画。我当时诗兴大发，写了好几首诗，用我当时觉得还不错的小行书写出来，送给龙潭湖公园了。前些年，我们举行了一次游园活动，留了个纪念，公园搞了一块很好的椭圆形大石头，由我作序，然后各家的诗都附在后头，由中石先生手书，就刻在那块石头上。这件东西是很有意思的，有很高的艺术价值。我搬家到北太平庄之后，就再也没有到龙潭湖去，后来盛绳武先生告诉我，那块石头还在那里岿然屹立。

顾：您有一首长诗《艺梅叟》，写的就是秦岭种梅花的老人吧？

刘：是的。有一次，我孩子给我买来一棵梅花，我一看就是那样的梅花——一个大梅墩上面长着枝条，据说龙潭湖公园办完展览以后把它们卖了。买的时候许多骨朵含苞待放，放在我的客厅，突然有一天通通都落下来了，我感到非常奇怪，原来是温度太高了。我就把它挪到阳台上继续培养。第二年入冬的时候又长出许多花蕾，我很高兴，但是有一次在阳台上走的时候碰到了枝条，这个枝条就从梅墩上折下来了，非常非常的扫兴。经过这么多灾难，悲欢离合，我就酝酿出这首《艺梅叟》，写的是这位在秦岭找梅桩子培养梅花的老者，意思是说，这种高雅的艺术已经不再符合世俗的口味了，发出一些感叹吧。这首诗是一个故事，我自己觉得写得还可以。

顾：您去敦煌那一次也写了很多诗，那应该是一次很有趣的经历吧？

刘：是的。我们人教社中语室那次组织全国各地的语文教研员和语文教师到敦煌调研，我也跟着一起去。我没去过西北，一路上见所未见、闻所未闻。比如到武威看到了"马踏飞燕"，到酒泉见到了夜光杯，到敦煌就更不用说了，那简直是到了艺术的天堂，看到那些壁画，简直是赏而忘返啊！

顾：您这一路写了很多诗，其中哪一首您最满意？

刘：就是写鸣沙山玩月那一首，其实并不是特别重要的题材。大家都到鸣沙山去了，这是一个沙子堆起的带形山，据说很多人从山上往下滑的话，整个山就会呼喊起来，像打雷一样。那天我们到鸣沙山时已经很晚了，许多同去的朋友都想试一试，都跑到山顶上去了，只有我一个人在鸣沙山脚下等他们。这时候月亮已经上来了，很神奇的景象：灰蓝色的天很大，沙子也变成褐色了。月亮越来越高、越来越大，显得特别明亮。我一个人坐在那儿有一个多小时，有足够的时间去驰骋幻想，把这月光用多种比喻方式写成活的东西，最后写成我向月亮飞去，精神和月光相融合，散布在宇宙之间。这首诗写得很顺手，感觉也很有意思，在《诗刊》的集会上朗诵了一次，还在恭王府的一个集会上朗诵了一次，都收到很好的效果。因为这首诗构思很新颖，语言也很好懂，我也觉得是一首成功之作。

顾：您的长诗《逐日图歌》，是为您的老同学侯一民写的题画诗，它见证了你们深厚的同窗情谊。

刘：侯一民参加过抗美援朝，"文革"期间受的苦难比我还多，后来他就在西山盖了一所房子，隐居起来了。但他形隐而心不隐，他把最高处的一个房子叫作"揽寰楼"，意思是他站在那里心怀国家、胸怀世界。他就是这么一个人，往往对一些黑暗的事情愤愤不平。我们常去玩，也常作诗。有一年中秋节去赏月，不仅有我，还有其他朋友。比如说一位美学家也去了，他是一民的老师。每年我都写诗，一民得到我的诗非常重视，把它们都刻在墙上，一面墙上刻满我的诗，他还给我画了像，我用很长一首诗来写这幅画像。

有一年，一民创作了一幅很大的油画，但又不全是油画，是一种创新的画法。画的是什么事呢，原来据史家考证，说印第安人的祖先是来自亚洲的黄种人，大约是在黄帝跟炎帝发生战争的时候，炎帝被打败了，就东渡白令海峡到了美洲，中国传说的"夸父逐日"并非纯属神话，《逐日图歌》前的序，说的就是这个事情。他画好后，要我去看，我一看很是震撼、震惊啊！好像到了另外一个世界——冰天雪地，人们都穿着那种兽皮的衣服，勇敢地往前走，夸父坐在一个大车上，雪白的胡子很长很长，双目炯炯有神，有些妇女用兽皮裹在身上掩住半边脸，但是露出的颜面也是非常漂亮的……这幅画特别长，有几面墙那么大！我回来后就题了那首《逐日图歌》，也很长，把整个画面用七古的形式再现出来，同时我也把这首诗写成长卷，在他的画作展览时，这幅长卷也同时展出。这首诗在若干个刊物上发表过。这样的合作形式还有很多，比如他给我画了一幅梅花，因为我书房的名字叫梅苑嘛，上面题了我的诗。在老侯家里，我还结识了另外几位好朋友，比如吴普敦同志、李春生同志等。

顾：您跟侯一民先生合作的那幅抗震壁画也曾引起过很大反响。

刘：2008 年汶川大地震引起全国人的震动，我也关心得不得了，老侯也是这样。我写了一些诗，但是最集中的是《抗震放歌十七首》。老侯又画了一幅大画，把地震开始到结束的整个过程都画出来了，我就给他题了 17 首绝句。我也写得很大、很高，附在他的画作后面。这幅画在世纪坛公园展览过一次，来看画展的人不少，我还在诗前照了相。后来四川都江堰就把老侯的这幅画做成了一幅壁画，把我的诗也附在上面，算作永久的纪念吧。老侯还去那边参观了。

顾：您写月亮的诗相当多，还有一组诗《平生最爱月》。

刘：这是一组驰骋想象的五言古绝，我自己也很满意。还有深夜在华盛顿时写的："算人间明月最多情，出国尚相随。"我写了很多很多关于月亮的诗，最近还在写。月亮对我没有表示厌烦的意思，我也就不其厌烦地写了。

顾：您有许多诗都是很迷幻的，有一次您给成都的一家新型刊物投稿，他们没有想到您还能写现代派的诗。

刘：的确很奇妙，我们说"春风不度玉门关""西出阳关无故人"，"阳关"是什么地方呢？估计很多人都不知道，原来就在离敦煌不远的地方，但现在只剩一个土丘了，也就有两三人那么高，但是它前面有一个大沟壑，好像原来是一条很大的河流，现在干涸了，可见当时阳关旁边是有水的，因此阳关成为一个关。关就是一座城池，有很高的城墙，防守很严，有很多射箭或使用其他武器的垛口，里面可以屯兵、屯粮，是一个守卫的设施，不是我们想象的是用城墙连起来的那种。在那里有人守护着，旁边立着一个牌子：禁止捡拾文物。可见那里随手就可以捡到一件陶器之类的东西，看守人的屋子里就放着一些坛坛罐罐。

顾：有人说您的诗是浪漫主义的，我看应是以现实主义为基础的浪漫。

刘：我说过"不欲称臣自作王"。我的诗从风格上说，好像是不拘一格的，亦豪亦婉，亦庄亦谐，亦正亦变。亦正亦变，就是有时候把诗跟辞赋的调子连在一起，有变体。亦庄亦谐呢，"庄"大家很清楚了，这个"谐"在我的诗词里面，有一点散文和元诗的影响，比如有的是独辟蹊径、自己创造出来的一种思路、一种意境、一种天地；有的是天马行空，充分地驰骋想象，好像有点匪夷所思的样子；有的是信马由缰，随手拈来，有趣味的诗。当然还有一些是嬉笑怒骂，抨击社会丑恶现象，鞭挞黑暗和鬼魅，就是杂文性质的了。

这是我对自己作品的分析，不一定真的就这样。"文章千古事，得失寸心知"，是我"寸心"所知，未必是社会所想。得失社会知，得失历史知，往往自己所想的得失为旁人所不知，而社会上所论你的得失，又未必跟你自己相应。

顾：有一年，您和张志公先生、田小琳老师一起到兰州去讲学。路过华山，就写了《念奴娇·过华山漫想》。

刘：那是一个早晨，车在华阴县的一个小站停下，大家都下来，在站台上散步。我下车以后仰头一看：啊呀！这样高！这样险峻！蓝得几乎透明——华山就在眼前，这使我的灵魂有所震撼。华山顶上的样子确实像青莲花，很多还像蓓蕾，那样一种出淤泥而不染的东西，经过了几千年，引起了我海阔天空的遐想。当时我上了车就写了这首词，没有到目的地就写好了。其中有这样的句子："万劫升沉，百王争战，不减亭亭直。"它还是那样一种出淤泥而不染的姿态，我想到，它一定还活着，那为什么不开花呢？就是因为那时的气候不适合它开花。我又想到，今天它还开不开呢——该开了。这种迷幻的想法，也正说明了我当时对粉碎"四人帮"后开放搞活的一种奔放式豪情，认为天地间再也没有尘垢，是一种天真的想法。花该开了，那开成什么样子呢？那就不得了了，这么高的莲梗，这么大的蓓蕾，开起来整个地球都会闻到香味的，所以上半阕最后两句是"问花开否？花曰自有开日"。我问花：你总是蓓蕾状态，到底开不开呀？花回答：自然有我开的时候。

下半阕我创造了一种非常壮丽的意境："而今雪霁冰融，风柔土沃，到了开时节。为洒银河天外雨，为照团栾明月，为闪虹霓，为鸣霹雳，花瓣轰然裂。冲天香阵，大寰齐舞蜂蝶。"想想看，华山那么高的莲花已开，那还不是"冲天香阵，大寰齐舞蜂蝶"？这简直是天马行空的异想天开，但是艺术地反映了我对当时开放搞活的一种认识和希望。

顾：您的诗不但求新，还力求"道前人所未道"，创造一种从来未曾有过的意境。

刘：比如到北戴河，也是因工作关系去开会，会后我和老伴留宿几天，没想到一夜大风大雨，雷震得屋顶都摇晃了，我俩赶快起来把窗帘拉上。海上的大风雨我见到过几次，但这一次实在使人震撼，所以就写了一首《琵琶仙·海上大风雨》，上半段就是描写风雨大战，天地交合的那种欢快和吼叫，下半段就进入我的幻想："忽此际，飘堕诗神，雾掩肌肤皓如雪。对坐青鲸背上，饮千杯芳冽。诧无数鱼龙奔啸，却奄忽欲寻无迹。回首断虹千丈，有大星明灭。"暴风雨中诗神降落，跟你坐在青鲸的背上面对面喝酒，周围有很多水怪围着转，忽然又不见了，一回首天晴了，"断虹千丈，有大星明灭"，这个意境又是非常壮阔的。诗神的美不用多写，"雾掩肌肤皓如雪"，诗神本来就看不清楚，他又隐在雾里，只露出一点肌肤像雪一样白，这就够了。

顾：像这样奇特的构思，还有写芦笛岩钟乳石的《汉宫春》，写登上九华山最高峰看云海的《沁园春》，都是独辟蹊径的。

刘：看山洞时，我很厌烦导游说这个像猪八戒、那个像孙猴子的，写钟乳石的下半阕，我就说全都不像，这是当年女娲补天时没注意，有很多石头都飞到天上去了，剩下这些石头，女娲怕它们再飞掉，特意用酒把它们都灌醉了，就留在这儿了，也是我的异想天开。

顾：您还有一首词《沁园春》，写圆明园的瓦片，曾得到众多诗友的和词。

刘：那一次，我跟老伴还有我的小孙女霄霄到圆明园去玩，一座宫殿旁边有好大一堆垃圾，都是小瓦片堆在那儿。我想，这些东西为什么不能清除呢？又一想，不应该清除，应该整理出来才对。我跟小孙女就到里面去找，找到一个瓦片，它的釉没上全，在瓦面上留有黄琉璃，非常像一个宫女的侧面头像。我把它捡回来，写了这首词。我感慨万千，这片瓦当年被外国侵略者给打下来了，可能现在还保留着温度吧？我拿着这片瓦，就像拿着一块美玉一样，因为它是我们破碎的河山啊！《中华诗词》发表这首词时，附上了瓦片的照片，我在瓦片上题了几句话。我还征和，希望全国的诗人能有和章，结果一年左右全国有二三十位先生给我写了和词，这些词我到现在都还保存着，因为没有地方发表，我就给他们每人写了封回信，并且附上瓦片的照片。现在圆明园的这片断瓦还在我的一个锦盒里，我很想把它送给圆明园纪念馆，但人家不一定要，十二生肖的兽首很宝贵，这一片瓦怎么会受重视呢？我真希望搞博物馆、纪念馆的地方能够多一点文化内涵。如果把这片瓦摆在纪念馆里，把我的这首词用很好的手法写出来，一定会吸引不少游客驻足吧？

"红豆诗"引起的风波

顾：您参加"红豆相思节诗词大赛"，曾引发一场"红豆诗"风波，这在您的创作史上也是一件大事。

刘：我曾经到过无锡，那里有个红豆园，有人向我们介绍了那里的故事，我很感兴趣，写了一首长诗《红豆曲》。红豆园的独特之处，是两棵红豆树纠缠在一起，变成了一棵，长得很高。我去的时候，还不是红豆成熟的季节，但在红豆集团，终于见到红豆长什么样子了。据说无锡的红豆在江南一带很有名的。我去访问的时候觉得很有诗意，再加上离它不远的地方是"文选楼"——昭明太子编《文选》的地方。《文选》是梁以前的诗文选本，影响了多少代人，因为在古代找各种齐备的书是很不容易的。有了这个选本，就可以读到很多东西。但是这位太子有他的观点，算是有些"纯艺术论"吧！要艺术上好的他才收，光政治上好的他不要。就这样，至少一直到唐朝，《文选》都是一般读书人必读的教科书，影响很大。当时我脑海里就出现一个遐想，要虚构一个故事：昭明太子和附近一个卖酒女孩的爱情故事，两人互有好感，已经约定下次见面的时间了，可是太子回到文选楼忙于编著《文选》，心想：我编完之后，再接纳这个女孩也不晚。可女孩子害起了相思，也不可能到那么高的地方去找太子，就病了，之后就死了。女孩曾经给过太子几颗红豆作为信物，后来太子就把它们种上，长出两棵红豆树，枝繁叶茂。它们在一次暴风雨中被摧残，之后再生时，两棵就合为一体了，就是这么一个故事。

大约在 2003 年的时候，无锡红豆集团跟中华诗词学会联合搞一次红豆相思节，在农历七月初七举办一次诗歌大奖赛。我把早已写好的诗给朋友看，朋友说这一定要参赛，不参赛这次诗歌大奖赛就有些黯然失色了。可我是评委会主任，当然不方便参赛；要想参赛，就必须退出评委会，于是我就辞去评委会主任，以我这首诗参赛。说实话，我虽然有争强好胜的心，但主要还是想玩一玩，让大家都看一看我这首诗。

顾：参赛之后，您和李阿龄老师就去欧洲旅游了。等你们回来的时候，接到朋友的电话，您才知道自己的诗获了头等奖。

刘：我当然喜出望外，没想到却引起了轩然大波。反对的声音从南到北，认为有人在搞小动作，我虽然退出评委会了，但还是中华诗词学会的啊。还有的在报纸上刊登长篇文章，举出各种理由来，说这个奖评得不合理，有好多种声音。这里有两个情况需要说明：第一，当时评委会还是保留了历来的规矩，没有公布投票结果。这我当时也不知道。直到几年后，丁国成同志写了篇文章才公布了票数，原来我的票数遥遥领先，比第二名的票数还要多一位数。第二，这次风波攻击评选过程不合理的多，批评我的诗的，倒始终没有见到太有力的文章。我听到一个呼声最高的声音是说风格不高，还有一个地方把我这首诗整个改了一下寄给我了，我看了看，只好一声长叹。还有同志到家里跟我说"这不是针对你的"。总之是一场很热闹的戏，也有同志从外地打电话给我，比如蔡厚示打来电话说："大师兄，我是坚决支持你的，他们搞得不对，不应该反对你得奖。"

顾：您本来还想拿到奖金后，捐出一大部分资助《中华诗词》杂志，后来出现这种情况也不能捐了。

刘：因为担心有人会说《中华诗词》编辑部在搞什么名堂，目的是要自己分享这笔奖金，所以我就没有这样做。郑伯农原来是中国作家协会的党组成员，后来到中华诗词学会当领导，他写了一篇长文，不是批评这些反对者，而是苦口婆心地讲道理，题目就叫《相煎何太急——关于"红豆相思节诗词大赛"的是是非非》。这场论战如今尘埃落定，真理越辩越明，"红豆诗"反而得到诗坛的肯定。在整个过程中，虽然批评的矛头并没有直接对着我，但我也很不舒服，毕竟我给大家带来这么多麻烦。我很感激那么多的支持者。对于反对者，我觉得他们有反对的自由，可以反对，但是恐怕跟这个20万元奖金很有关系，所以我也就没有作声。我本想写篇文章说一说，好像也写了，但没有发表。

过了几年，大家把这件事淡忘了，2016年，我和《中华诗词》编辑部商量，把这20万元作为《中华诗词》的奖金，奖励优秀的青年诗人。他们接受了，并且非常认真地组织比赛评奖，发现了不少有才华的青年诗人。

顾：《红豆曲》后来不仅被选入了高等学校的语文课本，还有书法家把您这首《红豆曲》制作成书法作品。

刘：那是河南郑州的一位女书法家白莎，她用很严谨的隶书把《红豆曲》写了出来，很有汉简的味道，而且印成书法册子，给我寄了一本，还附了一封信。她是我们的圈外人，根本不知道这些事。她说当年在报上看到这首诗非常喜爱，就剪下来一直保存着，多年来她常常回味，后来就想着把它写成书法作品并印出来，让大家赏字兼赏诗，这也是很多年前的事了。

顾：在这件事的整个过程中，最愤愤不平的就是丁国成先生，过了几年，他还写文章为您抱不平。

刘：我刚才说了，几年以后，他又写了一篇文章披露了当年评委的打分结果，要知道参加这场大赛的评委都是全国颇有成就的老诗人，也有几个年轻一点的，他们根本不知道这首诗是我写的，就算知道了也不会因为跟我认识就多给我两分，这些诗人都是很耿直的。我还保留着一个袋子，里面有登载了各种各样关于此事的说法的报纸等，当然是不全的。整件事被称为"红豆诗案"，成为一"案"了。

顾：我在您家看到过用楷书写的《红豆曲》，是中国人民大学徐悲鸿艺术学院的朋友写的，裱成卷子，很雅致，大概就是为了留作纪念吧！

刘：那算是我当时一个比较成功的作品吧，但是好像也不是我固有的风格，我的风格一般是"回首断虹千丈，有大星明灭"，而这首诗是相当温情、婉约的。但诗的最后曲终奏雅，我写道，现在整个地球兵戈不断，大家都应该和谐起来，以爱相待，甚至应该把红豆种遍全世界，种到天上的伊甸园，让天上、地下都充满红豆的爱。我当时已经 70 多岁了，我愿天下有情人都成眷属，愿伊甸园的亚当和夏娃勿遭谴责。

顾：经历了这样一场风波，这首《红豆曲》还能站得住，足见其艺术成就，确实能够打动人。

刘：所以我就在给白莎女士的回信里写了一首诗："老写传奇别有情，人间天上祝双星。一篇红豆千重浪，如练澄江见月明。"我写《红豆曲》是别有一番感情的，我祝愿人间、天上一切爱情都得到圆满的结果。这首诗一发表出去是一石激起千层浪，大家纷纷发表反对意见。但是，等到风波平息了，大江像绸子一样平静、明净的时候，才看出月是真的很亮的。"如练澄江"，用的是谢朓的山水诗句子"余霞散成绮，澄江静如练"，"练"是一种绸子，明净的江面就像绸子一样干净。

"诗心与时代共振"

顾：词学家周笃文先生说您"诗心与时代共振""无时不关注着国运民生的阴晴休戚"。正是对国运民生的大爱浓情，才使您取得了成功。

刘：周笃文先生是我的好朋友，我出的《蓟轩词注》是请他写的序，他很关注我这方面的作品，是知我者。我还是那句话："文章千古事，得失寸心知。"文学作品要让社会了解，让社会评价。中华诗词研究院要给我出一本100首诗词选。一个人一生如果能写几首好诗已经是很满意了。像白居易《与元九书》里说的，杜甫诗最好的也就是"三吏""三别"，就那么几首。我的诗选出100首就足够了。

顾： 我感觉您的诗有老杜之风，关注社会现实，有家国情怀，而且沉郁顿挫，厚重。

刘： 应该说，杜甫是文学史上我最亲近、最崇拜的一位诗人，也是我没有见过面的老师。因为"怅望千秋一洒泪，萧条异代不同时"啊！我的诗有一部分和杜诗风格相近，但主要风格不像杜甫，确实比较轻，不够厚重，有一点像我最不喜欢的明清诗的味道，这大概是天性所决定的吧。臧老的批评真是一针见血，我的性格如此，真是想厚重也不容易做到。

顾： 有一次您在诗中说，您曾梦见过杜甫。

刘： 那是在海南度假时，我做了一个梦，梦见了杜甫。他身穿海南的海岛衫，跟我一起喝啤酒，我给他几首诗看，杜甫跟我说："哎呀！诗怎么能这样写呢？"我正要问他该怎样写，就醒了。这是一个真实的梦，我就写了一首诗。这反映了我的一种心态，以杜甫为师，但是我的诗总是没有杜甫的那么悲壮、苍凉，那么有历史感、那么厚重，而是比较飘逸的。

顾： 文学界好像对杜甫诗中的"忠君"思想颇有微词，认为他不如李白洒脱。

刘： 诗人不是政治家，诗人可以是政治家，但也可以完全不是，不是政治家并不是他的缺点，因为他是诗人，我们不应该把他看作政治家。他的诗句"致君尧舜上，再使风俗淳"，是忠君的。"忠君"在现在看来好像是不应该，但是在当时的情况下，忠君就是爱国，忠君而不媚君，不趴在皇帝脚下求赏赐，忠君是要"致君"，就是要把君主引导成尧舜的样子，他就是这个思想。但这也不过是句空话。杜甫如果真正当了宰相，恐怕也是治不好国的，因为他就是个诗人。

李白恐怕更不能治国了，他喝酒多，政治上看不清路。比如他到永王李璘幕下，本想干出一番事业，但他不知道永王是造反的，"但用东山谢安石，为君谈笑静胡沙"，他把自己比作谢安，要扫平北方叛乱。所以我的看法是，不能要求诗人必须是一个政治家。我自己绝对不是政治家，我就只是写几首诗而已。

顾：您非常关注现实，很多社会热点或国家大事，都能在您的诗里找到，比如抗洪、抗震、抗击非典。每一次评选"感动中国人物"或者"最美人物"的时候，您都激动不已，为这些人物写了不少诗。

刘：有一次我为感动中国 2005 年度人物写了一组诗，孙轶青先生看到之后非常赞赏，要在《中华诗词》发表出来，还加了"编者按"。我跟轶青同志是同龄人，忧国忧民、爱国爱民好像成了一种我们难以割舍的情结，已经变成自己的血肉和文化基因。我写了不少嬉笑怒骂式的诗词，大部分都是鞭笞邪恶、抨击黑暗的。用词写这样的东西，过去我还没见过。

顾：您写新疆克拉玛依大火那首诗也很有名。

刘：有一次，新疆克拉玛依的一个剧场突然失火，好多学生和领导都在里面，当时死了两百多个中小学生。后来网上说这个地方要立一块耻辱碑，我因此写了一首《沁园春》，发出我的呐喊声、斥责声。这样的词还有几首，诗就更多了，这跟我的寓言诗、杂文也是一脉相承的。

顾：您一生最倾情、最连心连肉的是诗词。只有读了您的诗，才能深入了解您这个人，因为诗中记录着您的心路历程。

刘：我的作品大多收录在《刘征文集》五卷和续编三卷，前后一共八卷。其中大多数是诗，肯定还有遗漏的。人教社是我安身立命的地方，我的书主要是由人教社出版的。我离开工作岗位这么多年，人教社还这样关爱我，我对她充满感激之情。

"笔不开花偏着刺"

顾：在您的文学创作中，寓言诗也是重头戏，也曾多次获奖。有人说您的寓言诗是"笔不开花偏着刺"。

刘：是的，寓言本身就是讽喻性的，我也单独写过讽刺诗。粉碎"四人帮"以后，我就又把这个"可怕的"东西捡起来了。在声讨"四人帮"的大会上，曾经朗诵过我的一首寓言诗，叫作《鸱鸮的下场》，后来还收入人民文学出版社出版的《胜利之歌》。现在看来，这首诗我并不满意，是应景之作，只能算是给大家出一口闷气，从艺术上看并不是特别好。后来我又写了几首反对"四人帮"的诗，其中影响比较大的，都收在《刘征寓言诗》里。

顾：像《春风燕语》这类寓言，看得出您都是有感而发的。

刘：《春风燕语》批判严重的官僚主义，是夸大的说法，说燕子在局长的桌子上搭窝，第一年没有被清除，第二年还可以接着住，人家说是荒诞派，其实是一种"含泪的苦笑"。我对"走后门"深恶痛绝，就写了《烤天鹅的故事》，内容是田鼠和蛤蟆的对话。蛤蟆费尽心思，终于"第一次吃到天鹅肉"，然后给喜鹊先生送礼。蛤蟆想通过喜鹊先生弄到天上的凤凰。这首诗的影响是相当大的，现在还有一些朗诵家、演员在朗诵，像曹灿同志，这是他的一个保留节目。故事的结尾是这样说的："但'关系'

是笑眯眯的特殊许可证，不久，凤凰就会放进蛤蟆的烤箱。"

顾：《大佛肚子里的耗子》《凤凰的喷嚏》，都有很深刻的现实意义，讽刺也比较辛辣。

刘：《大佛肚子里的耗子》写一些因为居住在大佛的肚子里面而受到保护的耗子可以胡作非为，当然是讽刺现实的。《凤凰的喷嚏》说的是凤凰有一次来看一个大奖赛，著名歌唱家夜莺在演唱。凤凰先生是最高领导，忽然他打了个喷嚏，他的臣子们就猜不透他的意思了。有人猜他也许是偶然打的喷嚏，有人猜他对夜莺有意见，这样评委会就没敢把奖评给夜莺，从此夜莺的名声一落千丈，痛苦不堪。忽然有一天，凤凰想起夜莺，他好久没听到夜莺唱歌了，这些拍马屁者赶快开着豪华车去接夜莺，夜莺也得到了一个公正的待遇，但是这个夜莺多年不唱歌，嗓子已经坏了。这是我很满意的一个作品，显然包含了我很深的思考。如果说"文革"前我的寓言诗比较好的是《老虎贴告示》，"文革"后我认为《凤凰的喷嚏》切中时弊，算是对"文革"的一种反思吧，总之是我比较满意的作品。《老虎贴告示》影响比较大，可惜《凤凰的喷嚏》知道的人比较少。

顾：您的寓言诗后来又发展到讽刺更大的范围，有些科幻的意思，在艺术上似乎也有变化，比如《最后的香肠》。

刘：《最后的香肠》这首诗，曾在一个有外国人参加的会上朗诵过，翻译成英文朗诵的，就是说地球跟其他星球撞击了，地球变成了碎片，有两个人就共同生存在一个碎片上，这俩人说我们两个人活着已经是很难得了，要结成深厚的友谊，但是突然发现一根香肠，两个人竟打起来了，因为有香肠就可以多活一段时间了，彼此争得头破血流，最后一起沉入深深的宇宙。还有一类诗写人的阴暗面，即人性恶的一面，这也是人性的一部分。

顾：您受到俄国克雷洛夫、法国拉封丹寓言的影响，他们的寓言往往在诗的后面用一两句话，点出寓言的主题。正是受此启发，您开始了对中国寓言故事的收集整理工作。

刘：读了那么多外国寓言，我就想，我们是文明古国，中国的寓言又如何呢？于是我就跟几位朋友花大力气搜集中国的寓言。其中有一个人叫马达，是和我一起参军的老朋友。他花费很多精力搜集中国的寓言诗，有两部书搜集的内容比较丰富。马达同志的寓言诗叫作《中国古代寓言诗选》，厚厚的一本。还有一本是我跟马达、戴山青合编的《寓林折枝》，还不敢说是全的，因为搜集工作非常困难。中国的寓言非常丰富，散落在各种读物里，没有成为一个独立的文学样式。寓言诗很多，但是不集中。因为茅盾先生曾经编过一本《中国古代寓言》，所以我们这本寓言故事编好后，我就想请茅盾先生给题个书名。我给他写信，过了一阵，他居然回了信，看样子他是在病床上写的回信、题的字，给我们题的"寓林折枝"，对我们很是鼓励。我写了一首诗，前三句忘了，最后一句是"颤手艰难题折枝"，就是说他在病榻上还这样关注后学的工作，让我们非常感动。

顾：读这些中国寓言诗，会得到一个启示，就是寓言诗不必遵循西方的固有模式。

刘：所以我在寓言诗结构上的变化就比较多了。如果说这一时期和上一时期有什么不同之处，就是诗的格式有了变化，诗的内容有了发展。除了讽刺当今社会上一些丑恶的东西、腐败的东西、黑暗的东西，还扩大到讽刺人性上的丑恶的东西，当然还牵涉到其他，什么上帝啊、女娲啊，这些在《刘征寓言诗》里都有。

顾：您在"文革"中因写寓言诗受了那么多苦，后来也并没有使您停止创作寓言诗。

刘：我是"执迷不悟"。我还是在写讽刺诗，因此受到批判，还不知改悔，又写了一二十年。只是后来因为又写杂文，寓言诗才写得少了。因为写寓言诗很费劲，要将现实经过一番改造，形成根本不存在的虚拟故事。

顾：您的寓言诗在"文革"前已经有了一定名气，最早发表在《诗刊》，后来都收在《刘征寓言诗》里。其中最有名的就是《老鼠的对话》和"三戒"。

刘：《老鼠的对话》写两个仓库的老鼠，一个仓库的管理员管理得非常好，另一个仓库的管理员就不管，整天吊儿郎当，让老鼠随便去糟蹋粮食，内容是两只老鼠的对话。文章里有这样一句话："原来那个管理不好的仓库并不是管理员在掌握政权，而是老鼠在掌握政权。"大概就是这么一句尖锐的话。后来这句话到"文革"时就惹了大麻烦，说的是政权，那讽刺的不就是国家嘛！这下我就有口难辩了。我也后悔当时用"政权"，其实如果用个"大权"不就行了嘛！我当时就是想讽刺地方上的一些领导，但绝对不是讽刺国家。但是一旦上纲上线，我简直就是百口莫辩。

顾：《鹅》也大有深意。一只鹅征求其他鸡鸭的意见，说"提吧，提吧"，提到一些无关痛痒的意见它就很高兴，提到关键的地方它就大怒，就用暴力对付这些鸡鸭。

刘：这个小故事是说有人在批评与自我批评时，对某些表面上的东西不肯深刻地说，所以结尾说："有人拿着批评与自我批评的武器并不动真格的，给他搔搔痒还可以。"

顾："三戒"包括《天鸡戒》《山泉戒》和《海燕戒》，流传很广，还被选进上海版的中学语文课本。

刘："三戒"比较成熟。天鸡迎着太阳叫，意思就是，有些人的才华要迎着太阳才能发挥好，不然就发挥不出来。这当然是歌颂党，歌颂社会主义的。《山泉戒》取自杜甫的诗"在山泉水清，出山泉水浊"，一条山泉奔腾着从山上流下来，在路上遇见什么就带走什么，最后流到一个荷塘里，与荷花相恋，就流不动了。我当时看到一些进城的干部，财富越多，革命意志越消沉，就写了这首寓言诗。关于这个问题，我还写了《骏马远征记》等作品，真是被我不幸言中，有很多干部真的蜕化变质了。

顾：《海燕戒》是流传最广的一首，是写接班人的问题。第一代革命者就是冲风雨的，就像高尔基写的《海燕》，第二代就会贪图安逸享乐，实际上是写教育下一代的问题。

刘：当时有好多评论，有些学生把它抄到笔记本上，在朗诵会上朗诵。直到"文革"后，还有些已经长大的学生拿手抄本给我看。当时的新诗可以说很受欢迎，《诗刊》编辑部也常常举办诗歌朗诵会。那时朗诵会的规模现在似乎不能再现了。在一个剧场朗诵，来参加的人，一个剧场竟坐不下，还要拉一条线到分剧场去。这种朗诵会举行过多次，我的寓言诗也算是一个特殊品种吧，非常受欢迎。广播电台也举行过寓言诗朗诵专题。

刘征寓言诗朗诵会

顾：杨金亭先生评论您的讽刺诗说："以讽刺诗集获奖，在我们祖国长长的诗歌史上，还是破题首一遭，在（20世纪）80年代的社会主义诗坛上，也可以算得上一件不大不小的创举。"臧克家先生对您的寓言诗极为欣赏，他还曾写文章推荐您的作品。

刘：那是在"三戒"发表之后，《诗刊》主编臧克家先生写了一篇文章，题目是《诗坛的一朵新花》，热情地肯定了我这个诗歌的新品种，赞扬了我的诗歌，也提出了一些意见，指出进一步努力的方向等。

"怪味杂文"庄亦谐

顾：杂文和寓言诗有相同的一面，这两种文体都需要有很强的讽刺性。您是什么时候开始写杂文的呢？

刘：我比较认真地写起杂文，是1976年粉碎"四人帮"以后的事。我为什么对讽刺的东西总是放不了手呢？大概是我天性使然。什么天性呢？就是一种傻气，一种天生孩子气。这个我好像是天生的，改也改不掉的，所以我自认为是一个真正的书呆子。

顾：您对党、对国家、对人民都充满着深深的热爱，所以才对腐败，对社会上的歪风邪气都表现出特别的愤慨。这也正所谓"爱之深，责之切"。

刘：回想1949年那一段，我们认为新中国成立后就不会有任何问题了，就是这样一种思想，"解放区的天是明朗的天"，万里无云，一切事物都应该是光明的。粉碎"四人帮"以后，这种思想又发展了，又抬头了，就认为从此以后我们一切都是光明的，走向新长征的道路再没有什么风雨，再不会有什么挫折了。我自己就是这样。对社会，对我们的党、我们的国家、我们的人民充满了热爱，我绝不希望看到有什么污浊的东西。认为经过一次大的改革、大的变革，就一切都光明了，因此哪怕出现一点黑暗，一点腐败，一点丑恶的东西，我就觉得受不了，很难忍受，好像自己脸上或者身上趴了一只马蜂，或者哪里被蛇咬了一下，非常苦恼，有时候非常愤怒，我就急切地希望为消除这种丑恶出一点力，这样心里才踏实。我想没有无缘无故的恨吧，因为我确实是对我们艰苦奋斗才建立起来的国家，对我们的民族是满心热爱的，所以对这种丑恶的东西，特别地有一种疾恶如仇的感觉，看到这种东西如果不写下来，不抽它一鞭，不刺它一枪，好像自己就没尽到责任。其实我有什么责任呢？我认为是有责任的，国家兴亡匹夫有责嘛，怎么没有责任呢？

顾：您在《画虎居笑谈·题记》里说："翻开迅翁的杂文著作，五彩缤纷，目不暇接，我一向走这宽的一路，简直有些无法无天，为所欲为。"可见鲁迅先生的作品对您的影响很深。

刘：应该说，我的讽刺性作品，主要是讽刺现实生活中的假恶丑。我的寓言诗也出版过一些，后来都集中到《刘征寓言诗》里边，《春风燕语》得了中国作家协会的"优秀诗集奖"。后来，因为写寓言不太直接，要反映现实的东西，要经过思考、再创造，创造出一个虚拟的东西，所以写得比较缓慢吧。再加上年龄大了，就不怎么写了。

顾：杂文您过去没写过，是粉碎"四人帮"以后新增加的一个品种。

刘：因为杂文可以直抒胸臆，一下就写出来了，比寓言容易一些，而且容量也大，再有就是我很喜欢杂文。最初是在沦陷的北平，我在小地摊上买了一些鲁迅先生的杂文，《坟》《呐喊》《彷徨》《热风》等，当时都买来读过了，非常喜欢这种风格，既讽刺又深沉，非常好。

顾：您写杂文的开篇之作，就是那篇《"帮"式上纲法》吧？这个"帮"

就是指"四人帮"吗?

刘: 这个《"帮"式上纲法》实际上包括了这个极左思维上纲上线的各种特点,不光是"帮"了,题目还用的"'帮'式",这篇小文章是在《人民文学》发表的。《人民文学》的主编王蒙同志很赞赏,后来黄裳同志在上海的《新民晚报》上还掫到这篇杂文。我以前还写过一些,但很少,等于还没有正式开笔。这样一搞,我觉得这种文学样式也非常适合我,自己也很有兴趣,就算开笔了。后来严秀同志编《中国新文学大系》,其中有一卷叫作杂文卷,收了我的一些杂文。

顾: 有人说,杂文的主要特征是三点:即要"有点味儿,有点趣儿,有点劲儿"。

刘: 我想主要是"有劲儿",就是说要有力度,批判的力度,批判要切中要害,语言思想都要犹如匕首投枪一样,这是主要的。当然也还要有点趣儿,就是风趣,杂文可以诙谐,可以夸张,还可以荒诞,但是主要的还是幽默。幽默怎么解释我说不清,但是我能感受得到。我就这样开了笔,一路就写下来了。有很多朋友一起写也很高兴,一直写了一二十年。最近我写得少了,因为老了,就算把精力主要放在诗词上,也还不大够用,所以其他文体的作品就不怎么写了。当然还陆续写一些。后来的作品大多是在《人民日报》《人民文学》,还有广东的《随笔》和《南方周末》上发表的。

顾: 您的杂文被称为"怪味杂文",嬉笑怒骂,亦庄亦谐。

刘: 东北的一位杂文研究家刘成信同志在《人民日报》发表文章评论我的文章时,给我加了这个名字,叫"怪体杂文",后来又叫"怪味杂文"。这是我的杂文的一个特点。"怪味杂文"后来发展成了独立的一派。

顾: 什么叫"怪味"呢?

刘: 我觉得,杂文到了鲁迅先生这里,已经达到极高的水平了。无论是思想力度，还是语言艺术，我简直佩服得不得了。再往前发展，又怎么样呢？我们写的杂文，思想力度当然赶不上鲁迅先生，但是在题材上、语言上，应该有点新的东西，总要有所创新，加上现在已经不是暴风骤雨的革命时代，是建设时代，是一个新时期，经济建设、文化建设的新时期。作家比较从容一些，运用笔墨不需要那么紧急，广大的受众，虽然首先看你文章的犀利性，看作品的力度，但是也会花时间来欣赏你的语言艺术。所以，杂文的发展应该两方面并重，一个是思想力度，一个是语言艺术，应该越来越让老百姓喜闻乐见。这样，我的这个"怪味杂文"就一直按照我自己的个人风格发展下来了。

顾：要说您的杂文有"怪味"，恐怕也是从寓言诗来的。

刘：寓言诗本身就是荒诞的，就是天一脚地一脚，构成一个虚拟世界。把这种笔法跟杂文结合起来，就出现了很迷幻的样子，加上我又写诗，所以杂文里也有一些诗的成分，人称"诗人之杂文"，也可以这么说吧。在杂文的形式、样式上，我充分发挥想象力，好像泉水一样随地赋形，泉水流到平坦的地方就是一大片，流到曲折的沟壑里它就曲折，文笔按照我的意思变换形式，并无定势。

顾：就像苏轼《答谢民师书》中所说的："大略如行云流水，初无定质，但常行于所当行，常止于所不可不止。"

刘：如果你的文章总是落入俗套，读者会不高兴的，鲁迅先生就不是这样。我记得鲁迅先生写的杂文的序言，把杂文定义为"艺术型论文"，它不只是这一种，还有其他的艺术样式，但主要是"艺术型论文"。我写杂文主要也是这种形式多一点，如果要给我的杂文分类，恐怕首先就是"艺术型论文"，是论文，同时又是艺术型的。

顾：这类"艺术型论文"的杂文在您文章里比较多，比如《悟〈西游记〉的"豹尾"》。

刘：什么叫豹尾？就是明清时期人们说的，写文章得分头、腹、尾，要凤头，要华丽的开头；要猪腹，中间要很丰满，很结实；要豹尾，结尾要像豹子的尾巴那样，像钢鞭一样。我认为《西游记》的结尾就是一个豹尾。唐僧师徒四人上西天取经，经过九妖十八洞，历尽了艰辛，结果到了佛祖面前，仍然有很多事情，有很多庸俗的东西，甚至有很多和世俗毫无区别的那种低级的东西，如果不给红包的话，取的经就没有字，这件事报给佛祖，佛祖还相当宽容："是啊，你要是不给的话，我们这些个僧众吃什么呢？"这一段写得太精彩了。意思是要想破除神圣，就要有反抗到底的思想。

顾：您还写过一篇《诗谳琐议》，是写苏轼的"乌台诗案"。

刘：我非常欣赏苏东坡这个人，他曾在诗里说"根到九泉无曲处，世间惟有蛰龙知"。有人就到宋神宗面前打小报告："您看，苏轼在骂您呢！您是皇帝，应是'飞龙在天'，他却说您是蛰龙。"宋神宗说："他作他的诗，这跟我有什么关系？"皇帝的意思就是：矛头不是指向我的。看来宋神宗也是很宽容的。苏东坡经历过"乌台诗案"，如果再惩罚他一下，恐怕中国文学史上就没有苏东坡了，"大江东去"没了，"明月几时有"也没了，《赤壁赋》也没了，那宋朝的文学岂不是失掉光彩了吗？在京剧里边有一出戏叫《钓金龟》，京剧里的词我总觉得很粗俗，但是《钓金龟》里有一句词，那实在是精彩，叫作"老天爷睁开了三分眼"，我说这个宋神宗的确也睁开了三分眼。这篇文章我也是很满意的。苏东坡这个人实在是很天真，他总觉得所有人都是好人，拿一切做游戏。

顾：苏东坡的《刑赏忠厚之至论》，据说是他考进士的考卷，却"欺骗"了座师欧阳修，成为文坛佳话。

刘：文中说道，尧的时候，有个法官叫皋陶，他要杀一个人，尧说"放了他吧",皋陶坚持要杀,反复地与尧争论。刑赏忠厚之至论嘛,表示尧是忠厚的,皋陶执法却是严格的。欧阳修非常欣赏苏东坡的这篇文章,但是这个典故他却不知道。他想,能写这么好文章的举子,文中的典故一定是有出处的,而我不知道,也只能怪我无知。后来欧阳修见了苏东坡,就当面问他,说:"你这个典故出自何处?"苏东坡说:"想当然耳!"苏东坡就是这么一个有趣的人。我的杂文大概也属于这一派。

顾:您的作品,还有不少说说唱唱样式的,往往先把事情叙述一下,后边就加一首诗,也非常有意思。

刘:说说唱唱在中国戏曲中是经常运用的,西方的歌剧是不带白口的,中国的歌剧是 Peking Opera(京剧),是连白带唱,又道白又唱,当然道白是韵白,也有京白,我写文章也采取这种方式,说说唱唱。《"帮"式上纲法》就是这个说说唱唱式。后来我又写过不少这样说说唱唱样式的杂文。杭州有一位先生认为这样的方式很有趣,也写起了这样的杂文。

顾:您的杂文中,还有像鲁迅《故事新编》一类的,比如《庄周买水》。

刘:《庄周买水》是典型的故事新编式的,是一篇带有诙谐性的、古今夹杂的、时空相错的文章。这类杂文很有趣,像小说又不是小说,很奇幻,很荒诞,看起来又很有趣。我非常欣赏鲁迅的《故事新编》,但鲁迅先生自己说有些油滑,也许是谦虚吧!他对自己的要求甚高,我达不到他那种水平,但是我写这种杂文,真的很开心。这个故事和庄子有关,庄子不是很喜欢鱼嘛!在濠梁之上,庄周养了很多鱼,但是天气大旱,缺水了。庄周到处买水买不到,到处给红包,送东西,就是生意场上那种不正之风吧!后来还写了不少这类文章,叫作"故事新编式"的。

顾:1994 年我们编"两省一市"用的高中语文教材时,曾选过您的这篇杂文《庄周买水》。这套教材后来推向全国，前后使用了十多年。

刘：那是我参加《人民日报》举办的"风华杯"杂文征文大赛的参赛作品。比赛结果揭晓之后，我和邵燕祥同志拔了头筹。我是非常钦佩燕祥先生的，他的文笔非常好，诗笔也很好。当时许许多多的文学家都发表杂文，形成杂文的一个热潮。人数相当众多的杂文作家群，其实思想并不一致，各有各的想法。但是我觉得作为作家，思想不同并不妨碍彼此做好朋友，正如王安石跟苏东坡，这完全是两回事，自己的主张是自由的，互相切磋艺术则是共同的。

顾：您的杂文中，也有戏曲式、戏说式，还有元散曲式的杜撰曲。

刘：戏曲式的主要是利用京剧的形式写的，如《歪补〈辕门斩子〉》《醉演〈空城计〉》，就是利用它的一种形式来发表我的一些见解。《歪补〈辕门斩子〉》是讲以权谋私的，是戏说式，社会上不是有很多戏说式的电视剧么，我也戏说一番，我有一组诗是《戏说〈西游〉》。至于利用元散曲的形式来写作，也是鲁迅先生曾经尝试过的。他有一篇杂文叫作《曲的解放》，不长，但是给了我很大启发，我想完全可以利用这个形式来写杂文，也是一种杂文诗。于是我就自创了一种"杜撰曲"，有三四十篇，用那种很风趣、很幽默的曲子的样式，是市井所欣赏的，带有一种风趣幽默轻松的味道，很有意思，比如《叹五更——买官者的独白》等，这算是我杂文的另一种体吧。

顾：您还写了不少微型杂文，类似杂文诗，三五句成一首，应该是受到泰戈尔的启发吧？

刘：我把这种形式移植到杂文里，可以叫"杂文诗"，也可以叫"诗杂文"，非常短小，但总包含着深刻的意思。我把这种想法做法，跟诗评家交流意见，他们认为是一种创新，因此我这种东西是两栖类，既可以放在诗集里，也可以放在杂文里。这种短句子有很多，比如说《雕蛇篇》，人家是雕龙，我是雕蛇。还有《博古篇》，有几百首。其中不乏妙句，如"天堂是要用黄金铸成的，但是黄金铸成的并不都是天堂"等，很有意思。

顾： *不论是艺术论文式、说说唱唱式、故事新编式、戏剧式、戏说式，还是散曲元曲式、微型散文，它们都有一个共同特点，就是"严肃的主题，游戏的笔墨"。*

刘： 这大概就是"怪味杂文"的特点吧。有的是受鲁迅先生的启发，有的是从别的文学样式借用来的。我写杂文，并没有什么框框，更不要有老套。这个题材适合用什么形式，我就用什么形式，这是很有趣的一件事情。但我坚持一个原则，主题一定是严肃的。假如毫无意义，对广大读者毫无好处，穷逗，完全是诙谐，这样的东西我宁可不写。一定有一个严肃的内容我才写，尽管我考虑的也许不够深，也许不一定对，但我是为老百姓写出来的，一定是对读者有好处的，这一点我是坚定不移的。具体写起来，笔墨是游戏性的，是以一种游戏心态来写的。我认为，写讽刺性作品就应该是这样，写诗我也是这样的，也算是我的天性吧！快快乐乐地写，说说笑笑地写，重要的是不能摆架子。我觉得写作不过是在游戏，本来就不应该有架子，因为我仅仅做过一任"文官"，副总编辑，权限就是管逗号、句号，架子从何谈起啊？我自认为是和老百姓坐在一个茶座上，大家聊天而已。我的杂文，一个重要的特色就是怪体、怪味。

顾： *有些杂文似乎又不是游戏笔墨，比如《庄周和髑髅》，虽然也很有意思，但我感觉内涵还是比较深厚的。*

刘：《庄子》上有一《骷髅篇》，写的是庄子走在野外碰到一个骷髅，问这问那，问它这是怎么回事，那是怎么回事，问它是否愿意被自己复活。这个骷髅就很不高兴，说不愿意再活过来，现在这个状态就是最好的。这个故事很像莎士比亚的《哈姆雷特》里的一个情节——哈姆雷特敲着一个骷髅在说话。我这个《庄周和髑髅》写庄周走在野地里，碰到一堆骸骨，还要一个一个把它们点化，让它们活过来。第一个点化的是一个官，这个官活过来以后很感谢他，但是他一看，周围吹牛拍马的都没有了，官职也没有，这我还活个什么劲儿？你还是给我点回去吧。他又回去了。第二个点化的是个富豪，回去以后发现，偌大的财富都没有了，那我还活个什么劲儿呢？他也愿意回去了。第三个是个美女，美女活了以后，觉得粉饰自己的东西都没有了，也就不能称其为美女了，也愿意回去。最后一个是诗人，诗人被点化后很高兴，没有衣服穿，披一张草席就行了，诗人觉得：我所拥有的东西都在我的身体里面，我还可以继续增加我的诗、我的财富，我愿意跟你云游天下。于是诗人就和庄周快快乐乐地走了。

顾：刘成信主编了一套"中国当代杂文八大家"丛书，他在《总序》里提到您的杂文说："刘征虽已年近古稀，却始终保有一颗宝贵的童心，他的杂文常借助大胆的想象，多姿多彩的形式来嘲讽、揭露恶人丑事，并将流光溢彩的诗意引入杂文。"

刘：刘成信是东北人，《杂文选刊》主编，在我国杂文界很有影响。他编的这套丛书，就是从所有的杂文作者中，包括过去的和现在的，选择 100 个人，每人出一本，我的那本叫《刘征卷》，选了有 50 多篇吧，我写得好的杂文都在里面。

顾：北京出版社也给您出过一本杂文集《忧天醉语》。

刘：那是北京市杂文协会几个朋友搞的，我曾经参加过北京杂文协会。他们出了几套书，其中有我的一本，叫作《忧天醉语》，选了五六十篇，都是些短小的东西，容易看。看长的很费力。

顾：您曾经写过一篇杂文《讽刺涅槃》，是说讽刺作品的夸张。

刘：讽刺作品总要夸张些，总要夸大，这样才能看清楚。但是现实的夸张，超过了讽刺的夸张，这个讽刺的命运就要完结了。现在一些丑恶的东西自己就放得很大，使写讽刺作品的作家都大吃一惊。面对这种状况，讽刺就显得没有那么大的力量了，我说讽刺会不会终结呢？但是没有料想，在我的身上，好像一语成谶。现在写讽刺的东西确实很难，看到有些荒谬、丑恶无比的东西，我只有愤怒，只有拍案而起，但写讽刺性作品就有点不大愿意了，好像不值得一讽了。

第七章　多彩晚霞

顾：您从人教社离休后，仍一如既往地关注语文教育。从工作来说，您担任人教社咨询委员、中学语文教材顾问，指导语文教材编写；继续领导全国中语会，指导着全国中语会的工作。从您的个人兴趣来说，一是不断著书立说，用您的语文教育思想引领着全国语文教育教学改革；二是经常应邀外出讲学，传播您的语文教育思想；三是从事文学创作，而且佳作不断；四是书法、旅游和收藏等也都可圈可点，让我们见证了您作为一位语文教育家晚年的多彩人生。

刘：离休后我就自由多了。有些工作属于惯性，一时还刹不住车。比如担任人教社的咨询委员、语文教材顾问，继续担任全国中语会理事长等职务。还有不少单位邀请我去讲学，使我不得不继续思考语文教学改革问题。至于文学创作，更是我的最爱，自然也放不下笔。有些是我离休后才产生的想法，比如整理编纂《刘征文集》。至于书法、收藏和旅游，纯属个人爱好。书法作为我的一种业余爱好，也是慢慢培养起来的，成为我的一个小喜好。收藏纯属自己的一种游戏，我是完全没有用心思的。再说我也没多少收藏，真正能称得上收藏的也就只有砚台，大概有几十方，其中有一部分还是很不错的。至于旅游，的确是我晚年一大爱好，我和老伴儿走了国内不少地方，国外也去了30多个国家和地区，一直到80岁才不再出去。

书法：倾慕刚健含婀娜

顾：您曾出版《刘征诗书画集》《刘征自书诗》《刘征翰墨》等书法作品集，对书法具有很深的造诣。

刘国正先生进行书法创作

刘：书法其实就是写毛笔字。原来"书法"与"法书"是两个不同的概念，现在二者已经有些分不清了。书法是讲书写的法，讲的是法。法书讲的是合乎法度之书，讲的是字。书法家不一定字都写得很好，法书家才是字写得好的人。现在人们常常说：你给我写一幅书法。这是不对的，二者是有区别的。但如果非要说有严格的界定，其实也是不必要的。总之，约定俗成就行了。韩愈主张"文以载道"，他的文章差不多都跟道统有关。诗这部分却很难载道，虽然韩诗写得佶屈聱牙，声调铿锵，在唐诗里别具一格，很像京剧里生、旦、净、丑的那个"净"，是花脸，也就是包公、张飞的风格，但是他有一种雄强之美，佶屈聱牙之美。

顾：可是韩愈是以文章著称的，他自己也并没有把诗放在首位，他说自己是"余事作诗人"，写诗只是他的业余爱好而已。

刘：我也可以说是"余事作书人"，写毛笔字，从事书法方面的艺术创作，只是我的业余爱好。我的字还没有进入商业流通领域，只是聊以自娱，兼以娱友。所以只要有朋友向我要字，我是有求必应。我常跟书法界一位朋友开玩笑，说："你的字是一字千金，但是我的字一文不取，对好朋友一文不取。"有些朋友说，你的字还是不错的，可以开个书展之类的。那我当然乐意了，我也应邀参加过诗人作家书法展。我过 90 岁生日时，朋友们给我办了个小型书法展。假如能够借着机会有点儿收入，我一介寒儒有什么不高兴的？

顾：您是怎么开始学书法的呢？最初学的哪种字体？

刘：我在中学时期就开始兼学书法了。当时主要学"二王"（王羲之和王献之），一本叫《圣教序》，再一本叫《十七帖》，当然还有其他一些帖，但主要就临摹这两本。写得不怎么好，参加工作以后就放下了。到了"文革"前那一段，我曾经闹过几个月神经衰弱，就把写字当作一种养病的方式，后来就慢慢上瘾了。"文革"之后，我就把书法作为业余爱好捡起来了。这时候，我对北碑（魏碑）产生了浓厚兴趣，崇尚北碑。我这一段时间就临摹北碑，主要是龙门二十四品。我临的不是二十品，是二十四品，还多四品。拓本很好的。另外就是《张黑女墓志》《张猛龙碑》，后来又临摹了《郑文公碑》《瘗鹤铭》等。我真正下功夫的，一个是龙门的魏碑，再有就是《张猛龙碑》，《张猛龙碑》太好了，我有完整的拓本，而《张黑女墓志》我只有复印本。我也没有忘记"二王"，又买了很好的《圣教序》拓本，还买了大量影印的明清墨迹，也是偏于魏碑，像赵之谦等。我一边学魏碑，一边也不忘"二王"，就这样掺杂着写。老实说，我是看得多，写得少。大量的影印本跟拓本自己翻来覆去看，非常喜欢，但动手写得少，所以功力不深，直到现在也是我很大的缺点。

顾： 看得多，就能够体会到各种书法作品内在的美。苏东坡有一句话——"刚健含婀娜"，刚健中又有婀娜，应该是书法艺术一种很高的境界。

刘： 我很赞赏他说的这种境界，我自己也一直在追求这种境界，可是我做不到，只能说说而已。"刚健含婀娜"不仅是书法的一种很高的境界，诗词艺术也同样追求这种境界。苏东坡和辛弃疾都是豪放派，但是他们的作品，何尝没有婉约的一面呢？苏东坡的《水龙吟·次韵章质夫杨花词》是很婉约的。辛稼轩的《摸鱼儿》"更能消几番风雨"，那是一种倾诉式的，也是婉约的。"刚健含婀娜"是艺术比较高的境界。有人说，跟辛弃疾同时代的刘过，他的词是狂放的，跟辛弃疾的差不多，但是比较粗，为什么比较粗呢？因为他不知道"刚健"之中应该含有"婀娜"。这就是我的看法，"刚健含婀娜"是追求艺术的一种最高境界。但是这种境界我始终也没能达到。

顾： 您与书法界几位大家，像欧阳中石先生、沈鹏先生、康殷先生等都有很深的交往。

刘： 1984 年，教育部交给我们一项任务，就是要我们审查一部高校用的书法教材。参加这次审查会的有大康先生（康殷）、中石先生、沈鹏先生和我。我们工作了一整天，写出审查报告。通过这次审查会，我认为他们三位都卓尔不群，也是值得交往的朋友，和他们很谈得来。

顾： 从此以后，你们就开始以书会友了。具体到每个人，可能还不一样。您曾在很多诗中写到过大康先生。

刘： 大康我早就认识，1978 年我们在香山饭店编教材，他住在香山公园附近的时候，我就去拜访过他。他的书画，他对文字学的新见解，我都非常钦佩。他为人耿直、爽朗，没有俗套。当时，我在香山饭店编语文教材，就抽空去拜访他。记得最初是一位记者先生给我介绍的他，说他如何如何，我才去的。从那时起，我们就认识了。在这个书法教材审查会上，我们算是旧友重逢，自然倍感亲切，就又深谈了。

顾： 我1994年分到人教社工作，住在方庄芳古园，您在芳星园。我带着女儿去看您，常听您说起大康的事，好像那时他也住在方庄。

刘： 是的，我本来住在沙滩后街人教社院里，靠近景山公园，非常方便。后来社里给我分了大房子，在方庄，而且大康也住在方庄，我就搬到方庄芳星园。

顾： 有一次我去您家时，您非常兴奋地给我看挂在墙上的一幅书法作品，是您在潘家园逛古玩市场时淘来的，写着"曾因酒醉鞭名马，生怕情多累美人"，署名郁达夫，古朴、典雅。我是第一次见到郁达夫的字，作品的意思也是郁达夫的风格，所以印象很深。

刘： 后来我请行公（张中行先生）看了，他说是赝品，我也就取下来了。当时，崇文区一位书记盛绳武同志，退下来之后也住在方庄，还有崇文区另一位领导杨传晋同志。我们几个住得比较近，来往比较多，常常分别举行家宴欢聚。我记得有一次，春暖花开，大家都集中在大康家里，然后从他家里步行到一家烤鸭店。这次是大康先生请客。因为他给这个烤鸭店写了"华楚烤鸭"的门匾，老板说那就应该免费。后来大康先生病了，我们去看过他几次。

顾： 您和欧阳中石先生的交往也颇多，还写了文章报道他。

刘： 是的。我跟欧阳中石先生认识以后，就到他家里去拜访。当时他住在西四大拐棒胡同，记得曲曲折折地走了好长一段路，才到他住的房间，好像条件也不怎么好。在那里，我不但欣赏了他的书法，还欣赏了他的京剧录音。记得是两出，一出是《乌龙院》，另一出是《白帝城》，都是奚派的，他是奚派的主要继承人。我非常惊讶，他的京剧竟能达到这么一种精湛的地步，我更加佩服他了。他把有关的录音带送给了我，后来又送了一些给我。我现在还保留着，爱如至宝。回来后我写了一篇文章，报道这样一位非常有才气的文人，竟然住在那么一个很蹩脚的地方。最后我讲中国的知识分子有很多都是这样，自身是国家的珍宝，但是获得的待遇却是很微薄的，就像冰庐里的欧阳中石先生（他的书房叫作"冰庐"）。后来中石先生搬到首都师范大学教书法（他还教过哲学），首都师范大学成立了书法系，现在又成立了书法学院。中石先生主持这个系，早已名满天下了。

顾：我在您的诗中曾看到，您与欧阳中石、沈鹏几家人结伴到深圳，参加过"锦绣中华"的开幕式。

刘：那次是应我的老同学侯一民邀请去的。"锦绣中华"是香港中旅国际投资有限公司和深圳华侨城股份有限公司合资兴办的，是一座大型文化主题公园，坐落在风光绮丽的深圳湾畔。公园气魄盛大，据说光烧制的陶器人就有几十万，所以我们开玩笑说，一民是几十万人的司令。里面包括全国各地的景点，说是"缩微景区"，从长城、故宫到南方的各种景点。我们三个都去了。中途在广州白天鹅饭店住了一晚，然后才到深圳。我们都是带着老伴儿去的，每人一处房子，屋里放着宣纸和笔墨，那几天不搞集中的笔会，你随时想写什么就写什么，想作诗你就作诗，想写字你就写字，想参观游览就参观游览，很自由，安排得非常好。我们几个没事儿就凑到一块儿聊天，谈天说地，徘徊了好几天，互相间的了解也进一步加深了。

顾：你们在方庄时，还曾搞过"龙潭湖之友"游园活动。

刘：那是从深圳回到北京以后，中石先生加入了我们的活动。盛绳武先生邀中石、杨传晋和我，一起参加"龙潭湖之友"活动。我们通常是在龙吟阁喝茶聊天，然后上龙舟，在湖面上飘飘荡荡地观赏。中午有时候就在龙吟阁里，有时候在外边，吃一顿美食。这样的活动有很多次，还刻了一块碑。后来盛绳武先生病了，我也搬离了方庄。那一段风流蕴藉的雅集，俯仰之间，已为陈迹。但是跟中石的交往，跟盛绳武先生的交往还没有断，我们差不多每年都有聚会，或在崇文区，或在东城区，大家中午吃顿饭，一块儿聊聊。参加"龙潭湖之友"活动的还有梁东先生，他也是我的好朋友，既是诗友，又是书法家。有一次聚会，正当中石八十大寿，梁东也在，我给他祝寿，做了一套茶具。中石先生给我写过若干幅字，有的是他自己的诗作，有的是我的诗，还有一幅画。现在有的我已经裱起来挂在墙上，有的没裱，而是封在一个盒子里，这样更便于珍藏。原来我住蓟门桥时，客厅里悬着一块匾，上面的"蓟轩"两个字就是中石先生写的，后边还有一段跋语。中石先生告诉我，据《说文》，蓟这个地方，原来是古帝尧后裔住的地方。后来随着年龄增长，我们的来往就比较少了。

顾：有一次我到济南，参观趵突泉。在李清照纪念馆看到过您的字，写的还是您自己的诗。

刘：那是中石先生约我给他们写的。当然不止我一个人，好多人都写了。后来就由中石先生来指点，李清照纪念馆给我送来一块大砚，是徐公砚，很好看，块儿很大，有点赭石色，里边还有一些纹理。

顾：还有一次我到江阴，南菁中学（今江苏省南菁高级中学）杨培明校长陪我参观，我才知道，顾明远先生、沈鹏先生原来都是南菁中学的校友。南菁中学引以为荣，还为沈鹏先生建了"沈鹏艺术馆"。

刘：我和沈鹏先生认识后，我常到他家里去，他也不止一次到我家里来拜访。我们除了研习书法，还有一个重要的交流内容，就是诗。沈鹏写诗很勤奋，我们常常交换诗作，一直到现在还是这样。他的《三余吟草》，是我写的序。他还有一本《沈鹏宋词手卷》，也是我写的序。

我的《刘征诗书画集》，是中石先生给我写的序，沈鹏先生在报纸上给我写了一篇文章。这些都是文字交往。有一次，沈鹏先生到我家来，带了一块砚台，大小跟中石送的那块差不多，上边雕刻有一些文字。这两块砚台现在我都保留着，放在玻璃柜的一层里，作为友谊的见证吧。沈鹏先生不但写字，而且有 套书法理论。他认为写字要有诗趣才好。最近，民生银行书法基金会举办"快哉雅集"，有几次我们都同时参加。还做了一次自由谈，邀请不到十个人坐在一起，谈自己的诗，无论官级大小，大家都是诗人。参加这样的活动，我很高兴，能与老朋友、新朋友在一起，还能谈诗。一眨眼，又是 20 年过去，新朋成了故友，大家年龄也都大了。越是年龄大，越感觉到友谊的珍贵。现在大康先生已经辞世了，我们三个还都健在。但愿我们都是健康的，吟诗作字，日子越长越好。

顾：我曾听您讲过，一个朋友在甘肃见到您的一幅长卷，是您请大康先生题词时他给弄丢的。

刘：我认识他们三位后不久，想搞个手卷作为纪念。我请沈鹏先生和中石先生写我的诗，沈鹏先生写的是草字，而且是两份，他叫我用一份，另一份保存起来。中石先生写的是小行书，写了我几首诗，极为精美。他们写的都是四尺横幅，我后边有一首长诗，也是四尺横幅。我把这三幅字裱成一幅长卷，前边还有引首部分。手卷对我来说很珍贵，我就想请大康先生写几句词。那时大康先生还住在城里，不巧正赶上他生病，他老伴儿好像也不太舒服，屋子里很乱，也很狭窄。我跟他聊了会儿天，就把这个事跟他说了，然后就把这个手卷放在他那儿了，他很高兴，愿意写词。过了很长时间，他也搬到方庄来了。有一天，他忽然跟我说，手卷找不到了，我感到非常可惜。后来我想，他的东西放得那么凌乱，原来又是那样一个狭窄的地方，又搬了几次家，是可以理解的。过了一些时候，有一位甘肃的朋友拿来一个手卷，是沈鹏、中石跟我写的，说是受人之托，要我鉴定是不是真迹。我一看确实是真迹。这是怎么回事啊？哎呀，我一想就清楚了，一定是有人拜访大康时给顺走的，大康毫无责任，拿走这个手卷的人，我想现在也该扪心自愧吧？后来我想请那位朋友无论如何帮我找回来，没想到越追越远，最后说都分割开了，结果就像断线的风筝，飘然而去了。现在想起来我还很后悔，也很遗憾。我手里只有我那首诗了，还有沈鹏先生给我那两幅字中的一幅，那一幅我早就裱上保存起来了。中石先生的字当然就没有了，后来他又给我写了别的字。大康先生对这件事非常愧疚，反复地说，又给我写了两副对联，都是"笔落惊风雨，诗成泣鬼神"这样的对联。一直到他病重的时候还提起这个事，我说："你千万不要提了，这不是咱们君子所能掌握的事，足下一点也不要感到遗憾。我们的友谊是长久的，你要保重身体。"大康先生去世以后，整理他的遗物时，还发现他给我写的字，写的是"龙蛇"两个字，可见大康先生是很重友情的。我跟沈鹏先生和中石先生的交往还在继续。正像臧老说我的话："身不常随而心常有。"老了，身体动转不灵了，但是对故人常常念念在心，我这个叫作"垂老故人亲"。

顾：您最近写的书法多是狂草，我家客厅里就挂着您给我写的那幅"采菊东篱下"，狂草，很是飘逸。

刘：本来我的小行书大家说写得还是好的，很飘逸，很美。那就是魏碑跟"二王"的一种结合。现在因为眼睛不行了，就写大字，写狂草。写得很过瘾。我曾写过一首诗，叫作《大字草书歌》。现在我还在写，写了一大堆东西，裱了一百多幅，在那儿放着。老伴儿帮我整理了一本书法作品集，叫《刘征翰墨》，不日就能出版了。

顾：其实，您完全可以办个展览，这样既可以扩大影响，还可以卖一些。

刘：已经有两个地方想给我展览一番了，一个是中国作家书画院，还有一个是书法基金会。现在展不展还不确定，展了当然好，不展我也无所谓。如果要卖呢，我是希望能卖一些，这是说心里话。有一个弟子曾问孔子："有美玉于斯，韫椟而藏诸，求善贾而沽诸？"孔子说："沽之哉，沽之哉！我待贾者也。"我也是"待价而沽"啊！我也没有清高到不卖字。现在我有很好的纸，有很好的墨，特别是有很好的砚台，有很好的笔，我还要写下去。我把自己的诗，用比较得意的笔墨写出来，也是我的人生一大乐事。

收藏：松麝凝香助咏诗

顾：我曾在您家看到过很多砚台，收藏砚台也是您的一大爱好。

刘：我收藏砚台纯粹是根据个人兴趣来购置，丝毫没有要等它升值之类的功利性目的。现在才知道我收藏的方向跟一般的收藏家大相径庭。一般的收藏家是要看它的含金量，看它会不会升值，而会不会升值，以市场的标准来看，在于它是不是古代的，是不是旧的，旧到哪个朝代，是不是有款识，是谁的款识，等等。好像对实质的好坏并不特别在意。我不是这样的，我是纯凭着自己的喜好。特别是有行公的说明或指导，我对砚台才逐渐地多了一些了解。

顾：您收藏砚台是什么标准呢？

刘国正先生研究砚台

刘：第一，要质好。不管是端砚、歙砚，实质上一定要是上品。第二，要做工雅。这是我所爱好的。我不在乎有没有款识，也不在乎新旧。我的砚台大部分都是新的。据行公说，这种有款识的砚台，款识大部分是假的。但是我给自己收藏的砚台倒是写了许多砚铭，都刻在上面。

顾：您收藏的砚台，几乎每一方都有个故事，给您印象最深的有哪些？

刘：除了正规的歙砚、端砚，我还有很多其他砚台。比如有的是"白端"，据说白端有没有还待考证，我有一块砚台的确很好，而且砚盒是绿端。考察一方砚台是不是好砚台，首先是发墨。用这白端研墨，跟大西洞的差不多，所以我认为它是白端，而且是很好的。还有歙砚的庙前青。

庙前青是一种最好的歙石，几乎绝迹，最近又开发出来了。我有一块，一半是青的，另一半是紫的，石质非常好，研起墨来，确实不亚于上品的端石。当然我还有一块，是真正的端石水研老坑的砚台。我的旧砚台很少，就几块。但其中有一块是汉砖的，上边有几个字是"汉光武，某某年"。这块汉砖之所以宝贵，就在于它有这几个字。

顾：您写过一篇文章叫《砚记》，记录着您的收藏过程及收藏时的心情。

刘：如今我有一玻璃柜的砚台，有三十多方，是从所有的砚台里选出来的，我认为是比较好的。还有一二十方散放着。加起来一共有五十方左右吧，不算很多，但是我很喜欢它们，因为它们记录了我的生活，有很多故事，而且都带有我的手温在上边。

顾：您70岁的时候，阿龄老师给您买了一方旧砚台作为生日礼物，是清代的上品端砚。为此，您还写了诗。

刘：我非常感动。一个女人跟你一生相伴，走过崎岖的道路，风风雨雨过来了，她年轻时候的青春美丽早已不在了，现在是白发相依呀。但是在你的心目中，这样一位和你终生相伴的女人，看到的不是她现在的形象，而是她过去青春时代的形象，是受苦时候的形象和欢乐时候的形象相叠加，所以爱恋之情越发强了："眼前白发相依日，心底红颜热吻时。"这结句还有点意思："感君不做婵娟里，松麝凝香助咏诗"——感谢你不像婵娟那样规劝屈原，而是买了这方砚台，让我研墨，帮助我作诗。这是《离骚》里的一个故事，"女媭之婵媛兮，申申其詈予"。这个"女媭"到底是谁，有不同解释，有的说是屈原的姐姐，有的说是他的学生，还有的说是屈原的侍女，等等。"婵媛"就是很漂亮的女媭，她翻来覆去，唠唠叨叨地来规劝屈原："你干吗这样，这样愤愤不平，这样忧国忧民。忠臣都没有好下场，你何必这样呢？"然后屈原就说："我是一定要这样的。"老李不做婵媛的规劝，而是"松麝凝香助咏诗"。

顾：可见李老师爱您所爱，夫唱妇随。

刘：她就是这么个人。我们俩认识不久，国子监的中国书店搜集了全国的旧书，发给一些学者内部购书证，可以用这些购书证去买书。我跟老李就跑去买书。她对旧书本来是很陌生的，因为她是学生物的，属于自然科学。但是，她可以跟我跑大半天，买一车书拉到家里（就是那种人力车），我很兴奋，但是她比我还兴奋。她就是这么个人。

后来都是这样。我有一个很好的拓本，是《圣教序》，当时要的钱很多，我舍不得，但是她非常慷慨地掏出兜里的钱，买下来拿到家里。这还是我的一件宝贝呀。买砚台也这样。有一年我们到黄山开会，后来到老街上去看，老街上有很多家都是卖歙砚的，其中有一家叫"三百砚斋"，店主人叫周小川，是一个作家，写过剧本，现在开砚店。我在他那个砚店买了好多块砚台，有的很大。一有工夫我就跟老李去看砚台，有点儿近于疯狂的意思。我们买了砚台，但并不直接从黄山回北京，还要到江苏常州看一个老朋友。怎么办呢？这么一大堆石头。我们就买了一个拉行李的小车，又买了几件粗厚的衣服，把砚台裹起来，捆起来，搁在车上拉着走。上了火车，不远千里，到江苏朋友家里，又从江苏朋友家里回到北京。这可以看出我对买砚台高涨的情绪。我情绪高涨，老李也跟着高涨，但是其实她对砚台并不那么了解。

后来周小川先生呢，叫我给他写很多字。香港回归的时候他做了一块回归砚，我也给他题了字。他把我的一些字裱起来装上镜框挂在他的店里。前几年吧，我的一位朋友去了他的店，看到了我的字，还跟我说这件事。

顾： 2000 年，您和李老师去广东顺德参加"钟德赣语文教育思想研讨会"，曾专门到肇庆买砚台，您还写了一篇很长的砚铭。

刘： 顺德离肇庆很近，就在千禧之夜，我跟肇庆端砚艺术厂的厂长、雕砚大师、美术大师黎铿先生约好了，元旦那天到他那儿去看砚台，要他帮我买一块。第二天早上我们就去了。到那儿之后，黎铿先生就把内部展览的一个门打开了，我们看了看，看上了一块，就是我说最好的那块老坑。但是一看价钱太贵，我就看了看别的，之后又看上了一块。前面那一块是水砚老坑的，而第二块不是老坑，但是色彩很奇特。我说得了，就买第二块吧。这时老李就看出我的心思来了，说："不行，就买你喜欢的那一块。"不等我说话她就把钱交了。她总是这样。于是我就抱着两块砚台回来了。我写了很长的砚铭，黎铿在砚背上给我雕刻。他刻的是小楷，不用写底子，用刀子就直接刻出来了。他的小楷的风格很接近晋唐小楷，非常雅致。这个砚铭的大意是：我买了一块很好的砚台，我老了本来应该心如止水，没有再写什么东西的想法了，"对兹子云，心澜顿生，嬉笑怒骂，欲罢不能"——看着这块砚台，心里又起了波澜，"砚兮砚兮，我爱我憎"——这块砚台是我爱的，也是我憎的。为什么憎呢？是因为它又勾起我要写东西的欲望。这个"憎"字是"更爱"的反义语，但是在散曲或杂句里，有很多"憎"表示"更爱"的意思。比如"可憎才"，就是"我最亲爱"的意思。砚铭后我特别注明："赞者阿龄，镌者黎铿，名者刘征。"恰好我们三人的名字都是押韵的。意思是说，帮助我买砚台的是我的老伴儿阿龄，刻字的是黎铿，来写名字的就是我刘征。

现在这些砚台都留在我家里，里边还包括别人赠送我的砚台，有欧阳中石先生赠送的，沈鹏先生赠送的，还有我参加文学活动五十周年研讨会的时候臧老跟光锐同志赠送的。这些砚台，都记录着朋友们的深厚友谊，又保存着我的一些雅兴。这一柜石头好像都有生命，都会说话似的，到现在我还保留着。

顾：除了收藏砚台，您还保留着去旅游带回来的一些东西，也是很有纪念意义的。

刘：比如，我在丹麦买回来一个美人鱼雕像。在哥本哈根的海边，有人在一块石头上边放了一块美人鱼雕像。据说美人鱼雕像是以丹麦雕塑家爱德华·埃里克森的夫人为原型的，这样周围就有很多很小的摆件型的复制品，我就买了一个，回来摆在柜子里。还有埃菲尔铁塔的小型复制品、柏林墙的碎片、意大利斗兽场铺地的一块小石头——当时那个斗兽场正在换路面，周围的一个垃圾场，堆着好多拆下来的石头，我就从那里边捡了一小块回来。还有几片天鹅的羽毛，也是去旅游时带回来的。这都是一些很有意思的小玩意儿，有的我还写了诗。这也算是我的一个爱好吧，我没有按照收藏可以发财、升值这个路子走，想都没想过，不过就是自己玩一玩儿。

顾：在安徽"五七干校"时，您爱喝酒，后来把酒换成了茶，喝茶成了您的一大爱好。

刘：过去我吸过烟，喝过酒，现在都戒了，最近几年开始喝茶了。现在我不抽烟，有时候闷得慌，老李本来是不主张我抽烟的，但是她看到我闷了就会说："再抽一支吧，不要紧。"酒也是这样，那时候我是禁酒的，但有时候实在闷得不行，她就跟我说："你再喝点吧，没关系的。"她就是这么个人。几年下来，喝茶也成为我的一种嗜好了，我后来就只喝龙井，别的茶就不大上口了。龙井还得是每年明前的新茶，还得是上品才够味儿。

我的朋友和家人都给我送茶，给的都不是一般市场上的茶，都是很有来历的，并不是有很好的包装的那种龙井。我有一个年轻的朋友，是我儿子刘是的朋友，叫殷小林，他是收藏灯的。苏州昆山巾有个千灯镇，曾请他去，在那里搞了个展览馆。那儿有个茶艺馆，名字大概是"千叶茶艺馆"，老板跟他很熟识。我曾给那个茶艺馆写过字，所以那个茶艺馆的老板会送给我最好的茶叶。今年采明前龙井茶的时候，他亲自到杭州的梅家坞买了一批，分给我一些。我现在的茶全是好茶，喝不完的。这里边包含着茶香，也包含着诗意，更包含着友情。沈鹏先生听说我好喝茶，有一次也给我送了一些茶。他有一次在自由谈的会上还跟大家说："今后给刘征同志多搞点茶叶。"我当时情不自禁地站起来跟大家鞠躬："我非常欢迎大家给刘征茶叶！"没想到我这个动作还被拍了张照片。我就写了《饮茶七首》，是七首绝句。

旅游：高歌满天下

顾：您晚年的另一大爱好是旅游，去过国内外很多地方。

刘：大约过了70岁，我在国内讲学、调查、研究，已走遍了大半个中国，大部分都是老李陪着。比如，去北戴河休养就超过9次，有时一住就是半个多月。当时我们就想到国外去玩玩儿。那时海运大开，也有条件了，我就跟朋友们谈笑说："趁着这个时候往外跑一跑，不然再过些时候就跑不动了。"当时只是当个笑话说，今天看来还真不是笑话，等到80岁的时候就不想出去了。十年前到美国，我是以访问学者身份去的，当时还有我们社里的另外两位同志，一位是叶立群同志，他是社长，还有一位是李泽鹏同志。后来到日本，是人教社组织的，几个人去回访，待遇也是很高的。其中有我跟老李，还有人教社一位很活跃的同志，叫作杨启楠。同行的还有他夫人，他是我们社里很活跃的一位积极分子。

顾：你俩先后跑了很多地方，东南亚、西欧、北欧、俄罗斯全都去了。你们还单独去过韩国和日本。

刘：可以说跑了全世界很多国家，大开眼界。多少也看到了西方国家值得我们学习借鉴的东西，当然也看到了他们的一些缺点。人们说旅游就是上车睡觉，下车拍照，浮光掠影地看一遍。那时候可能旅游业还不发达吧？旅游搞得跟拉练差不多，多半就是参观教堂，也看一点景区，然后就匆匆走了。

顾：你们则不同，您是一路走马看花，一路写诗。

刘：比如到了意大利，那里是我写诗很多的地方，教堂写得倒不多。写得最多的是斗兽场。我写了一首很长的新诗，也写了旧诗。他们以前的想法我不知道，但是现在给我的感觉是，他们的上层人士太残酷了，看着那些奴隶被狮子活活吃掉，那些人居然还引以为乐。

到了丹麦，写海的女儿，写安徒生。后来又访问了很多国家，写过但丁故居等，就是一路走一路写。到法国，看罗浮宫，还看过一些表演，就觉得法国非常浪漫。

到北欧的时候正赶上极光，极光真是很奇特的景象。我们坐游轮在波罗的海夜行，到了夜里两三点的时候，天还很亮呢，有一种很奇特的感觉。

顾：到了俄罗斯红场，感慨就更多了。

刘国正先生与李阿龄老师在俄罗斯

刘：我们参观了列宁的最后一个居住点。俄罗斯使我感触很深。看到卫国战争无名战士墓上的长明灯，看到斯大林碑附近放了许多鲜花，看到位于比较僻静的地方的列宁塑像旁也放了许多鲜花，还看到彼得大帝的高大塑像。苏联的国旗已经变成一种旅游商品，变成一种玩具了。来到红场上的列宁墓，正赶上开放，我们也看了一下，感觉很凄凉，实在是感慨万千，无法表达。那么强大的一个苏联，希特勒都被他打败了，钢铁一样无敌，竟然在几天之内大厦轰然倾倒，这难道不值得好好总结一下吗？这到底是怎么回事？我当然没这个本领，我就是写点诗而已，我没有什么政治上的见解，但是这绝对是个大问题。也听到很多关于斯大林的议论，我不懂，我不明白，总之很感慨。

在从俄罗斯回来的路上，我赋诗一首，最后有两句诗："高歌满天下，中国一诗人。"我是对世界讲的，不是对中国讲的，我是中国的诗人，不是外国的诗人，但我不能代表中国。总之，我高歌满天下，走一步，唱一步，我很骄傲就是了。后来有人写对我的评论用这两句诗做标题，我心里很不安，因为我不是这个意思，我是对外国人说的。

顾：从俄罗斯回来，你们又去了韩国、日本。李老师旅游时腿受伤，是在你们第二次到日本那次吧？

刘：在韩国，我站在"三八线"边上，向北看朝鲜，心里也有很多感触。去日本那一次，我们正赶上樱花时节，看了浅草寺、清水寺很多地方的樱花，的确很漂亮。到了晚上就有那种在樱花林里的聚会，许多日本人士在喝酒、唱歌、吃东西，形成一个很热闹的场面。也就是那次到日本时，老李的腿崴了一下，回来以后就老疼，后来一查，是股骨头坏死，很严重。好多大夫都建议她做手术，也只能做手术，可她就是不肯做。后来我就说，不做就不做吧，不做顶多就是起不来，就坐轮椅，我就推着你吧。结果她就没做。她的个性很强的，要是我的话，我就做了。

顾：有一段时间，我经常看见您用轮椅推着李老师，到外边走，常常从我们师大北路 21 号推到街上，有时还推到北三环上去。

刘：她在轮椅上坐着，我坐在她旁边，看着街上的人们走来走去。她说："看见人们轻快地走路，心里真想和他们一样。"这样推来推去，有时候到外边去，儿女们开车接她到酒店去住。因为在家里这样住下去很困难，用保姆也很难，所以我们就找老年公寓住。最初住在东方太阳城，我还是用轮椅推着她，后来又换了几家老年公寓。

顾：你们 2013 年 4 月搬到北京西山的阳台山老年公寓，李老师的腿竟然好了，真是个奇迹。

刘：阳台山老年公寓就在鹫峰脚下，风景非常好，到春天漫山遍野开满了鲜花。一开始她还需要架拐，后来竟奇迹般地好了，我们很高兴。有一天，她有什么事一忙，把拐杖忘了，她就走下去了，她一想自己也能走了。从此以后，她就不拄拐了，而且走得非常好看，还没有老态，谁也看不出她曾经犯过毛病。

倒是我去年摔了一跤，把大腿骨摔裂了，做了手术，我现在走路倒需要拄拐杖了。我扶着她走路，她就很勤快地扶着我。她现在耳朵不好，我眼睛不好。我大约从78岁以后就不再旅游了，也是从老李的腿出了问题以后就没再出去旅游了，就住老年公寓一直到现在，好在我们两个虽然老了，但是身体还算结实。

顾：你们这些年一直在住老年公寓，看来老年公寓的生活一定很适合你们。

刘：说到住老年公寓，开始是因为老李腿摔坏了，不能做家务，只好去住公寓。住公寓最大的优点，就是可以不做家务，有足够时间学习、休息。从此，我们就不在家里住了。哪个公寓适合我们，我们就住在哪里。到目前为止，我们住过七八个公寓。钱是花了不少，但好处是，可以把时间花在写作、休闲上，过着老有所养、老有所为的轻松愉快的生活。说实话，我的很多作品是在离休后写的。

创作：唯有诗心真不老

顾：现在李老师用您的耳朵，您用她的眼睛，倒是很互补，可以取长补短，所以您还能写东西，李老师也还能帮您。

刘：因为我眼睛看东西不方便，她就帮我看一些东西，又帮我打字，她学会了电脑，帮助我抄写东西，是我极好的助手，她形容自己是个"老秘书"。总之，我的一切都离不开她，她也依靠我，我们相依为命。我80岁那年，大家搞了个聚会。我当时口占一诗："八十还算小，九十也不老，待到一百岁，还要往前跑。"现在看来，岁数大了，由于身体原因，很多活动不能参加了，外地也不能去了，生活之门一扇一扇地都关上了。但是我的诗心还未老。诗友李树喜为此作诗道："茫然晓镜对霜斑，多少门窗次第关。唯有诗心真不老，鹏翔万里与千山。"还有我的手啊，老天保佑，还没发颤，还能写字，还能作诗。

顾：你们住到阳台山老年公寓以后，您写了很多诗，可见优美的环境确能引发诗情。

刘：我们窗子外头是一个石雕的老虎，隔壁卧室的窗子外头是一个石雕的小兔子，恰好我属虎，我老伴属兔，这是一种巧合。窗外两个大花坛，种的全是月季花，天气很冷了，还开得很旺。2014年我实龄已经88岁了，人家说这是"米寿"，其实我虚龄已经89了。

顾：作为一个诗人，您会怎样概括自己呢？

刘：我是个怎么样的人呢，我自己说不出。像我这样的小人物、平民百姓，好像也不需要去评价他是怎样的人。但是有一条，我算不算是诗人呢？陆游过剑门关的时候有两首诗，有一首诗其中两句是："此身合是诗人未，细雨骑驴过剑门。"意思是说，现在国家偏安江南，社稷风雨飘摇，本该建功立业，到前线去作战，他老想着"楼船夜雪瓜洲渡，铁马秋风大散关"，他应该这样，他想不到自己怎么就做了诗人呢？他是为自己的遭遇而不平。因为在古人看来，"太上立德，其次立功，其次立言"。立言，是不得已的一种做法。元好问在临终之时，嘱咐后人在他的墓碑上只题七个字"诗人元遗山之墓"（元好问字遗山）。我曾到他的墓前拜谒过，他的坟前立着两块这样的石碑，怎么回事呢？元好问是金朝的大诗人，原来立的那块碑弄丢了，后来好事者就给他又立了一块碑，依然写着"诗人元遗山之墓"。后来农民在耕地的时候发现一块碑，就是原来的碑，也立在他的墓前了。他这又是另外一种情况，他是有亡国之痛啊，不想写别的。就像陶渊明，晋朝灭亡以后，他记时间就仅书甲子，不写年号了。我的想法不同，我认为诗人是很崇高的称号。据我所读到的古代大诗人的作品，都可以证明他们的人格是很高尚的，其诗、其人都在九霄之上。最后我能不能算个诗人呢？这个问题就放在这儿吧。好在我还在往前跑，还要写诗。现在还不到做总结的时候。但愿我们国家岁岁平安，但愿我们的人民一天比一天过得好，在不久的将来能够实现"两个一百年"的奋斗目标。我们以一个和平的强大的国家，以复兴的姿态立足于世界，这一定会实现！

第八章　伉俪情深

"心底红颜热吻时"

顾：人们常说，一个成功男人的背后，必有一个伟大而默默奉献的女人。我想您也应该是这样。您和阿龄老师结婚60多年，经过了金婚、钻石婚，心心相印，相濡以沫，在朋友圈中传为佳话。我想请您回忆一下自己的家庭、爱情生活，尤其是你们在一起时点点滴滴的生活细节，这有助于读者全方位地了解您。

刘：这方面还是请李阿龄自己说吧！

李阿龄（以下简称"**李**"）：经过60多年的相处，作为妻子，按说我应该最了解他，要概括他的特点应该很准确，其实不然。正因为我们多年生活在一起，时间太长了，对彼此的一切都习以为常了。所以在我眼里，他的优点和缺点是融合在一起的，这就是他。

顾：你们20世纪50年代相识相恋，并结为终身伴侣。您是怎么认识国正先生的？

李：我是1950年从北京师范大学生物系毕业的。那时候大学生由国家统一分配工作。北师大把我分配到北京市教育局，北京市教育局又把我分到北京八中。和我同时分到八中的，还有北师大中文系一位姓岳的男同学。岳同学教语文，他跟刘国正在同一个教研组，他们俩接触比较多。我是通过这位岳同学认识老刘的。

顾：第一次看到国正先生，他给您留下什么印象？有没有一见钟情那种感觉？

李： 第一次看见他，是在我那老同学的房间里。我就感觉到这个人很特别，挺有意思。只见他正襟危坐，两手放在膝盖上，说话很低沉，话也不多。而且从不正眼看你，显得很老成，不像年轻人。我就跟岳同学说，这个老师挺逗。我们那个时候也就二十二三岁，刚刚走出校门，走起路来都还是连蹦带跳的，我却从没有感觉到他和我是同龄人。后来因为我常去找岳同学玩，见他的次数多了，我对他的看法也就慢慢发生了变化。我觉得这个人挺深沉的，待人特诚恳，比我要成熟得多。

刘： 那时候她刚刚开始教书，还没有多少经验，有时候免不了会与同学们产生些矛盾，不知道该怎么处理，就向我诉说她的苦恼。我就从旁开导她，跟她讲，作为一个老师应该怎样对待学生。

李： 那是我感觉最困难、最无奈的时候。听他一说，我就觉得挺有道理，他的话给了我很大启发，让我很受益。他有教学经验啊，我就很想听他说话，打心眼儿里敬重他。

顾： 国正先生一定有些事情打动了您的芳心吧？具体是些什么事情呢？请李老师回忆一下。

李： 接触多了，从点点滴滴的生活细节中，我对他有了更多了解。比方说，有一次，快开学了，学校召开校务工作会，校长请老师们为新学期的教学管理工作提意见。老刘坐在一个很不显眼的位置。校长特别点名，请一些有经验的老师发言，其中就点到他，让他说。他很谦虚地说了一些，我觉得挺有道理的，甚至连我们的老校长也不断点头肯定。当时他给我的感觉是，虽然他也是刚当老师一年多时间，但他对教育教学还真在行，他对教学工作很认真，是个好老师。

顾： 也就是说，国正先生从一开始就以他的才华打动了您，让您对他另眼相看。

李：其实还有很多事情，都显示了他在语文教学方面的才华。比如说，北京市教育局常约他去开会，教育部也请他对语文教材提意见，我就觉得这个人很不一般。我刚走出校门不久，还比较单纯，所以就很佩服他。他在语文教学上有很深的文学功底，对学生又特别负责。这就让我更加尊重他。像我这种年龄的老师里面，具有他这种学识的人我见得还不多。我那位老同学，也常说自己备课时遇到问题总是去找老刘，这越发让我感觉到，这个刘国正在语文教学上是很在行的。

顾：国正先生以他的学识，以他对语文教学的深刻见解，逐渐让您愿意跟他交往、与他接近了。

李：有一次，我参加校务会议去得早一些，那时还在放假期间。我走在外院，旧校区那个楼很深的，这时就听见从走廊那边传来一个男中音，歌声特别动人，声音很宽厚，很洪亮，带有男声的磁性，特别好听。我想：哎呀，八中居然还有这么会歌唱的人啊！赶紧快跑两步，看看是谁。等我跑过去一看，哦，原来就是我最佩服的那位刘老师呀！从外表看，他是一个很老成、很内向的人，怎么还会唱歌，而且声音竟然还那么年轻、那么好听，这些事改变了我对他的看法。虽然他外貌显得老成，但内心充满青春的活力。

顾：看来，刘老师已经用他的艺术才华，逐渐俘获了一位青年女教师的芳心。

李：不久后就是抗美援朝，八中的老校长是革命老区来的，政治觉悟很高，也很懂政治。在抗美援朝期间，我们八中的宣传教育活动搞得特别火热。师生们被激发起来的那种爱国热情，表现得特别突出。我们这位老刘哥就施展了他的才华，写了一个话剧《青年游击队员之歌》。他又和音乐老师王洛宾合作，写了小歌剧《卢沟桥水哗啦啦流》，很快就被同学们接受并喜爱，演出十分红火。他不仅当编剧，还组织学生排练。八中那时候全是男生，演出时还需要有女角色。他就选初中的小男孩，化妆成女生。

刘：《青年游击队员之歌》也是王洛宾谱的曲。王老师当时也在八中工作，住在我的隔壁。我们俩很谈得来，配合默契。这个小话剧和那个小歌剧都受到团中央的表彰。前不久有几个当年的同学，现在已经80岁了，来看我们，一提到这个，张嘴就唱，说明当年确实影响很大。

李：我当时挺激动，佩服老刘是个全才。排练时，我就坐在旁边看。剧中有一个人物，演美国老兵，需要戴一块手表。那时很少有人有手表，老刘没有，学生更没有。我刚刚参加工作，母亲为了奖励我，就给我买了一块很好的表。一听说他们排戏需要手表作道具，我马上摘下来交给了他。结果演美国兵的那个演员在表演时，一翻跟头，把我的表给摔坏了。但因为我特别佩服老刘，全心全意支持他，我也就没在意。而且那时我是少先队辅导员，在宣传活动中，我要带领初中生参加活动，要听从老刘的安排，我们互相配合，合作很愉快。

顾：看来，您这是"爱屋及表"了，哈哈！

李：我在政治运动中得到了锻炼，老刘看我虽然还有些幼稚，但有爱国热情，就启发引导我认识党，鼓励我加入共青团，他做我的入团介绍人。就这样，不知不觉地，我们俩就互相喜欢上了。后来瓜熟蒂落，水到渠成，我们携手走进了婚姻的殿堂。

半生甘苦海同深

顾：国正先生给您写过一首《鹧鸪天·寄阿龄》，其中下阕是："怀往事，怅烟云，半生甘苦海同深。青天纵老当年月，更爱姮娥鬓似银。"

刘国正先生与李阿龄老师结婚五年照

李： 1953 年我们从天津乘船到烟台旅游，中途遇到暴风，不得不到龙口避风。后来我们 1982 年 12 月又去烟台讲学，他想起那次海上遇险，有感而发，写了这首词。

顾： 你们风风雨雨这么多年，真正是相敬如宾，相濡以沫。特别是在北太平庄住那几年，您因为腿受伤，国正先生经常用轮椅推着您到处走。

李： 我摔坏了腿，情绪很低落。我那时也将近 80 岁了，大夫断定是股骨头坏死，不做手术的话一辈子不能站起来了。我坚决不同意做手术。别人也不能左右我，我的腿我要自己做主，坐轮椅也没什么大不了的。后来就坐轮椅了，虽然嘴上不说什么，可是我心里就觉得以后再也不能走路了，就特羡慕走在街上的人。后来他就给我出了个主意，说下午推我到十字路口那儿坐一会吧！就在杏坛路，有一个安全岛，推着轮椅到那儿，他拿个小板凳坐在我旁边。我就坐在那儿，特爱低头看那些过马路的人。我看这些老年人走得那么好，那些女同志穿着高跟鞋走得那么飘逸，我就想："哎哟，我今后不能走路了，只能欣赏欣赏他们的脚步了。"他特能体谅我，从积极方面启发我，他能理解我。我虽然不能自己走路，但是也不悲观了。今后坐轮椅，看别人能健康地走路也是一种享受。那一段时间我不能走了，他还不忘我的爱好——逛商场，最后他就想了个办法，请了个小时工，他进咖啡馆，小时工推着我去逛商场，让我觉得虽然走不了路，但这并没有让我失去生活的乐趣。在他的这种关怀安慰下，我也不觉得很痛苦。

顾：可以说，国正先生对您的关心照顾，帮助您打消了悲观情绪。

李：有一次，在北京八大处那儿，当年八中班上的学生非让我去参加他们的同学聚会，我坐着轮椅，学生抬着我，就像坐轿子一样，我发言时说："我会站起来的。我们五年一聚会，下次聚会我肯定站着跟你们一块儿活动。"当时同学们听了就使劲鼓掌，有的甚至掉下了眼泪。

顾：人们常说"情人眼里出西施"；但还有句话，叫"人无完人"。在您看来，国正先生有缺点吗？

李：我认为，他最大的缺点，就是喜欢丰富多彩的生活，自己却不会生活。比如说，如果不是特别需要，他就不带钱包、不戴手表、不带手机，一切都得靠我。有一次他突然问我："你不是一到月初就要到机关去取工资吗，怎么最近都没去取工资啦？"颇有"不知有汉，无论魏晋"之感。所以有时候我想："将来要是没了我，他可怎么生活呀？"我女儿就说我们俩："我爸在生活上什么都不会，都是我妈代管给管出来的，我妈比较任性，比较急躁，爱生气，都是我爸给惯出来的。"同事说我们俩是模范夫妻，其实也不是什么模范，就是两个人心心相印，没有隔阂而已。别人夫妻两个相敬如宾，没有红过脸。我们俩却不是这样，经常爱吵嘴，意见不一致时就争论。我是独生女，比较任性，也是被家里惯的。他却很憨厚，当意见不一致的时候他就不说话了，他也说不过我，因为我想得快，说得也快，他半天也跟不上。有时我生气了，爱说几句，他就唱京戏，故意岔过去了。我们俩要是有矛盾，吵吵嚷嚷的，过不了十分钟就过去了。我觉得挺幸福的，当然，我也心疼他。

顾： 你们一个学文，一个学理，性格爱好又不一样，有没有为此发生过矛盾？

李： 他是学文的，我是学生物的，他是那种很慢的脾气，而我是个急性子，我们俩有很多地方都不一样。比如，他怕逛商场，而我喜欢逛商场。特别是改革开放以后，商场里那么多东西，琳琅满目。他一进商场就头晕，可是又觉得我挺喜欢逛商场的，他非常能理解我。有时候周日我们商量怎么活动，他就出主意，用半天时间，给我逛商场。他去书店，我就去逛商场，约好什么时间在哪儿见面。后来商场里都有咖啡馆了。一进门，我们先到咖啡馆，我给他带着笔和纸，再买杯咖啡，约好了一小时之后见面，然后我一个人就进去溜达。比如我要买毛衣，看好了两款，就去找他，让他帮助选一个，往往十几分钟就搞定了。有时候我心情不好，他就主动提出陪我逛商场。其实他是非常不喜欢逛商场的。他这人看着很粗线条，但是很细心，他挺想满足我的爱好，他觉得那也是好事嘛。看着咱们现在经济这么繁荣，不也是挺好的吗？他自己坐在咖啡馆里想他的问题，各得其乐。

顾： 国正先生晚年还学会了跳舞，应该也是受您的影响吧？

李： 这是最让我感动的一件事。我喜欢交谊舞，住在沙滩后街时，每天早晨我都去参加交谊舞活动，有不少舞伴。搬到方庄后，每天困在房间里，老刘明白了，我没有舞伴，没办法参加活动了。我说算了，咱们每天爬楼梯也很好。他说，不，他做我的舞伴。我笑他在开玩笑，他不仅不会跳，还有点儿看不上这种活动。我想他能有这种想法就不错了。没承想，他是认真的，他让我给他找培训班，正式学起来了。三个月，不仅学会了基本动作，而且舞曲一响，他就站起来，拉着我跳，还真能和音乐合拍，真像那么回事。我太感动了，一个老书生，居然能跳华尔兹。

情人眼里出"圣贤"

顾：人说"当局者迷，旁观者清"。您虽然是学理科的，但作为妻子，您怎么评价国正先生的语文教育和文学创作呢？

李：他在语文教育方面的成就我说不好，你们可能比我看得更准，因为我是学理科的。但他的诗歌创作给我的印象特别深。他写诗有一个特点，就是在构思上下功夫。有人说老刘特别勤奋，我并不认同。我从来没有看见他坐在那冥思苦想作诗。我们有时散步的时候，他忽然不说话了，我就知道，一定是有什么东西触动他了，他是在构思，脑袋里在想问题。想好后，回去就铺一张纸，三五句一写，就成了一首诗。当然最后还要反复推敲。我认为他的诗不是挤出来的，好像都是酝酿成熟，迸发出来的。

顾：那就是所谓的有感而发啊！他对李白、杜甫、苏轼、毛泽东等的诗作，都下过很深的功夫来研究，早已融会贯通，经过消化吸收，变成了自己的东西。再加上他有激情，用丰富的词句表达出来，深厚的思想内容与优美的诗化语言融合在一起，就构成了一篇篇文质兼美的文学作品。

李：他的作品写出来几乎都是挺能够感动人，能给人以启迪的。像20世纪50年代他写的寓言，《老虎贴告示》啊，《木偶探海》啊，很快就被读者所喜爱。那时好多中学生都会背诵他的一些诗句，朗诵会也少不了他的诗。后来他写杂文也是这样。他写的杂文、寓言诗、寓言，都深受读者喜爱。其实，文学是相通的，最主要的，就是他文学底子比较扎实，又勤于观察，善于思考。他的创作，不是堆砌辞藻，而是真情的表达，是美感的自然流露，确实有他的特色，所以受欢迎。他的杂文经常被《人民日报》选中，评为杂文"金台奖"，大家开玩笑，说他是"金台奖专业户"。

顾：国正先生的作品之所以那么受人欢迎，在我看来，主要是因为他能抓住问题的本质，并且很真诚。他的诗代表他的认识，也代表他的诗心，那是他的灵感的自然流露。

李：如果有人临时给他出个题目，让他写首什么诗，他可能写不出来，觉得特别困难。我就从旁怂恿他："你不是会写吗？"他说："这不是我认识到的东西，我不会写。"每当遇到一些深受感动的人或事，他的诗情就总是按捺不住，如鲠在喉，不吐不快。他不是重复叙述感人的事，而是把他自己的感受表达出来，因而他的诗才感人。我觉得读他的诗，总有一种特别的味道，他是一个真正的诗人。我这么说，似有"夸夫"之嫌。他真心认为有的诗好一些，有的还有很多不足，他说哪些是受了鲁迅的启发，哪些是受了杜甫的启发。他觉得自己离那些大诗人还远得很呢！他得了"中华诗词终身成就奖"，我觉得挺了不起。他却说，这只是承认他爱诗，在用心写诗。他的这种虚心，才使他不断进步。他写东西，不是要取得什么成就，而是运用诗这种手段表达他的那种爱国爱民、是非分明的情感。

顾：有一年，你们同几个朋友一块儿去绍兴，参观鲁迅博物馆、咸亨酒店等，还与孔乙己的铜像合影留念。

李：我们来到咸亨酒店，门口有一个雕塑铜像，雕的是孔乙己，穿着长袍，塑造得挺像鲁迅文章里描述的那个样子，老刘就站在这个铜像旁边，拍了一张他和孔乙己铜像的照片。

刘国正先生参观鲁迅故居

这个照片出来之后，他还写了一首诗，其中有两句话："天公生我百年上，同是咸亨数豆人。"很多人觉得太有趣了，意味深长。

顾：你们一起去了那么多地方，一定有很多有趣的事情吧？

李：大家常常去游览一些名胜古迹、佛教圣地，像大雄宝殿之类的。有一次我们去四川的青城山，在那儿停留的时间比较长。大家去爬山，都去拜佛。对于拜佛，大家各有各的信仰，有的就跪在垫子上给佛磕头，三拜九叩。结果老刘走到佛像那儿，就给佛来了个飞吻，这个举动惹得大家都笑了。回来之后，他给这张照片题了首诗："人以佛为尊，礼拜唯敬谨。我以佛为友，报之以飞吻。"同去的人都觉得这老刘真够浪漫的。这也表示他对这些信仰的一种看法。

顾：有一年，你们两个到杭州去，正赶上下大雪，还特地到西湖踏雪寻梅。

李：那天特别冷，酒店规定不到多少度不给开空调，大家都缩在屋子里不出去。雪很厚，结果他就拉着我要去逛西湖。我觉得这么冷，雪还这么大，不想出去。他说就这时候去西湖寻梅才有意思呢！于是我就到街上买了毛围巾、毛手套、厚衣服什么的，两个人全副武装，踏着雪就上西湖了。我们到了后山，虽然没有找到梅花，却找到了山茶花。当地朋友听说了，都觉得你们俩怎么这么个走法啊？当时整个西湖边上几乎没什么人。这就是他的特点，就是这么浪漫。

顾：还有一次，你们在北京的绿荫山庄参加全国中语会的活动，好像也有过类似经历。

李：那天，我们两个本来在屋子里，一看外面下起雨来了，眼看着雨越下越大，他就立刻拽我起来，说赶快把伞拿出来，我们两个要到雨中漫步，这样才能体验到那种树木葱郁的绿荫公园的韵味。结果是人家都往屋子里面走去躲雨，我们两个打着伞，在雨里慢悠悠地走起来。有的同志扒着窗户看，说老刘真是挺特别的。这时候他就特别得意。

顾：你们住在北太平庄的时候，还曾打车到景山公园，只为吃焦圈烧饼。

李：原来我们住在人教社宿舍，在景山公园附近，景山跟北海之间有一家店卖的焦圈烧饼，特别好吃。那时候我们每次到北海去，都去那儿吃早点。后来我们搬家到北三环了，有天晚上，我们俩忽然就想起来在景山的那些往事，我说起再也吃不到景山公园那里的烧饼了。他就说，怎么吃不到，想吃明天就去。第二天我们就早早起来，从北三环打车到北海东门，去吃焦圈烧饼。其实也不是觉得多么好吃，而是对过去有那种美好印象，怀旧，这种想法想让它实现，真的实现了，我们回来之后又觉得挺好笑。更浪漫的是，有一次我们聊天，说起在景山后街住的日子，他立刻说："你去联系，现在那儿改成华育宾馆了，还是归社里管，咱们去住些天，回味回味过去的生活。"很多人不理解这种做法，我认为诗人是浪漫的，诗人的行动是受感情驱使的，是不按常规出牌的。

顾：当时还有一些青年学生，读了国正先生的寓言诗，对国正先生特别崇拜，用现在的话说就是"粉丝"。

李：比如一个叫朱怀信的，这个人到现在跟老刘还有联系。今年应该有 60 多岁吧，退休了，是你们河南的，原先搞外事工作。他喜欢文学，当时把老刘的几首寓言诗都抄下来，还圈圈点点，写了很多自己的感受。他很想见见这个作者刘征，但是不知道去哪儿能找到他，而且那时候的学生也不知道去报社打听。后来，他的一个老乡来北京专门拜访老刘。这个老乡一问，才知道眼前这个刘征，正是朱怀信一直想要见的那个刘征。朱怀信知道后兴奋极了，就带着他保存的那些资料跟那个老乡一起到我家。挺感人的。他自己写的那些纸都发黄了、发脆了，但终于见到了很久以来想要见的诗人。老刘也很感动。朱怀信把这些都拍了好多照片，看得出，他是真心实意地喜欢这些作品，想要跟这个作者交朋友。后来他们经常来往，成了"忘年交"。

顾：像这样直接找上门来，表达仰慕之情的读者应该还有不少。

李：有的读者见面就自报家门说："我就是喜欢你的诗，我可以当面给你背诵多少多少段。"挺可爱、挺纯真的。可见如果你真有好作品，读者还是挺欢迎的，读者的反应也是很诚恳的。老刘很虚心，认真接待每一位来访者。这都是知音，都有共同的爱好。因而以文会友，结交了一大批朋友。有一次外出坐火车，也不知怎么的，旁边车厢就聊起刘征来了，后来有人说，隔厢坐着的就是刘征。就这样，一些读者和他就又成了好朋友。

顾：您认为国正先生与您最大的不同在什么地方？

李：最大的不同，就是他特别不注重服饰，不修边幅，大大咧咧。他所有的穿衣打扮都是听我安排。比如说，他有两次因公出国的经历，一次是访问美国，一次是到日本。其他的出国旅游都是我们两个自费，去过 20 多个国家。他每次公派出国，我都挺重视他的服饰，因为人家国外很重视这些。我都给他精心准备。比如，出去穿什么衬衫、戴什么样的领带，领带我也给他打好，套在衬衫领子上，穿的时候把衬衫扣一紧就行了。他就觉得没必要，我说这是礼貌，表示对人家的尊重，你是代表咱们国家出国呢！这样我就把衣服在他的箱子里码好，每天都要换衬衫，哪件衬衫配哪条领带我都给他准备好。结果等回到家我一看，箱子里乱七八糟的，有些领带都没有动，有的衬衫穿得领子上都带印儿了，看起来起码穿了两天不换的。

顾：这也是男人跟女人不同的地方，男人一般都不大讲究穿戴什么的，男人太讲究了反而会被看作是"娘娘腔"。

李：他平常特别不注重穿着。有一天，他穿了一件蓝色发绿的衬衫，下面配了一条咖啡色的裤子，我就把他拉了回来，说："我让你穿的是灰色的裤子，不是这条。"他就很不高兴："这穿衣服还管什么颜色？"我说："那总要协调，要穿着得体呀！"他就不同意，说："我这人什么样就是什么样，你再打扮我，也不会给我加分的。我只要穿得干净整齐就行了，也不能因为我穿着不得体就不被人信任。"现在我退休了，我就给他安排，早上他会问我穿哪件，我就告诉他今天要穿哪件，按顺序排好了穿。所以有时别人就会觉得这位老刘同志穿衣服还挺注意情侣装的，两个人挺协调，穿得还挺得体的。后来才知道这全是我安排的。

顾：这说明您比较注重外表，他就不这么认为。他觉得这衣着只要不破破烂烂，不脏兮兮的就行了，至于穿什么，跟人品无关。

李：这也反映了他的一个思想，就是不把别人怎么看"我"看得很重要，怎么看都成，别人以为你不懂艺术，这都无所谓的。对别人怎么反应，他看得不是很重，所以当他受到夸奖的时候，他不觉得有多么值得炫耀；听到别人不怎么夸赞他，也觉得很正常。曾经有报社的同志来采访，说让我把他的这些奖、同志们的好评整理整理，他们想用一下。我说真对不起，他有时候得的奖没交给我，那时候我也在上班，他也没保存，所以现在手头上也没有存什么得到的奖啊，有的只是偶然收下了，没存下来。有时候挺羡慕别人存的那些有纪念性的东西，当然也是很尊重别人对他的信任，但是不必拿这些证明什么。他从来不把自己看得那么重，没那么多虚荣心。如果要用一句话概括，我认为，他爱国，爱诗，为人纯朴，脚踏实地，是个站得住的诗人。

顾：国正先生，您怎么看阿垅老师对您的评价？

刘：她这是"李二姐"夸夫，把我说得太好了。人说"情人眼里出西施"，我是个男的，所以就变成了"情人眼里出'圣贤'"。你在进行口述之前说的那个原则：假话全不说，真话不全说。这个"假话全不说"要解释一下，我们俩说的都是实话，绝不是臆造出来的。但是每个人看问题的角度不一样。比如昨天发生一件事，第二天记者就各有各的说法，报道出来都不一样。所以我们说的是真心话，但也要具体分析。由此可见，历史这个东西就是大致不差吧。司马迁说项羽在垓下唱那些歌，可是有谁听见了呢？

心底无私天地宽

顾：一说起诗人，人们总会与浪漫联系在一起。有没有文艺女青年向国正先生表达过仰慕之情呢？

李：大概在"文革"后不久，他写的寓言诗、寓言、杂文发表得比较多，读者的反响也比较多，有的年轻人对寓言诗反应更强烈一些。有的写信来谈自己的感受，有的寄来寓言诗稿子让他批改，也有的提些问题。信件好像每天都有，有时候一天有好几封。老刘的意思就是，人家来信一定要回复的，一定要尊重人家的意见。他忙不过来，我就在业余帮他看信，写回信。

在这些来信中，也不乏年轻女同志写来的。有时候，正常搞文学创作，没有什么性别上的区别，我只是从字里行间能看出来是女同志。她们的文字很秀丽，思想也很细腻。但是这样来往的时间长了，有几封信我就很熟悉了。后来好像是20世纪90年代初，我就发现有那么两封女同志的信有点儿特别，信里夹着照片，意思很含蓄，但也很正派，就是说读了老刘的作品，感觉老刘大概也就是三十多岁的年轻小伙子，文字秀丽，感情丰富，用词很美，觉得他肯定很年轻、很帅气。这两个人都想更多地认识一下他，让他猜猜这两张照片分别对应的是哪位，很含蓄地表示要进一步交往。我把这信给他读了，还跟他开玩笑说：有人追你呢！这时他就很严肃地让我来处理这个问题。后来我认真地考虑了一下，就给这两位女同志回了信，语气很尊重她们，因为她们都是文学爱好者，正常交朋友的同志。信中说："我是刘征同志的爱人，他很忙，我就替他给你们回信。很欢迎你们互相切磋。"信写得很客气，一下就亮明了自己的身份。后来我还陆续回过一些信，慢慢地也就淡了。我的回信也是经过再三斟酌的，既要尊重人家女孩子的人格，又要大度，从正面理解人家。所以我写得很慎重，修改了很多稿。老刘不看，说交给我来处理。后来我也就不再拿这个跟他开玩笑了。

顾：诗人马凡陀就是袁水拍的笔名，谐音"麻烦多"。据说他写讽刺诗时用"马凡陀"，写抒情诗时用"袁水拍"。国正先生与这位诗人也有交往。

李：老刘最根本的问题是没什么私心，从来不会吹吹拍拍，不会攀附，不会觉得接近这个人对我有好处我就要接近。袁水拍也爱写寓言，他家离我们家很近，当时虽没什么交往，但彼此都了解。那时候袁水拍是文化部副部长，他们在一起开会，老刘就有意不要与他有过多接触。后来这个袁水拍不得意了，好多人指责他，处境很艰难。这时候，朗诵家殷之光到我们家，他也是袁水拍最要好的朋友。有一次，他说起袁水拍处境很难，也很苦闷。老刘就说："那你带我去看看他吧！"当别人不得志的时候，他却主动上门了。他说他跟袁水拍有共同语言，他们都是写寓言的，所以他就对袁水拍特别关心。像臧克家先生写文章评论他的诗，他都没有要借感谢的名义去拜访臧老。一直到"文革"后，老刘才去拜访他。

顾：国正先生为人有个特点，从不臧否人物，不在背后说人家长短。

李：我们两个按说是彼此最知心的人了，我就爱叨唠叨唠什么的，他就觉得不要老说人家。他从来不说别人什么，因为每个人都有他的处世哲学。他很少想到自己，从来没有名利上的追求。人教社曾经酝酿改选领导班子，有人说要提名他当什么，他就和人家说："可千万别提我，我可没那能力，我只能是管逗号、句号的，我管不了人。"他从来不去争这些名利。直到现在，你要问他："老刘你工资多少？"他说老伴儿知道。

顾：他想自己比较少，即使得了奖，也不觉得自己怎么样；受了委屈也不觉得吃了什么亏。处之泰然，宠辱不惊。

李：他觉得人的一生有自己的准则，就是要对得起自己的良心，绝不能快闭眼了，觉得自己还有愧疚的事。当然有时做错事也是难免的。他不是有意要去把自己变成什么样的人，或者得不到什么就觉得自己受损失了，在"我"字上打圈圈，他从不这样。有的人就问："刘老，您是什么级别的？"他说："我没有什么级别。"我们住在老年公寓的时候，总有人问老刘是干什么的，他都跟别人说，他是编书的，老伴儿是教书的。他认为自己就是个编书的，有点儿爱好，能写点儿什么，不过如此。所以我就说他不把"我"看得那么重，当然不是说他有多么完美，只是相对来讲，对得失看得比较轻，所以他不计较个人得失，总是很愉快的。有人说他特别幽默。他一回家，家里就特别欢快，他就说那么两句话，全家就都笑哈哈的。无论跟女儿、女婿、外孙女，都相处得特别好。他跟谁都这样，就是把自我缩得很小，对谁都很坦然。

顾： 有一次，你们到宜昌参加中学语文教研活动，还意外碰上国正先生多年前的"粉丝"。

李： 那次是到宜昌市艰苦边远地区听课，有个人知道老刘要去，听说语文教育界的刘国正就是他仰慕已久的那位诗人刘征，非常兴奋，说当时老刘给他回的信他都记得。后来见了面之后，他当场就说当时怎么给老刘写的信，老刘怎么回的信，还说李阿龄帮助刘老写信，他对李阿龄的名字也非常熟悉了。老刘一向尊重朋友，他觉得人家在艰苦边远地区，看到你的作品给你写信，必须郑重给人家回信。

顾： 国正先生非常尊重那些未曾谋面的朋友们的感情，需要回信时，他都会让您代劳。

李： 当时有老师要老刘送本书啊什么的，我都按他的要求做了。我扮演了秘书的角色。特别是边远地区的来信，好多都是小学、中学的，知道他喜欢书法，就要求写个书名啊，或者写个校名啊什么的，老刘总是有求必应。有时候来信的人没说清楚要横的还是竖的，他就横的、竖的，一样写两三条，然后叫我寄去。我说没必要写那么多，写一条就可以了。他说："不，应该多写几张，有时候这幅字合适，那个字不见得好，这样让人家有挑选的余地。不要把自己当个书法家，我就是爱好书法，人家喜欢我的字，我能为这些学校的老师服务，是件挺高兴的事。"所以我们这方面的朋友特别多，越是边远地区越多。

顾： 其实，您可以把国正先生的这些题词收集起来，汇编成册，应该是很有意义，也挺宝贵的。

李： 因为当时没有这么想过，再说也没有必要，写的题词可多了。人家有这种要求，寄书也寄得比较多。其实这也是相互的。一方面他的作品有人喜欢；另一方面，他也很尊重这些外地的读者。

2012 年刘国正先生与李阿龄老师的钻石婚纪念照

顾：民间有"七十三，八十四，阎王不来自己去"的说法，这是人生的两道"坎"。越过这两道"坎"，以后就顺利了。我在山东还听到一种说法，说是源于孔子享年 73 岁，孟子享年 84 岁。

刘：《黄帝内经》说："人尽其天年，度百岁乃去。"道家或中医认为，人的天赋寿命，叫"天年"，即自然赋予人的寿命。其具体数目是两个甲子：一百二十岁。影响人寿命长短的因素：以母为基，以父为楯（同盾）。最重要的是来源于母亲的那个"基"。而父亲的影响体现在行为举止，学习工作等。若表现不是很好，那就是"子不教，父之过"。如果不到 60 岁就死了，那叫"夭"，夭折的"夭"。过了一甲子，叫"一寿"。我们说这个人夭折了，什么叫"夭了"？就是没活到 60 岁（没过天年的一半）。什么叫"折"？如按天年 120 岁计，打九折，减 12 岁，108 岁，这叫"折"。

108 岁，可用一个汉字 "茶" 来表示。你看那 "茶" 字，上面是一个草字头，代表 "廿（二十）"，一个 "八"，一横一竖钩，底下钩一撇一点，88+20。九十多岁与将近一百岁的两个人相互约定，希望能活到 108 岁，叫 "相期以茶"，即天年的九折，这叫 "茶寿"。而打个八折，96 岁，是高寿的人。由此，民间便有个说法，要 "闯过七十三，越过八十四"。其实就是说，到了 84 岁，您活到了天年的七折，很多人没过 84 岁这个坎儿。天年打个六折，72 岁，就是我们说虚岁 73 那个折，这也是人生要闯过的一个重要门槛呢！

附录

附录 1　刘国正简明年谱

1926 年 6 月 9 日

出生于河北省宛平县东良各庄村（今属北京市）。

1931 年

始入家塾，同姑姑、姐姐及表兄一起读书。

1933 年

入村办小学读书。

1938 年

举家迁至北平（今北京）后继续上小学，学校叫立华小学，位于广安门大街。

1940 年

入四存中学。结识恩师陈汝翼（号小溪），研习诗、书、画。

1941 年

经陈小溪老师介绍，拜贺培新（字孔才）先生为师。

1946 年

夏季，考入北京大学先修班，参加北大"新诗社"，在墙报和进步刊物《诗号角》上发表诗作。

1947 年

因数学只考 56 分，未能升入北京大学，转而入辅仁大学西语系。

1948 年

复考入北京大学西语系二年级插班生。积极参加学生运动，逐步走向革命。

因病从部队复员后，任四存中学教师。同年开始发表作品。

1949 年

下半年，被批准加入中国共产党，成为预备党员。

1950 年

借调到北京市教育局教研室，编辑教学参考资料。不久又回到北京八中。

预备党员转正。

1952 年

暑假，北京八中校长通知，借调到教育部教学指导司。

1953 年

暑假，借调期满，回到北京市，由八中调到北京教师进修学院当讲师。

秋季，正式调入人民教育出版社工作，从事文学教学大纲和课本的编撰工作。

1954 年

第一篇寓言《狼的礼物》发表于《文艺报》。笔名刘诤。

1957 年

撰《试谈高中文学课本的编排系统问题》。

1963 年

与黄光硕合写《中学语文课本的编辑意图》。

开始写寓言诗，笔名由"刘诤"改为"刘征"。

1976 年

1 月 8 日，周恩来逝世，参加天安门前的群众怀念活动，并作《丰碑颂三首》。

10 月，作《水龙吟·参加庆祝粉碎"四人帮"游行》。

始作杂文。

1980 年

8 月 2 日～9 日，应邀参加全国中语会在北戴河举行的语文教学座谈会。

10 月 5 日～11 日，应邀赴河南开封参加中国教育学会语文教学专业委员会成立大会暨第一次学术年会，被聘为顾问。

11 月 8 日，受国家教育委员会委托，在北京香山主持全国中学语文教材改革第二次座谈会，并作《提高语文教学的质量》的发言。

1981 年

1 月，撰《农村中学语文教学大有可为》。

2 月，撰《文道统一　寓道于文——试谈中学语文教学中的思想政治教育》《读诗答问》《源头活水待疏通》。

3 月，《试谈中学语文教学改革的几个问题》发表于《课程·教材·教法》第 3 期。撰《编写三三制中学语文课本的设想》。

4 月，撰《答〈语文战线〉问》。

6 月，撰《把语文基本训练搞活》。

7 月，撰《关于中学语文教学的几个问题》。

10 月，撰《"米"在哪里——作文杂谈》。

1983 年

6 月 10 日，教育部党组批准成立课程教材研究所（与人教社合署办公），被聘为首届学术委员会常务委员。

《春风燕语》由陕西人民出版社出版。

《语文教学谈》由安徽教育出版社出版。

1985 年

《春风燕语》获 1979～1980 年全国中、青年诗人优秀新诗奖。

1986 年

新诗集《春风燕语》获 1983 ～ 1984 年全国优秀诗集奖。

8 月 15 日～ 20 日，赴昆明参加中国教育学会中学语文教学研究会封闭型语文教育思想与教学问题研讨会，并与副理事长陈哲文共同主持会议。

9 月，新诗集《诗人丛书第五辑·花神和雨神》由花城出版社出版。

9 月 22 日～ 28 日，被聘为全国中小学教材审定委员会委员，并兼任中小学语文教材审查委员。

10 月 20 日～ 25 日，赴西安参加全国中学语文教学研究会理事会，并做报告。

11 月，《当代杂文选粹·第一辑·刘征之卷》由湖南文艺出版社出版。

11 月 25 日～ 29 日，参加全国中小学教材审定委员会扩大会议，审定中学语文教学大纲。

1987 年

12 月 12 日，应邀赴香港参加第三届语文国际研讨会，并做报告《中国语文教材以及双语教学地区汉语文教材的改革》。

12 月 20 日～ 24 日，赴广州参加中国教育学会中学语文教学专业委员会第四届年会，并当选为理事长。

1988 年

4 月，《先生之风山高水长——忆叶圣陶同志》发表于《语文学习》第 4 期。

8 月，新诗集《刘征十年集·卷一：刺和花》由文心出版社出版。

9 月，《古代寓言名篇选》由北京出版社出版。

11 月，新诗集《玫瑰诗丛·鹗鸣集》由湖南文艺出版社出版。

1989 年

1 月 24 日～ 27 日，受国家教育委员会委托，赴唐山主持全国中学语文实验教材汇报会。

8月2日～15日，赴烟台长岛参加全国中学语文实验教材审查会，共审查6套初中语文实验教材。

赴遵化一中对该校胡中柱老师的语文教学改革实验进行调研，并发表《十年辛苦不寻常》的讲话。

11月，《在一座雕像前默祷——访美印象》由文心出版社出版。

12月，《中学生文库·古寓言今译》由上海教育出版社出版。

1990 年

1月，正式离休（中华人民共和国老干部离休荣誉证号第398号）。

杂文集《刘征十年集·卷二：清水白石集》由文心出版社出版。

2月，《长流思远情——题吴伯箫同志手迹》发表于《语文学习》第2期。

3月15日，赴扬州参加中国教育学会中学语文教学专业委员会叶圣陶语文教育思想研究中心成立大会暨首届学术研讨会。

1991 年

6月，主编并作序的《中国近现代名家作文论》由文心出版社出版。

7月28日，赴大连旅顺参加中国教育学会中学语文教学专业委员会第五届年会，并连任理事长。

10月18日～25日，赴杭州参加全国中小学教材审定委员会第二届第一次全体会议，审查上海市制定的《九年制义务教育各学科课程标准》和浙江省教委制定的《义务教育各学科指导纲要》。

1992 年

4月，杂文集《画虎居笑谈》由文心出版社出版。

12月，《古韵新声——刘征诗词选》由人民教育出版社出版。

1993 年

2 月，赴河北省邢台八中调研张孝纯老师的"大语文教育"，发表《语文教学与生活》的讲话。

8 月，《灯火阑珊处——语文教学改革管窥》发表于《课程·教材·教法》第 8 期。

10 月 1 日，获国务院颁发政府特殊津贴。

11 月，《阅读要分层次》发表于《语文学习》第 11 期。

11 月，赴河南南阳参加中国教育学会中学语文教学专业委员会举行的全国作文理论和教学经验研讨会。

11 月，《刘征寓言诗》由上海教育出版社出版。

诗词集《逍遥游》由诗友梁云波在台湾印行。

1994 年

8 月，主编的《叶圣陶教育文集》（五卷本）由人民教育出版社出版。

12 月，《最后的香肠》由中国文联出版公司出版。

《刘征寓言诗》获中国寓言文学研究会"金骆驼奖"。

1995 年

3 月，《夭折的维纳斯——50 年代文学课本编写始末》发表于《语文建设》第 3 期。

9 月 8 日～ 14 日，赴天津参加全国中小学教材审定委员会第三届第一次会议，审议全日制普通高中教学大纲。

9 月，与陈金明共同主编的《叶圣陶、吕叔湘、张志公语文教育论文选》由开明出版社出版。

10 月，赴四川成都主持中国教育学会中学语文教学专业委员会第六届年会暨学术研讨会，做《在创新的基础上发展、创新》的报告，并连任理事长。

1996 年

4 月，赴南京参加首届全国义务教育初中语文教材建设理论研讨会，发言稿《我的语文工具观》被收入江明编的《语文教材的建设与思考——首届全国义务教育初中语文教材建设理论研讨会论文集》，并作为该书"代序"。

7 月，《我的语文工具观》发表于《课程·教材·教法》第 7 期。

1997 年

1 月，《"中国著名特级教师教学思想录·中学语文卷"出版发行》发表于《语文教学通讯》第 1 期。

2 月，诗词集《画虎居诗词》由文心出版社出版。

8 月，杂文集《中国当代杂文八大家·美先生和刺先生》由时代文艺出版社出版。

10 月 21 日～ 25 日，参加中国教育学会中学语文教学专业委员会、国家教委课程教材研究所和北京师范大学联合举办的首届国际汉语文教育研讨会，并致开幕词。

12 月，《叶圣陶先生和教材建设》发表于《课程·教材·教法》第 12 期。

1998 年

2 月，《刘征诗书画集》由文心出版社出版。启功题签，欧阳中石作序。该书所收作品一为自书诗，二为书画。

4 月，率全国中语会、人教社中语室同人赴湖北宜昌调研"课内外衔接实验"，为期 12 天。

5 月，《迫切需要解决的问题》发表于《课程·教材·教法》第 5 期、《中学语文教学》第 6 期。

8 月,《展开双翼才能腾飞——宜昌市课内外衔接语文能力训练的状况和思考》发表于《中学语文教学》第 8 期。

1999 年

10 月 26 日～ 30 日, 赴天津参加中国教育学会中学语文教学专业委员会第七届年会, 并致开幕词, 改任名誉理事长。

2000 年

1 月,《世纪寄语》发表于《中学语文教学》第 1 期。

3 月,《目前值得关注的几个问题》发表于《语文教学通讯》第 3 期。

4 月,《"毫无自私自利之心"赞——与钱理群教授商榷》发表于《人民教育》第 4 期。

6 月,《刘征文集》(五卷本) 由人民教育出版社出版。

2001 年

2 月, 与张定远共同撰写序言的《新中国中学语文教育大典》由语文出版社出版。

6 月, 与杨金亭共同撰写前言的《当代诗词诵读精华》由人民教育出版社出版。

2010 年

5 月,《蓟轩词注》由线装书局出版。

2015 年

1 月, 中华诗词研究院编《当代中华诗词名家精品集·刘征卷》由中国青年出版社出版。

5 月,《刘征文集·续编三: 综合卷》由人民教育出版社出版。

2016 年

4 月,《语文教学与生活相结合》发表于《中国教育科学》第 2 期、《课程·教材·教法》第 4 期。

附录 2 刘国正部分编著目录

刘国正先生长期从事中学语文教材的编写工作，指导和参加编写的中学语文教材上百册，目录从略。这里仅列出与他的语文教育思想、文学创作相关的著作及其他论著部分目录。

（一）语文教育

书名	编者	出版社	出版时间
语文教学谈	张厚感、王连云	安徽教育出版社	1983
刘征十年集·卷四：剪侧文谈	李阿龄	文心出版社	1986
实和活——刘国正语文教育文选	李阿龄	人民教育出版社	1995
刘征文集·第一卷：语文教育论著		人民教育出版社	2000
刘征文集·续编二：文章卷		人民教育出版社	2009

（二）主编或参与主编的语文教育论著

书名	出版社	出版时间	备注
论学习语文	人民教育出版社	1961	
我和语文教学	人民教育出版社	1984	
语文教学在前进——全国中学语文教学研究会第三次年会论文集	人民教育出版社	1984	主编刘国正、陈哲文

续表

书名	出版社	出版时间	备注
语文教学改革新成果选粹——全国中学语文教学研究会第四次年会论文集	广东教育出版社	1990	主编张志公、刘国正
叶圣陶教育文集（五卷本）	人民教育出版社	1994	
中国著名特级教师教学思想录·中学语文卷	江苏教育出版社	1996	主编刘国正、张定远

（三）文学创作及其他

书名	出版社	出版时间	备注
海燕戒	山东人民出版社	1980	
蒺藜集	人民文学出版社	1980	与池北偶、易和元合集
友声集	云南人民出版社	1980	与臧克家、程光锐合集
春风燕语	陕西人民出版社	1983	
寓林折枝	北京出版社	1984	与马达、戴山青共同选注
诗人丛书第五辑·花神和雨神	花城出版社	1986	
刘征十年集·卷三：流外楼诗词	文心出版社	1986	
当代杂文选粹·第一辑·刘征之卷	湖南文艺出版社	1986	
玫瑰诗丛·鹎鸣集	湖南文艺出版社	1988	
刘征十年集·卷一：刺和花	文心出版社	1988	
古代寓言名篇选	北京出版社	1988	
华夏诗词丛书·第一辑·霁月集	广东人民出版社	1989	
在一座雕像前默祷——访美印象	文心出版社	1989	
中学生文库·古寓言今译	上海教育出版社	1989	

续表

书名	出版社	出版时间	备注
刘征十年集·卷二：清水白石集	文心出版社	1990	
画虎居笑谈	文心出版社	1992	
古韵新声——刘征诗词选	人民教育出版社	1992	
刘征寓言诗	上海教育出版社	1993	
最后的香肠	中国文联出版公司	1994	
画虎居诗词	文心出版社	1997	
中国当代杂文八大家·美先生和刺先生	时代文艺出版社	1997	
刘征诗书画集	文心出版社	1998	
学人文库·人向何处去	新华出版社	1999	
刘征文集·第二卷：寓言诗及其他 刘征文集·第三卷：诗词 刘征文集·第四卷：杂文随笔 刘征文集·第五卷：古代寓言整理	人民教育出版社	2000	
诗画合璧	文心出版社	2000	刘征诗，方成、缪印堂、徐鹏飞配画
北京杂文选粹·忧天醉语	北京出版社	2002	
跨世纪的呼喊丛书·蓟轩诗词	光明日报出版社	2003	
跨世纪的呼喊丛书·梦见3000年	光明日报出版社	2003	
当代名家诗词集·刘征卷·风花怒影集	北京图书馆出版社	2004	
中华诗词文库·刘征诗词——三十年自选集	作家出版社	2007	
刘征文集·续编一：诗歌卷 刘征文集·续编二：文章卷	人民教育出版社	2010	
蓟轩词注	线装书局	2010	刘征著，王亚平注
中国杂文（百部）·当代部分·卷二：刘征集	吉林出版集团有限责任公司	2013	刘成信主编

续表

书名	出版社	出版时间	备注
刘征文集·续编三：综合卷	人民教育出版社	2015	
当代中华诗词名家精品集·刘征卷	中国青年出版社	2015	
刘征自书诗	山西人民出版社	2015	
奔腾草——刘征诗词	中国出版集团、东方出版中心	2017	李阿龄编

附录3　刘国正语文教育思想经典摘录

（一）关于语文教学的任务

对中小学学生来说，语文是学好各门科学必须掌握的最基本的工具，让学生掌握语文工具是十分重要的，任何轻视语文的思想都是不正确的。要教好语文，就要以学习语文非下苦功不可的道理指导学生，引导他们多读多写、勤学苦练，还要明确语文教学的目的，正确理解"文"与"道"的关系。在教学过程中，不论教学生读还是写，"文"与"道"都是不可分割的。（《论学习语文》前言，载《刘征文集·第一卷：语文教育论著》，人民教育出版社2000年版）

（二）语文教学的"实"和"活"

怎样加强基本功的训练呢？一是"实"，一是"活"。语言的训练既要"实"，又要"活"。只有"实"没有"活"，运用语言的能力会偏于呆板；反过来说，只有"活"而没有"实"，"活"就失掉了基础。语文教学，一方面要讲究方法，力求收到事半功倍的效果，另一方面，要提倡勤学苦练，要叫学生懂得：学习语文没有多少捷径好走，就是要花一点笨功夫。识字，字要一个一个地识，一个一个地写，词语要一个一个地积累，文章要一篇一篇地熟读背诵。这个功夫是省不得的。求实的同时，还要求活。练基本功，要引导学生生动活泼地、主动地进行，不能搞机械的被动的训练。(《实和活——谈中学语文课的基本功训练》，载《刘征文集·第一卷：语文教育论著》)

（三）关于语文的工具性

十多年来，语文教学改革的一个重要理论收获是肯定了语文学科的工具性。语文学科的工具性，是由语言是一种工具来决定的。语言是怎样的工具呢？有的说是交际工具，有的说是交流信息的工具，有的说是文化的载体，说法虽略有差异，却都是就语言的效用而言的。语言是人类自身具有的工具。语言是适应全民使用的工具。语言是与生活密切相连的工具。语言是与人的思维和思想感悟不可分割的工具，或者说是人类精神的一个组成部分。语言是技能性很强的工具。(《我的语文工具观》，载《刘征文集·第一卷：语文教育论著》)

（四）关于继承与创新、自立与引进

多年来，我们积累了许多经验，依我看，至关重要的至少有两条。一是正确处理继承和创新的关系，在继承中求发展。我国语文教育的传统，从孔夫子到叶圣陶，历史悠久，博大精深，是一个内涵无比丰富的宝库。我们要尊重传统，科学地加以分析，吸取其中一切积极因素，以为发展当今语文教育的滋养。踢开传统，只能使自己贫困，带来灾难性后果。二是正确处理自立与引进的关系。首先是自立，神州大地是我们的立足点。我们有水平很高的语文教育家，有成效显著、风格各异的语文教改经验。我们是富有的。对于自己的东西要充分重视，助其发展和推广。同时，又要把中国语文教学放在世界这个大视野里来观察，不断更新教学观念。对于国际上任何先进的东西、新鲜的东西都要认真加以研究，其中适合我国国情与教情的都要拿来，使之融入自己的肌体。自我封闭只能导致僵化和落后。总之，不管是过去的还是今天的，不管是自己的还是他人的，只要是有益的，我们就要认真地吸取。山不厌高，水不厌深，立足大地，不断革新。（中国教育学会中学语文教学专业委员会编《21世纪中学语文教学展望》序，新蕾出版社2003年版）

（五）语文教学的变与不变

从改革的角度观察，语文教学包含两个因素。一是相对稳定、很少改变的因素，即要让学生掌握语文工具，正确理解和熟练运用祖国的语言文字，在阅读、写作、听说几方面达到合格的程度；同时，通过语文教学，丰富和提高学生的精神世界以及文化素养。这是语文教学的基本任务。回顾几十年来，这个基本任务的表述虽然时有不同，实质无大变化。

经验证明，培养语文能力的主要途径是阅读和写作的实践，是在实践中反复地磨炼，舍此别无通途。新的课程标准和新教材，编入了大量精选的好文章，指定了课外阅读书目，设计了许多生动活泼的课内外写作活动，这就保证了基本任务的完成。要在新的语文教育理念指导下，让学生认真地从事阅读实践和写作实践，这是无可代替的。丰富学生的人文素养十分必要，而且大有益于提高语文能力，但应该看到，许多好文章本身即含有丰富的人文因素，并不需要外加许多东西。……语文教学还含有另外一个因素，一个相当活跃、时有变化乃至重大改革的因素，这就是语文教育的理论和理念、语文教学的设计和方法等。不变，形同一潭止水；变，才能发展和前进。变是为着学生学得更有效，更便捷，更快乐，更能增进聪明才智和开拓创新的精神。

多年来的经验证明：在强调不变因素时，往往忽略变的因素；在强调变的因素时，往往又忽略了不变的因素。我们要自觉把两个方面统一起来，使之相得益彰，和谐发展。(《变与不变》，载中国教育学会中学语文教学专业委员会秘书处《我和中语会》，人民教育出版社 2018 年版)

附录 4　名家评价

国正先生是继叶圣陶、吕叔湘、张志公三位前辈之后，亲自率领语文教育界同人，坚持"三老"指明的方向，努力探求改革创新之路的语文教材改革家和语文教育理论家。国正先生"文革"前的语文教育实践活动，主要是在人民教育出版社内参与中学语文教材的编辑工作，从这个意义上说，当时工作的重点是"主内"的；"文革"后的二十多年，因为实际上承担着全国中语会的领导工作，所以很长一段时间内，除了教材编辑的本职工作外，相当一部分精力是倾注在指导并组织全国中语界多个层次的精英开展对语文教育现状的调查、语文教学改革实践经验的推广以及语文教育理论的研究，工作的重点在"主内"的同时逐步转向"主外"，在更广的范围内思考语文教育改革的方向和途径。改革开放的年代呼唤民主的氛围和活跃的思维，这种新的时代特点要求国正先生在带领语文教育界同人兴利祛弊以探求新路的过程中必须保持清醒的头脑。我读国正先生的论著，处处都能发现这种正确处理继承和创新关系的辩证法的思想闪光。(顾黄初《在继承中求创新——学习刘国正语文教育思想一得》,载李阿龄编《论刘征》,人民教育出版社 2004 年版,第 83—91 页)

语文教育界的每一个名人都有自己的个性,自己的特色。那么,什么是国正同志的个性特色呢?国正同志是个诗人,他在诗歌中投入了自己的身心;国正同志是个语文教育工作者,这是他终生从事的事业。诗人加语文教育家,这就是国正同志在语文教育界的特殊定位,是他与其他人的不同之处。语文教育必须从我国的现状出发,必须着眼于学生的大多数,必须务实。国正同志是非常务实的。在教材审查会议上,从课文的文字推敲到一个注释的审定,他都一丝不苟。他的经历、他的经验,使他在敏感的争论中有着清醒的头脑。作为诗人,他又能在纷扰而复杂的各种因素中敏感地捕捉到切入口。"语文教学要结合社会生活",是他对语文教学的导向性主张;把思维激活,是语文与诗歌相通的结合点,是使语文教学具有诗意的催化剂。他把自己的经验、感受归纳成两个字——"实"与"活"。这是十分朴素的概括。朴素是认识升华的结果,是对真理的接近,是诗人的本色。(章熊《"实"和"活"——诗人加语文教育家的本色》,载李阿龄编《论刘征》,人民教育出版社 2004 年版,第 93—94 页)

刘国正先生对于我们两人来说,既是在人教社和全国中语会工作中的领导和前辈,又是多年来的同事和忘年交。无论工作还是生活,我们得以与先生相聚甚多,亲承謦欬,如沐春风,欲罢不能,其乐融融。亲炙其人其学,耳濡目染,春风化雨,获益良多。刘国正先生 40 余年的语文教育理论与实践,伴随着新中国语文教育的脚步,是新中国语文教育研究的重要组成部分。其中有些理论与实践具有里程碑的意义,是我们．

今天从事语文教育研究的丰厚宝藏，值得我们深入挖掘，学习领会，以促进我国语文教育在新的时期进一步创新和发展。（张定远、顾之川《著名作家、语文学家刘国正先生语文教育思想管窥》，载《张定远语文教育文集》，文心出版社 2016 年版）

最难忘的是国正先生指导我撰写语文知识短文。吕叔湘先生讲过，编教材有三难，其中第三难就是教材的行文，要求简洁、概括，但不枯燥、呆板；要求生动、有趣，但又准确、规范。人们俗称教材的行文为"教材体"。我自以为教了五年写作课，编过大学教材，对写作学、文章学知识并不陌生，所以欣欣然接受了撰写知识短文《谈谈散文》的任务。然而一动笔，问题接踵而来，不是写着写着就长了，不够简洁，就是理论术语多了，超过学生接受水平，或者语言不够生动、优美，不能激发学生兴趣。我写一遍，国正先生审一遍，提出修改意见；我再写一遍，国正先生再审一遍，再提出修改意见。就这样反复三五回，达半个月之久，最后才由他一字一句改定。紧接着，又分配我写《谈谈小说》《比较复杂的记叙》《说明文的科学性》三篇知识短文。尽管有了撰写《谈谈散文》的经验，我可以少走弯路，然而这三篇短文也都是经过国正先生审改几遍后才定稿的。在我的编辑历程中，经过撰写这四篇语文知识短文，才多少把握了所谓"教材体"，而这同国正先生的言传身教密不可分啊！多年后，有一位资深教研员跟我聊天时说，人教社 20 世纪 80 年代初的教材中《谈谈散文》《谈谈小说》那几篇短文写得真好，简洁生动，没有一句废话。我说"你过奖了"，心中想你不知道我用了九牛二虎之力，尤其是耗费了国正先生多少心血啊！（顾振彪《中语会前辈给我的教益》，载《我和中语会》，人民教育出版社 2018 年版）

　　纵横中国当代语文教育思想天地，刘国正无疑是重要的话题。作为继叶圣陶、吕叔湘、张志公之后推动语文教育改革与发展的语文教育家，长期以来，他立足于语文教育的现实，抱着求实爱真的态度、创新发展的意愿和开放吸纳的态度，痴心地追问语文教育的问题，探索语文教育的规律与策略，倡导语文教学的"实"与"活"，标举语文教材的现代性与生活观，致力于语文教学的科学化建构和最优化追求，从理论与实践的结合上建构了自己的语文教育思想体系，以其特有的求实性、创新性和发展性的阔大视角，烛照语文教育的各个方面，诠释语文教学的种种现象与法则，透露着一种对语文教育改革拳拳热切的关怀和警觉的凝视、解剖与哲思，既能给人拨开迷雾和疑惑，又能直问本相见真实，启迪语文教育的智慧。无论是对语文教育的宏观审视，还是对语文教学的微观思考，都显见其思力深厚，实而不华具骨力。对语文教育活动中人们很少发现和感觉到的潜流独具慧眼，对语文教材、阅读教学、写作教学有着独到的理解。他一贯主张的"语文教学与生活相联系"的思想，看似朴实，平常如稻菽布帛，但却行之有效，意义深远，透射着语文教育的真理和哲学意蕴，表现出刘国正语文教育思想的特有品格和睿智深邃的风范。（曹明海《整化语文工具观的建构——刘国正语文教育思想研究》，载李阿龄编《论刘征》，人民教育出版社 2004 年版，第 3—4 页）

　　刘国正是继"三老"之后涌现出来的著名的语文教育家。他认为，语文教学一旦与生活相联系，必将面目一新。我们可以说，"语文应联系生活"的语文教育思想是刘国正先生教育观的核心，也是他历经语文教学改革几十年风风雨雨的结晶，更是他 70 余高龄仍精神饱满地战斗在语文教改前沿的力量源泉。他的这一教育观的形成有着丰富的实践经验的积累，也有着世界先进教育理论的融汇。这无疑将对当前我国大力倡导的素质教育在语文教改上的深化有着深远的影响。（黄麟生、周红兵《刘国正"语文生活观"初探》，载李阿龄编《论刘征》，人民教育出版社2004 年版，第 71—82 页）

　　有位作家说，人生要读三本大书，一本"有字之书"，一本"无字之书"，一本"心灵之书"。我与国正先生相知相交这么多年，总希望能有机会认真读读他这本"心灵之书"。从我所供职的全国中语会来说，他是继吕叔湘先生之后的第二位理事长，在语文界德高望重。我忝为全国中语会理事长，为前辈做点力所能及的事情，既是职责所系，也是理所当然、不遑辞让的。

　　国正先生离休后，仍然一如既往地关心着语文教育。从工作来说，他担任人教社咨询委员、中学语文教材顾问，指导语文教材编写；继续领导全国中语会，指导全国中语会工作。从个人兴趣来说，一是著书立说或应邀外出讲学，引领着全国语文教育教学改革，传播他的语文教育思想。二是从事文学创作，佳作不断。三是发展他的个人爱好，书法、旅游和收藏等均成就卓然，可圈可点，不仅丰富了他的非凡人生，也展现了一位语文教育家的多彩晚霞。

有一个时期，由于工作原因，我曾阅读过上百本中外人物传记，有中国的，有外国的，有自传，有他传，有评传。有后人写前人的，有子女写父母的，也有学生写师长的，不一而足。读得多了，不知不觉，我就产生了一个想法，何不自己也试着写一部人物传记呢？写传记至少需要满足两个条件：一是"值得写"，即传主具有深入挖掘的价值，其思想、人生阅历对一般读者具有一定启示、启发与启迪意义，有写作价值，也应该写；二是"能够写"，这就要求写作者必须对传主非常熟悉，对其人生轨迹及事迹有充分的了解，最好还要满怀敬意，才具有写作的基础和条件。这样，我自然就想到了自己既熟悉又敬重的国正先生。

我提出要为他写传，老两口非常高兴，说一定要全力配合我的工作。我拿出事先准备好的采访提纲、口述注意事项和录音笔，请他们"夫子自道"，并与他们约定：可回忆往事，可讲述见闻，可抒发感慨，可皮里阳秋。季羡林先生有一句名言："真话不全说，假话全不说。"前者是对善良的守护，后者是对原则的坚守。我们商定，就把这两句话作为我采访的基本原则。

国正先生如约完成了口述录音，我又请当时的全国中语会会报《语文学习报》编辑部主任任飞帮忙，把他的录音转换成文字，并做了初步整理，这大大减轻了我的前期采访和资料准备工作。按说万事俱备，只欠东风，我应该全力以赴，投入到这部传记的写作中了。可是，理想很丰满，现实却很骨感。那几年，语文教材先是由"一纲多本"，竞争激烈，后又回归"部编"与"统编"，初中、高中、新疆、体校、盲校等各类语文教材编写任务繁重，还有不少琐事牵扯进来，为国正先生写传记的事就这样拖了下来。当初的承诺实在无法实现，以致我每次去看望他时，都怀有深深的愧疚。

2014年，广西教育出版社请我为他们主编"中国语文教育研究"丛书（该丛书获评2017年度国家出版基金项目，2019年入选"全国中小学图书馆馆配书目"），这也正是我担任全国中语会理事长后的工作计划之一。其中《新世纪语文名师教学智慧研究》（分小学卷、中学卷上、中学卷下），我约请时任全国中语会语文名师研究中心主任、山西《语文报》社副总编辑任彦钧和刘远先生担任主编。正是在那套丛书的启动会上，广西教育出版社领导决定，请他们二位再帮助策划一套"当代中国语文教育家口述实录"丛书，意在抢救当代中国语文教育历史资料，填补当代中国语文教育研究出版空白。柳斌先生为丛书总顾问，我忝为编委会主任。因为这套丛书具有重要的学术价值和出版意义，我当然义不容辞。这时，内子钟涛教授提醒我，你的《刘国正评传》不是正好可以列入这套丛书吗？可谓"一语点醒梦中人"！是啊！这部传记拖了这么久，我也即将退休，正好可以乘此良机，完成我这个久未了结的愿望。于是，这部搁置已久的《刘国正评传》，就很顺利地列入"当代中国语文教育家口述实录"丛书。我按照全套丛书的体例要求，增补提问，完善内容，充实细节，修润文字，将《刘国正评传》改名为《刘国正口述——教师·编辑·作家》。

根据全套丛书体例，我特邀山东师范大学博士生导师曹明海教授、人民教育出版社编审顾振彪先生分别撰写序言。他们对刘国正先生的语文教育思想有着较为深入的研究，颇有见地，相信会帮助读者深入了解刘国正的语文教育思想。本书初稿完成后，我又请刘国正先生、李阿龄老师和顾振彪先生分头审阅、补充和订正。国正先生不仅肯定了我的工作，也提出了中肯的修改意见；李阿龄老师不顾身体病痛，又充实了不少细节；顾振彪先生和任彦钧主编认真审阅了书稿，提出许多很好的修改意见，使我避免不少疏漏。任彦钧、刘远二位先生主持策划了这套"当代中国语文教育家口述实录"丛书，为我国语文教育做了一件好事、实事。广西教育出版社的领导和同行，以他们的远见卓识和精心组织使这套丛书得以立项并顺利出版，为我国语文教育研究保存了一份极为难得的珍贵历史资料。谨向以上提到的各位先生一并表示衷心感谢！书中如有不妥或错误之处，当然应由我负责。

2019 年 6 月 18 日

图书在版编目（CIP）数据

刘国正口述：教师·编辑·作家 / 刘国正口述；
顾之川整理. —南宁：广西教育出版社，2020.9
　（当代中国语文教育家口述实录 / 任彦钧，刘远主
编. 第一辑）
　ISBN 978-7-5435-8835-6

Ⅰ.①刘… Ⅱ.①刘… ②顾… Ⅲ.①语文教学—教
育思想—思想史—中国 Ⅳ.①H19

中国版本图书馆 CIP 数据核字(2020)第 166474 号

LIU GUOZHENG KOUSHU
刘国正口述——教师·编辑·作家

项目策划：陆思成　刘朝东
项目统筹：周　影
责任编辑：龚　明
装帧设计：璞　间　杨　阳
责任校对：刘汉明　陆媱澄
责任技编：蒋　媛

出 版 人：石立民
出版发行：广西教育出版社
地　　址：广西南宁市鲤湾路 8 号　　邮政编码：530022
电　　话：0771-5865797
本社网址：http://www.gxeph.com
电子信箱：gxeph@vip.163.com
印　　刷：广西民族印刷包装集团有限公司
开　　本：787mm×1092mm　1/16
印　　张：18
插　　页：4
字　　数：235 千字
版　　次：2020 年 9 月第 1 版
印　　次：2020 年 9 月第 1 次印刷
书　　号：ISBN 978-7-5435-8835-6
定　　价：45.00 元

如发现图书有印装质量问题，影响阅读，请与出版社联系调换。